Arnold Bekkenkamp

Der Judenretter und Versöhner aus Enschede:
Pastor Leendert Overduin

Persönlichkeit im Zeitgeschehen

begründet von

Joachim Kuropka (†)
(Universität Vechta)

Band 23

Prägen und geprägt werden, handeln und erleiden – in diesem Wechselverhältnis stehen Persönlichkeit und Zeitgeschehen, einem Verhältnis, das die ganze Breite menschlicher Erfahrungen und Verhaltensweisen einschließt.

„Persönlichkeit im Zeitgeschehen" dokumentiert biographische und autobiographische Studien zu bemerkenswerten Lebenswegen in ihren Zeitumständen. Sie erschließt damit zum einen ein anderweitig nicht greifbares Quellenpotential für Sozial-, Mentalitäts- und Alltagsgeschichte und bietet zum anderen eine anregende und farbige Lektüre. Der Zeitgeist wird spürbar, die Andersartigkeit früherer Lebenswelten erfahrbar.

LIT

Arnold Bekkenkamp

Der Judenretter und Versöhner aus Enschede: Pastor Leendert Overduin

Übersetzt aus dem Niederländischen
von
Willi Feld

Herausgegeben von
Herbert F. Zwartz und Karl-Wilhelm Dahm

LIT

Die Originalausgabe erschien in 3. Auflage 2020 bei Uitgeverij Twentse Media in Enschede unter dem Titel *Leendert Overduin: het levensverhaal van een pastor Pimpernel (1900 – 1976)*.

Sämtliche Abbildungen im Buch und auf dem Cover wurden dankenswerterweise zur Verfügung gestellt über Herbert Zwartz (Enschede), Ellen Koopmans (Amsterdam), Willy Berends und Sonna Krom (beide Enschede).

Wir verweisen vor allem auf den Doppelband OORLOG IN ENSCHEDE 1940 – 1945 / HET GEWETEN VAN EEN STAD. LEENDERT OVERDUIN IN ENSCHEDE, Enschede (Privatdruck) 2020 von Willy Berends, Feya Wouda und Sonna Krom.

Alle Overduin-Gemälde stammen von der Kunstmalerin Sonna Krom (2019/20; die Szenen wurden tw. mit Schauspielern an Originalstätten nachgestellt)

Gedruckt auf alterungsbeständigem Werkdruckpapier entsprechend
ANSI Z3948   DIN ISO 9706

Bibliografische Information der Deutschen Nationalbibliothek
Die Deutsche Nationalbibliothek verzeichnet diese Publikation in der Deutschen Nationalbibliografie; detaillierte bibliografische Daten sind im Internet über https://dnb.dnb.de abrufbar.

ISBN 978-3-643-15291-6 (gb.)
ISBN 978-3-643-35291-0 (PDF)

© LIT VERLAG Dr. W. Hopf Berlin 2024
Verlagskontakt:
Fresnostr. 2   D-48159 Münster
Tel. +49 (0) 2 51-62 03 20
E-Mail: lit@lit-verlag.de   https://www.lit-verlag.de

Auslieferung:
Deutschland: LIT Verlag, Fresnostr. 2, D-48159 Münster
Tel. +49 (0) 2 51-620 32 22, E-Mail: vertrieb@lit-verlag.de

„Wahrlich ich sage euch:
Alles, was ihr einem von diesen meinen geringsten Brüdern getan habt,
das habt ihr mir getan." (Jesus von Nazareth)

(Mt 25,40)

Inhalt

Geleitworte

Ein Gerechter unter den Völkern

Martin Mustroph

Vor 50 Jahren, am 19. Juli 1973, wurden Leendert Overduin in Jerusalem die Yad-Vashem-Medaille und der Ehrentitel „Gerechter unter den Völkern" zugesprochen. Diese höchste Auszeichnung, die Nicht-juden in Israel erhalten können, wird Menschen verliehen, die ihr Leben aufs Spiel setzten, um verfolgte Juden zu retten. Sie gehören – nach menschlichem Ermessen – zu den 36 Gerechten, um derentwillen, wie eine jüdische Legende erzählt, Gott die Welt nicht untergehen lässt, auch wenn der Rest der Menschheit noch so verkommen ist.

Gegen Ehrungen und Auszeichnungen hat sich Leendert Overduin zeitlebens gesträubt. Sie waren für ihn Ausdruck einer protzigen wie lächerlichen Weltverfallenheit. Und auch diese echte, unprätentiöse Bescheidenheit, die sein ganzes Wirken durchzieht, ist nach jüdischer Auffassung Kennzeichen eines wahrhaften Gerechten.

Die Überzeugung, dass das Evangelium immer auch eine politische Dimension hat und uns zum Engagement für die Schwachen ruft, machte Pastor Overduin zum unermüdlichen und unerbittlichen Kämpfer für eine Gerechtigkeit, die – und das ist das Berührende wie Aneckende – ausnahmslos jedem Menschen gilt: den verfolgten Juden, denen er mit seinen Schwestern und einem Netzwerk von Mitstreitern Verstecke, Lebensmittelkarten, Ausweispapiere organisierte. Hunderte Juden bewahrte er so vor Verschleppung und Ermordung. Da Gerechtigkeit unteilbar ist, warnte Overduin nach dem Ende der deut-schen Besatzung seine Landsleute vor Rachegelüsten und setzte sich für faire Gerichtsverfahren gegen ehemalige Kollaborateure und Nazi-Sympathisanten ein. Zugleich kämpfte er als Sozialpfarrer für soziale Gerechtigkeit, egal ob die Not des Menschen selbst-oder unverschuldet war. Bei aller politischen Weitsicht hatte Overduin immer den Einzelnen im Blick: die Verfolgte, die er in ihrem Versteck besuchte, den politisch Gefangenen, dem er vor Gericht beistand, die Witwe, die mit einem Deutschen verheiratet war und ihre Kinder nicht versorgen kann. Overduin hatte keine Angst, den Platz zwischen allen Stühlen einzunehmen.

„Beten und Tun des Gerechten" – mit diesen Worten bringt Dietrich Bonhoeffer auf den Punkt, was ein Leben im Glauben ausmacht. Dabei darf Gerechtigkeit im jüdischen und christlichen Sinn nicht verwechselt werden mit der römischen Justitia, die mit verbundenen Augen überparteiisch ihr Urteil spricht. Der Gott Israels schaut mit offenen Augen auf die Not der Übersehenen, auf das Leid der Bedrängten und Benachteiligten, der Verfolgten und Vernachlässigten; er ist parteiisch für die Schwachen und schafft denen Recht, denen Unrecht zugefügt wird. In diesem Sinne sah Overduin die Menschen mit den Augen Gottes. Das machte ihn widerständig und kämpferisch, barmherzig und fürsorglich, nachsichtig und verständnisvoll.

„Die Zeit ist vorbei. Es warten andere Leute auf Hilfe." antwortete Overduin auf die Bitte, über seine Jahre als „Judenretter" zu sprechen. Diese Worte sind keine Aufforderung, einen Schlussstrich zu ziehen, wohl aber, statt an der Vergangenheit zu kleben, mit offenen Augen zu schauen, wo heute unser „Tun des Gerechten" gefordert ist. „Barmherzigkeit macht keine Pause" schreibt der Autor Arnold Bekkenkamp über das fortwährende Engagement Overduins auch nach dem Krieg.

Auch heute gibt es für Barmherzigkeit und Gerechtigkeit keinen Anlass zu pausieren. In einer Zeit, in der Demokratiefeindlichkeit und Rechtspopulismus, Antisemitismus und Islamophobie salonfähig werden, stellt sich die Frage nach unserer Zivilcourage. Welchen Preis sind wir bereit zu zahlen, um Flüchtlingen und Migranten, Andersdenkenden und Andersgläubenden, sozial Randständigen zur Gerechtigkeit zu verhelfen? Es gibt immer vermeintlich gute Gründe – logische, soziale, politische, weltanschauliche, ökonomische –, ihnen Solidarität und Hilfe vorzuenthalten. Doch es ist und bleibt, wie es Leendert Overduin einem Mann, dem das Risiko, einem Versteckten Hilfe zu leisten, zu hoch war, freundlich sagte: „Am Ende ist es eine Frage des Glaubens."

Martin Mustroph, Pfarrer

Evangelischer Vorsitzender der Gesellschaft für Christlich-Jüdische Zusammenarbeit Münster e. V.

Leendert Overduin. Das Gewissen einer Stadt

Roelof Bleker

Der Krieg ist nicht eine einzige Geschichte, sondern die Summe von Millionen von Geschichten, von denen viele nie erzählt wurden. Geschichten aus einer fernen Vergangenheit, die auch heute noch nicht an Bedeutung verloren haben. Mit dem Krieg in der Ukraine wird uns noch bewusster, wie kostbar und verwundbar Freiheit ist, und wir spüren auf breiterer Ebene, wie „unsere Freiheit" untrennbar mit dem Anderen verbunden ist.

Dieses Buch beschreibt das Leben eines besonderen, und doch so normalen Mannes, Pfarrer Leendert Overduin.

Die Geschichte von Pfarrer Leendert Overduin handelt von einem Helden, der kein Held sein wollte. Ein Mann, der selbst nie über seine Rolle in und nach dem Krieg sprach und jede Anerkennung dafür verweigerte. Es geht um einen Mann, der seinem Gewissen folgte in einer Zeit, in der es den meisten Menschen hauptsächlich darum ging, unbemerkt zu bleiben und zu überleben.

Leendert Overduin rettete zusammen mit anderen mehr als 1000 Juden das Leben. In einer Zeit, in der man schon hingerichtet werden konnte, wenn man laut sagte, was man dachte.

Es ist aber auch die Geschichte eines Mannes, der sich nach dem Zweiten Weltkrieg mit der gleichen Selbstverständlichkeit um das Schicksal von Angehörigen von Mitgliedern der NSB, der Nationalsozialistischen Bewegung in den Niederlanden, kümmerte.

Auch aufgrund seiner eigenen Schweigsamkeit und seiner Entscheidungen nach dem Krieg blieb er für viele ein Unbekannter.

Zur Feier von 75 Jahren Freiheit ist unter anderem auf Basis dieses Buches eine beeindruckende Dokumentation entstanden, die auch mit deutschen Untertiteln über Youtube zu sehen ist. Jetzt, 78 Jahre nach dem Zweiten Weltkrieg, erscheint die Biographie von Leendert Overduin auf Deutsch.

Die Geschichte dieses Helden, der kein Held sein wollte, wird auf diese Weise weitererzählt.

Roelof Bleker

Bürgermeister von Enschede

Vorwort der Herausgeber

Karl-Wilhelm Dahm in Verbindung mit Herbert Zwartz

80 Jahre mussten vergehen, bis in Deutschland das lebensgefährliche Rettungswerk des holländischen Pfarrers Leendert Overduin zum Schutz hunderter Juden vor Deportation und Gaskammer zur Sprache kam.

Veröffentlichung von 2020

Im Sommer 2022 hatte Herbert Zwartz (Enschede) anlässlich einer Begegnung von Lionsfreunden aus Münster und dem benachbarten niederländischen Enschede eindrücklich berichtet, wie er als jüdischer Jugendlicher, von 1943 an selbst vor den Nazi-Verfolgern versteckt, dort von der „Organisation Overduin" versorgt und schließlich gerettet wurde. Bewegt von dem Bericht hat ein Kreis münsterländischer Lionsfreunde beschlossen, dieses große Rettungswerk einer breiteren deutschen Öffentlichkeit bekannt zu machen und damit zu einer tiefer gehenden Diskussion anzuregen. Als einführendes Medium dazu wird hiermit die Übersetzung der zeitgeschichtlich wie persönlich-motivational fundierten Biographie Overduins von dem holländischen Theologen Arnold Bekkenkamp vorgelegt, zuerst erschienen Enschede 2000. Die dritte Auflage, 2020, wurde für deutsche Leser übersetzt und etwas ergänzt.

Dazu ein paar Worte zur mehr persönlichen Vorgeschichte dieses Buches: Seit Jahren haben Herbert Zwartz (* 1928) als unmittelbar Betroffener und ich (*1931) als Zeitzeuge und späterer Hochschullehrer für Ethik uns intensiv über die NS-Zeit, ihre Untaten und ihre Ursachen ausgetauscht.

Gemeinsam haben wir darüber nachgedacht, was getan werden muss, damit solch schlimme Entwicklungen sich in künftigen Generationen nicht wiederholen. Oft hat Herbert darauf hingewiesen, dass Pfarrer Overduin durch seinen unerschrockenen Einsatz für schwer bedrohte Menschen damals zu einer Art Ikone geworden sei – und gefragt, ob er in seinem ethisch, konkret *biblisch,* tief gegründeten unerschrockenen praktischen Hilfehandeln für gefährde-

Herbert Zwartz, geb. 1928, Textilunternehmer in Enschede

Karl-Wilhelm Dahm, geb. 1931, deutscher Theologe und Soziologe

te Menschen nicht für künftige Generationen ebenso zu einem Vorbild zivilgesellschaftlicher Verantwortung werden könne. Je deutlicher ich in gründlicher Lektüre der Biografie und in lebhaften Diskussionen im Kreise der Übersetzungs-Redaktion die Motivation und das Handeln Overduins kennenlernte, desto mehr hat mich und wohl auch die anderen Mitglieder des Redaktionsteams diese Anregung von Herbert Zwartz überzeugt: Leendert Overduin soll als Beispiel und Ansporn für verantwortliches zivilgesellschaftliches Engagement bekannt werden.

Das gilt unseres Erachtens gerade auch über nationale Grenzen hinaus. Es gilt insbesondere über die niederländische Grenze hin ins nahe Westfalen, von dem aus während der NS-Zeit viele Juden aus Deutschland nach Holland geflohen sind – wo sie dann wenige Jahre später dem gleichen Vernichtungswahn der Nazis ausgesetzt waren – wo aber dann auch nicht wenige von ihnen dem Rettungswerk Overduins ihr Überleben verdankten.

Als Initiatoren und Editoren möchten wir an dieser Stelle auch denen herzlich danken, die in stetigem Austausch mit uns und untereinander an dieser Zielsetzung beteiligt waren und im Teamwork vom ersten Impuls bis zur Buchlegung das Projekt dieser Publikation realisiert haben:

– An erster Stelle gebühren großer Respekt und großer Dank dem Verfasser der diesem Buch zugrundeliegenden holländischen Biographie, dem Pfarrer und Schriftsteller Arnold Bekkenkamp!

– Viel Respekt und Dank gebühren ebenfalls dem Übersetzer Dr. Willi Feld, der unterstützt von seiner gleichfalls sprachsensiblen Frau Dorothee Glück, in inhaltlicher Einfühlung und sprachlichem Geschick die Biografie ins Deutsche übertragen hat; von ihm stammt auch die nachfolgende Einführung.

– Zu herzlichem Dank verpflichtet sind wir weiterhin dem niederländischen Filmemacher Willy Berends sowie Overduins Großnichte Ellen Koopmans, die weitere Geschichten und Fotos aus dem Leben von Leendert Overduin sowie eine Dokumentation zur

Herausgegeben von Feya Wouda, Sonna Krom und Willy Berends (März 2020)

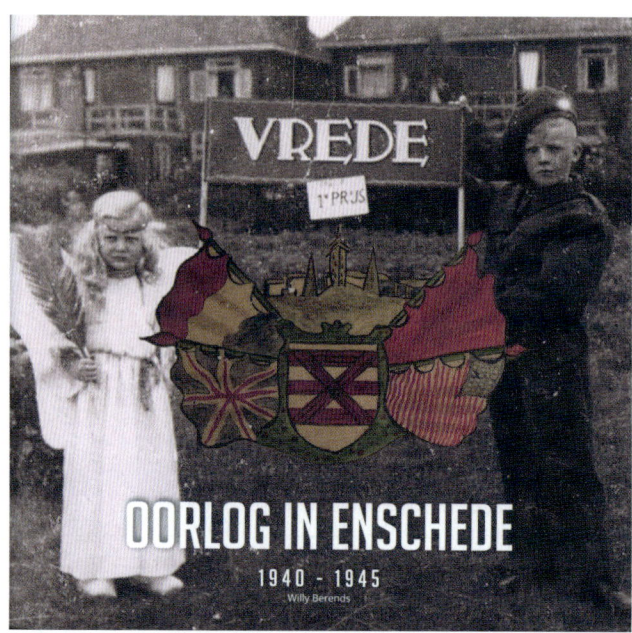

Veröffentlicht von Willy Berends (März 2020)

Präsentation Overduins im Niederländischen Widerstandsmuseum zu Amsterdam (vom September 2022) beigesteuert haben. Sie machte uns auch aufmerksam auf den von Feya Wouda und Sonna Krom gestalteten Doppelbildband „Oorlog in Enschede. 1940–1945" und „Het geweten van een stad, Leendert Overduin in Enschede", aus dem wir zahlreiche farbige Bilddokumente entnehmen konnten.

– Ein wiederum besonderer Dank gilt dem Lionsclub Münster, der von vornherein eine Art Patenschaft über das Projekt übernommen hat und ohne den es in der vorliegenden Form kaum zustande gekommen wäre. Den Dank an alle Lionsfreunde, die sich so oder so für das Projekt eingesetzt haben, fokussieren wir stellvertretend auf den derzeitigen Präsidenten, Prof. Wim Kösters, der das Procedere engagiert begleitete und manch anregenden Impuls gab.

– Last but not least richtet sich unsere und des ganzen Redaktionsteams ganz herzliche Dankbarkeit an den organisatorischen Motor unseres Projektes, den ideenreichen und unermüdlich aktiven Cheflektor des LIT Verlages. Dr. Michael J. Rainer. Er vor allem war es, der das Redaktionsteam kommunikativ integrierte und dabei unermüdlich wie zugleich verständnivoll-geduldig den Prozess vorangetrieben hat. Ihm und dem Team des LIT Verlages ist es zu verdanken, dass das Buchprojekt zu einem guten Ende gebracht werden konnte. Darum Dir, lieber Michael, an dieser Stelle ein persönliches „Vielen, vielen Dank".

Abschließend möchten wir unserer Freude Ausdruck darüber geben, dass nicht wenige „significant institutions" unseres Landes, darunter die Evangelische

*Michael J. Rainer, Arnold Bekkenkamp, Herbert Zwartz und
Willi Feld in Enschede (Dezember 2022)*

Kirche von Westfalen, das Bistum Münster, die Stadt
Münster, die Gesellschaft für Christlich-jüdische Zusammenarbeit, der Kirchenkreis Münster-Steinfurt-
Borken u. a. die Verbreitung der inhaltlichen Ziele
dieses Buches inhaltlich und auch finanziell nachdrücklich unterstützt haben.
Und so übergeben wir das Buch der Öffentlichkeit
in der Hoffnung, dass das unerschrockene und prag-
matische Hilfehandeln von Leendert Overduin viele
Leser ebenfalls zu wirksamen sozialen Initiativen in
der eigenen Umwelt ermutigt.

Prof. em. Dr. Karl-Wilhelm Dahm

Univerität Münster

Einführende Bemerkungen des Übersetzers

Das niederländische Original dieses Buches wurde erstmals im Jahr 2000 veröffentlicht. Erklärtes Ziel war es seinerzeit, den Namen Leendert Overduin auch für die Menschen des „neuen Jahrhunderts" lebendig zu erhalten, weil es sich dabei um den Namen eines Mannes handelt, der durch sein mutiges Engagement während der fünfjährigen deutschen Besatzungszeit vermutlich mehr als 1.000 Juden vor Deportation und Vernichtung bewahrte. In den Niederlanden und insbesondere in Twente scheint dieses Ziel weitgehend erreicht worden zu sein. Darauf deutet nicht allein die Tatsache hin, dass das Buch dort mittlerweile schon in der dritten Auflage erschienen ist. Auch andere Initiativen, Zeugnisse und Ereignisse legen diesen Eindruck nahe.

In Deutschland ist der Name Leendert Overduin dagegen auch heute noch weitgehend unbekannt. Wer beispielsweise bei Wikipedia den Suchbegriff „Judenretter" oder „Judenhelfer" eingibt, der stößt auf eine recht ansehnliche Liste von Personen, hauptsächlich aus Deutschland, aber auch aus vielen anderen Ländern: Aus Mexiko, Spanien, Schweden, Polen, Ungarn, Holland, ja, sogar aus der Türkei, Japan und dem Iran. Der Name Leendert Overduin ist in dieser Liste jedoch nirgendwo zu finden. Und ganz ähnlich ergeht es demjenigen, der das von Wolfgang Benz herausgegebene Standartwerk „Überleben im Dritten Reich. Juden im Untergrund und ihre Helfer" zu Rate zieht. Auch dort werden neben deut-schen zahlreiche ausländische Judenhelfer und -retter genannt, aber kein Leendert Overduin.

Viele Darstellungen von Judenhelfern und Judenrettern sind sehr einseitig angelegt. Sie konzentrieren sich fast ausschließlich auf die Wiedergabe der Hilfs- und Rettungsaktionen ihrer jeweiligen Protagonisten; oder, wie man zugespitzt sagen könnte, auf den „heroischen" Teil ihrer jeweiligen Lebensgeschichten. Die übrigen Teile dieser Lebensgeschichten bleiben dagegen weitgehend ausgeblendet. Sie werden nur soweit wie eben nötig – sozusagen in Kurzform – in die Darstellung einbezogen und auf diese Weise zu bloßen Vor- und Nachgeschichten degradiert.

Das vorliegende Buch verfährt da anders. Es gibt die Hilfs- und Rettungsaktionen Leendert Overduins und seiner Organisation – ihre Voraussetzungen, ihre Durchführungen, ihre Schwierigkeiten, ihre Gefahren und Erfolge – zwar ebenfalls sehr ausführlich und detailliert wieder. Es richtet seinen Fokus aber nicht allein auf sie, sondern behandelt die übrigen Teile der Biographie Overduins mit der gleichen Aufmerksamkeit und bietet sie auch mit den gleichen darstellerischen Mitteln dar. Gerade dadurch aber werden neben der außerordentlichen Seite ihres Protagonisten auch seine zutiefst menschlichen Seiten offenbar: Seine Eigenheiten, seine Vorlieben, sein spätes Glück, seine Hinfälligkeit und sein Ende.

Versucht man die Form der Darstellung etwas genauer zu erfassen und auf einen Nenner zu bringen, so ist zu sagen, dass es sich um einen hervorragend recherchierten, langen biographischen Essay handelt. Dieser ist zwar im Großen und Ganzen chronologisch angelegt, schreitet aber nicht strikt linear voran, sondern tut dies spiralförmig, zirkulär. So werden viele Dinge nicht nur einmal, sondern mehrfach angesprochen, aber jedes Mal unter einem anderen Blickwinkel, einem anderen Aspekt, in anderem Zusammenhang.

Auch werden neben den streng historiographischen Mitteln zahlreiche literarische Stilmittel eingesetzt: Leitmotive, Tempuswechsel, Einlagen von Gedichten und Liedern u.a.m. Dabei geht der Verfasser – wie für ein historisches Werk unerlässlich – völlig nahe an den Grundmotiven von Overduin zu Werke. Er erzählt und zitiert, unterbricht, kommentiert, korrigiert und vermutet, ist in der einen oder anderen Weise also stets präsent. Er „bevormundet" den Leser jedoch nicht. Im Gegenteil: Seine gesamte Darstellung ist darauf ausgerichtet, ihm das Leben, Denken und Handeln Leendert Overduins in all seinen Facetten „lediglich" zu vergegenwärtigen, es ihm vorzuführen, ihn damit sozusagen zu konfrontieren und ihm auf diese Weise nicht nur viel zu denken, sondern auch viel zum Nach- bzw. Miterleben zu geben, und das in völliger Unabhängigkeit und Freiheit.

Einen Höhepunkt des Buches stellen sicherlich die im Text zitierten Predigten Leendert Overduins dar, verdeutlichen sie doch sehr eindrucksvoll, wie sehr dieser Diener Gottes, dieser „Verbum dei minister", lebte, was er dachte und glaubte, ja, weshalb er das, was er tat, geradezu tun musste, und davon „im Wandel der Zeiten" auch nicht einfach ablassen konnte. Glaube erscheint so nicht als etwas ein für alle Mal Erworbenes, sondern als ständige „existentielle" Aufgabe.

Bleibt noch kurz ein paar Worte über die Aktualität des Buches zum Ausdruck zu bringen. Indem es den Leser in der beschriebenen Weise ebenso ruhig wie ausführlich und detailliert mit dem Leben seines Protagonisten Leendert Overduin konfrontiert, konfrontiert es ihn gleichzeitig mit sich selber. Auch wenn es sich nur um eine imaginäre Begegnung, eine imaginäre Nähe handelt, die es ihm beim Lesen beschert, drängt sich dem Leser doch beinahe zwangsläufig die Frage auf: Wie hätte ich mich selbst verhalten, wenn ich an Overduins Stelle gewesen wäre oder wenn er mich auch nur – wie so viele seiner Zeitgenossen – bei seinen Aktionen um Hilfe gebeten hätte?

Es ist eine Frage nach der eigenen Zivilcourage, deren Beantwortung angesichts eines anscheinend unausrottbaren Antisemitismus, einer stetig wachsenden Fremdenfeindlichkeit und einer Rechtspartei, die mittlerweile bundesweit über einen Stimmenanteil von 15–20 Prozent und mehr verfügt, als alles andere denn als belanglos und müßig angesehen werden kann. Vorsicht, Angst, Zurückhaltung angesichts dieser aktuellen Lage? „Man kann sich immer an irgendetwas festhalten", sagt Overduin an einer Stelle des Buches und „Tu in Gottes Namen etwas Mutiges" heißt es mit dem Reformator Zwingli an einer anderen.

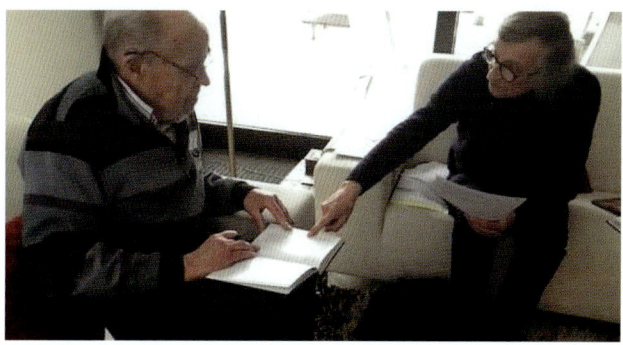

Verfasser Arnold Bekkenkamp mit dem Übersetzer Willi Feld (Dezember 2022)

A. Bekkenkamp, Lebensbericht Leendert Overduin
1900–1976

Leendert Overduin

Het levensverhaal van een pastor Pimpernel (1900- 1976)

A.Bekkenkamp

Kapitel I: Hinführung

In der Großen Kirche am Alten Markt in Enschede ist gegenüber der Kanzel eine bronzene Tafel für einen Pastor namens Nanne Zwiep angebracht, der 1942 in Dachau ermordet wurde. Daneben ist im Dezember des Jahres 2000 eine gleichartige Tafel mit dem Namen von Pastor Leendert Overduin installiert worden, der am 21. Dezember 1900 in Leiden geboren wurde und am 17. Juli 1976 in Enschede starb, wo er seit 1937 arbeitete und wohnte.

Spät, aber noch nicht zu spät, wird Overduins Andenken in der Stadt geehrt, in der sein Name noch ein Begriff ist. Er selbst hat alles getan, um die Spuren seines Mutes zu verwischen; selbstlos und bescheiden, wie er war. Wir aber wollen die Menschen unseres Jahrhunderts an seinen Namen erinnern, ist mit ihm doch ein besonderer Mensch unter uns tätig gewesen, der den Mut hatte, „etwas zu tun", während die meisten seiner Zeitgenossen die Dinge einfach laufen ließen, wie sie liefen.

„Was kannst du schon daran ändern! Wir stehen einfach machtlos da... "

Das sagten die Menschen auch in unruhigen Kriegszeiten im 16. Jahrhundert in der Schweiz gegenüber dem Reformator Zwingli. „Die Lage ist so elend, was können wir schon dagegen tun...?" Und Zwingli, der genauso wenig wie andere eine Lösung wusste, sagte schlicht und einfach: „Tu in Gottes Namen etwas Mutiges!"

Leendert Overduin hat im Namen Gottes etwas Mutiges getan. Schon 1941 baute er die wahrscheinlich größte, in jedem Fall aber die erste besondere Organisation auf, die darauf ausgerichtet war, Juden vor der Ermordung zu retten. Und diesem Werk widmete er sich – unterbrochen von Verhaftungen – bis zum letzten Tag des Krieges. Auf dem Fahrrad, von Haus zu Haus, von einem Ort zum anderen koordinierte er, schaltete er andere Menschen ein und ermutigte sie. Und auch nach dem Krieg setzte er seine Arbeit weiter fort. Er half den Juden nämlich nicht, weil sie Juden waren, sondern weil sie sich in Not befanden.

Es geht nicht um christliche Heldentaten. Dazu Overduin selbst in einer Predigt im September 1941: „Eine christliche Heldentat, das geht ganz und gar nicht. Wenn wir so sprechen, dann hat uns die Welt noch kräftig im Griff. Wir brauchen nichts Heldenhaftes zu tun. Der Prediger Daniel hat ein freudiges Nein hören lassen, und das hat nichts mit dem zu tun, was wir eine Leistung nennen. Dass wir in so etwas eine Leistung sehen, anfangen, ein Heiligenbild herumzutragen, das kommt daher, dass die protzige, im Grunde aber lächerlich schwache Welt in unseren Augen noch so gewaltig ist und uns noch so stark im Griff hat. Und die Welt des allmächtigen, ewigen Gottes versinkt dabei für uns im Nichts."

In derselben Predigt über Daniel I sagt der Sprecher: „Das [alttestamentliche] Buch Daniel wurde geschrieben in einer Zeit der Gestapo... " und „Aspenaz ist am Hof der Reichsjugendführer".

In seinem Arbeitszimmer hing kurzzeitig eine schön beschriebene Tafel mit einem Bibeltext aus Jesaja 16: „Verbirg die Verjagten und verrate die Flüchtigen nicht. Mache deinen Schatten am hellen Mittag der Nacht gleich, die die Verfolgten dem Blick des Verfolgers entzieht."

Er selbst wäre wahrscheinlich nicht auf die Idee gekommen, einen solchen Text an der Wand anzubringen; aber die Tafel hing da aus Pietät gegenüber demjenigen, der eine so große Mühe für diese Ehrenbezeugung auf sich genommen hatte.

Der Enscheder Psychologe Gerard Croiset nannte ihn „Unseren Pimpernel", ein treffender Bezug für diejenigen, die den Schelmenroman der Baroness Orczy noch gelesen haben, diese Geschichte über den englischen Aristokraten Sir Percy, der während der Französischen Revolution viele durch seine illegalen Aktivitäten vor der Guillotine rettete; und das immer unter dem Tarnnamen Scarlet Pimpernel.

Nicht zu fassen, erfinderisch und unbeirrbar.

Leendert Overduin besaß die Eleganz und das Format des legendären Pimpernel, und auch er erlebte, oft in Verkleidung, die unwahrscheinlichsten Abenteuer. Er streifte durchs Land, tauchte mal hier auf und mal da. Aber er war eigentlich kein Abenteurer. Er hinterließ keine Visitenkarten, um zu provozieren, und er hantierte auch nicht mit dem Degen. Am bewaffneten Widerstand hat sich Overduin nicht beteiligt. Das war für ihn undenkbar. Seine Motivation, seine Lust und sein Leben waren sein inniger Glaube an Jesus Christus. Er war ein gläubiger Pimpernel.

Und er war nicht darauf aus, die Menschen zu bekehren, die in ihrer Not von ihm abhängig wurden. Für Overduin war immer klar: Predigen ist eine Sache für sonntags von der Kanzel herab. Alltags muss es auf eine andere Art und Weise gehen, auf die Art und Weise von Matthäus 25,31–46. [„Was ihr getan habt einem von diesen meinen geringsten Brüdern, das habt ihr mir getan.", Vers 40]

Noch gerade rechtzeitig – diejenigen, die aus eigener Erfahrung Zeugnis ablegen können, sind inzwischen alt geworden – kann versucht werden, die bemerkenswerte Lebensgeschichte Leendert Overduins zu rekonstruieren.

Allerdings nicht im Sinne einer historisch-wissenschaftlichen Abhandlung. Wohl ist viel Arbeit darauf verwendet worden, die Daten und Fakten so genau wie möglich zu dokumentieren. Von systematischen Quellenangaben wird jedoch abgesehen. Ist dieses Buch doch nicht als Studienbuch, sondern als Lesebuch gedacht. Für die kleine Schar derjenigen, die im Rahmen einer wissenschaftlichen Untersuchung allem ganz genau nachgehen wollen, sei vermerkt: Das umfangreiche Dokumentar-Material ist zur Aufbewahrung dem mit der Freien Universität Amsterdam verbundenen Historischen Dokumentationszentrum für den (niederländischen) Protestantismus übergeben worden.

Große Anstrengungen sind von den Mitgliedern zweier verschiedener Komitees unternommen worden, um im Dezember 2000, anlässlich des hundertsten Geburtstags von Overduin mit vereinten Kräften eine passende Form des Gedenkens zu organisieren. In jüdischen Kreisen wurde Geld gesammelt, um dieses Vorhaben zu realisieren.

Bevor mit der schriftlichen Niederlegung dieses Buches begonnen wurde, sind einige Personen durch B. J. Flim vom Niederländischen Institut für Kriegsdokumentation und durch H. F. Zwartz interviewt worden. Soweit diese Gespräche sich auf Overduin bezogen, sind die Ergebnisse in dieses Buch eingegangen. Mit einer Reihe von Bekannten Overduins hat der Autor selbst gesprochen. Ein Wort des Dankes gebührt allen, die an diesem Buch mitgearbeitet haben: Den Zeitgenossen Overduins, die mündlich oder schriftlich berichtet haben; den Archivverwaltern der Stadt und der reformierten Gemeinde Enschede ebenso wie denen des Niederländischen Instituts für Kriegsdokumentation, dem Widerstandsmuseum sowie der Freien Universität (in Amsterdam).

Und nicht vergessen werden soll auch: Dem kleinen Kreis kritischer Leser Dank zu sagen, die das Manuskript vor der Drucklegung durchgesehen und durch ihre Erkenntnisse bereichert haben.

Dieses Buch ist ein Buch über das Leben von Leendert Overduin, dem „Diener des Wortes Gottes" (Verbum dei minister). Es ist kein Buch über den Weltkrieg oder über die sozialen und kirchlichen Verhältnisse im 20. Jahrhundert. Der Name Adolf Hitler kommt in dem Buch zwar vor, aber nur am Rande. Wer mehr über das Schicksal der Juden in den Niederlanden während des Krieges wissen möchte, sollte die Bücher von L. de Jong, J. Presser und Abel Herzberg zu Rate ziehen. Was es bedeutet, im Untergrund leben zu müssen, davon besitzen viele sicher eine Vorstellung dank des „Tagebuchs der Anne Frank". Wie es war, im Twenter Land im Untergrund zu (über-)leben, kann in dem anrührenden Buch „Und im Fenster der Himmel" von Johanna Reiss nachgelesen werden, die als jüdisches Mädchen in Usselo versteckt wurde. Was deportierte Juden mitmachen mussten, haben begabte Schriftsteller wie Gerhard Durlacher und Eli Wiesel in Worte gefasst.

Unsere niederländische Kirchengeschichte ist von O. J. de Jong verfasst worden, die Geschichte des Widerstands in Twente von Coen Hilbrink, die Geschichte der Juden in Enschede von L. F. van Zuijlen.

Diese Hinweise sind nötig, weil dieses Buch sonst den Eindruck erwecken könnte, dass der Widerstand gegen den Nationalsozialismus und die Unterstützung von Juden hauptsächlich eine Sache kirchlich-protestantischer Kreise gewesen sei. Es gibt jedoch keinen Grund, an bestimmte Gruppierungen Orden zu verteilen.

Leendert Overduin war, wie gesagt, ein bescheidener Mensch. Ein königlicher Orden ist ihm nicht verliehen worden; das ist freilich eine Geschichte für sich, die später noch zur Sprache kommen soll. Als seine Frau in einer Gesellschaft einmal ihre Unzufriedenheit darüber aussprach, sagte Leendert: „Ach, stell dir das doch mal vor. Wenn ich ausgezeichnet würde,

dann müssten aus Höflichkeit auch all die jüdischen Menschen kommen und sich bei mir bedanken, nach all den Jahren. Ich möchte es mir gar nicht vorstellen . . . "

Wohl wurde ihm die Yad-Vashem-Medaille verliehen und sein Name (wie auch der seiner Geschwister) in Jerusalem in einen Stein gemeißelt. Yad Vashem ist die Einrichtung in Jerusalem, die die Erinnerung an die Vernichtung der Juden (den Holocaust, die Shoa) lebendig zu erhalten versucht. Sämtliche Namen der Opfer wie auch der Helfer werden dort sorgfältig dokumentiert, und das soll auch weiterhin so bleiben.

Der Tag, an dem Overduin die (Yad-Vashem-)Medaille zuerkannt bekam, ist der 10. Juli 1973. Kurz danach schreibt J. N. Menko, der Initiator der Verleihung, an das Institut in Yad-Vashem:

„Es geschieht mit einem Gefühl von Ratlosigkeit und Verdruss, Ihnen mitteilen zu müssen, dass sowohl Pastor Overduin als auch seine Schwester Maartje sowie der Witwer seiner verstorbenen Schwester Corry sich kategorisch weigern, irgendeine Auszeichnung, welcher Art auch immer, anzunehmen."

Bevor die Yad-Vashem-Medaille verliehen wurde, hatte der in den USA lebende Kenner von Münzen und Medaillen Maurice Frankenhuis mit der gleichen Absicht schon eine eigene Medaille entworfen. 1967 ließ er als Dankesbezeugung im Namen der jüdischen Gemeinschaft eine große Medaille anfertigen, auf der der Name von Leendert Overduin eingraviert war. Die Annahme dieser privaten Auszeichnung konnte Overduin nicht verweigern.

In Enschede ist sein Name im öffentlichen Raum kaum zu finden; nirgendwo werden Verbindungen zu ihm hergestellt. 1999 machte Enschede in einer bekannten Imagekampagne Werbung mit Symbolen, die die Stadt mit Grolschbier, den Studenten, dem Orchester des Ostens und mit Ikjan Cremer in Verbindung brachten. Nicht jedoch mit Leendert Overduin. Aber wer sucht, der findet: Ein Apartmenthaus,

Eingang Van Lochemstraat, besitzt einen abgeschlossenen Parkplatz, und dieser Platz hat einen Namen: Overduingaarde. Es ist durchaus denkbar, dass Overduin, möglicherweise gezwungen zu wählen, diesen Flecken selbst ausgesucht hat. „Nehmt dafür doch einfach dieses Eckchen." [1]

Nach Aussage von Maurice Frankenhuis besaß Leendert Overduin in seinem Haus auch noch eine schöne bronzene Medaille, die sogenannte Dorus-Rijkers-Medaille. Versehen mit der Inschrift: „Carnegie-Heldenfonds, überreicht am 13. Oktober 1947 zu Noordwijk an L. Overduin".

Damit verhielt es sich so: 1947 erholte sich Overduin an einem schönen Sommertag zusammen mit einigen Familienmitgliedern am Strand von Noordwijk. Eine Frau hatte sich viel zu weit ins Meer hinausgewagt und begann um Hilfe zu rufen. Leendert Overduin stieg ins Wasser, während andere händeringend am Ufer blieben, und holte die Frau an Land. Bei der Überreichung der Medaille durch den Bürgermeister kam ans Licht, dass Overduin gar nicht schwimmen konnte.

Das kam später noch einmal zur Sprache, als er nämlich mit einer Gruppe von Konfirmanden für eine Woche lang nach Friesland reisen wollte. Ist das wohl verantwortungsbewusst? Der Pastor kann doch gar nicht schwimmen!

„Ach", bemerkte Overduin dazu, „einfach ruhig bleiben. Man kann sich immer an irgendetwas festhalten."

Anmerkungen

[1]   Seit 2020 besitzt Enschede auch eine Leendert Overduinstraat. Sie liegt in einem Neubaugebiet.

Kapitel II: Von Leiden nach Amsterdam

„Leiden ist die schönste Stadt der Welt. Ein Spaziergang entlang der Rapenburg gehört zu den angenehmsten Beschäftigungen, die ich mir vorstellen kann. Die Rapenburg ist die schönste Gracht ... Die Breestraat läuft quer durch das Herz der Stadt. Hier steht die Fassade des berühmten Rathauses, das 1928 in so beklagenswerter Art und Weise abbrannte. Alte Leidener können davon so anschaulich erzählen ... "
So der Schriftsteller Peter van Zonneveld. Sein Kollege Maarten 't Hart, ebenfalls mit Leiden verbunden, äußerte sich als Student dagegen ganz anders:
„Die Rapenburg, eine schmutzige Gracht, die sich danach sehnt, zugeschüttet zu werden. Und von der Hogewoerd hatte ich mir, aufgrund des Gedichts von Piet Paaltjens, so viel versprochen. Was ich sah, war eine kalte, enge, freudlose Straße mit der langen blinden Mauer einer Deckenfabrik, mit den einfallslosen Schaufensterdekorationen einer Holzhandlung, mit farblosen Türen hoher Studentenwohnheime, die miteinander stritten, wer von ihnen wohl den ersten Preis für die schlechteste Wartung verdiente. Und dann die Hooigracht ... Wie ist es nur möglich, einen Asphaltweg ohne Wasser und ohne einen einzigen Grashalm die Hooigracht zu nennen?"
Unter der Adresse Hogewoerd Nr. 73/75 wurde um 1900 das Textilgeschäft von Jacobus Overduin eröffnet. Später zog es in die Hooigracht Nr. 9 um. Unter der erstgenannten Adresse kam am 21. Dezember 1900 Leendert Overduin zur Welt.
Leiden ist eine der ältesten niederländischen Städte überhaupt. Zu den imagebestimmenden Faktoren gehören die Wollindustrie, früher Tuchindustrie genannt, und die Universität. Beide verankert im Freiheitskampf des achtzigjährigen Krieges.
Die Befreiung Leidens im Jahr 1574 wird von echten Leidenern am 3. Oktober immer noch gefeiert. Auch Leendert Overduin hielt die Tradition noch lange hoch, nachdem er aus Leiden weggezogen war. So war für ihn der 3. Oktober stets ein Tag, um mit Leidenern gemeinsam Eintopf und Hering mit Weißbrot zu essen.

Hoegewoerd Nr. 73/75, Leiden (2000)   *Hooigracht Nr. 29, Leiden (2000)*

Leiden ist schon seit dem 16. Jahrhundert eine Industriestadt mit all den sozialen Problemen, die damit verbunden sind.

Der stumpfe Glanz der Häuser, ihr Glaube
An das nie geheilte bürgerliche Glück
Macht krank wie die Erinnerung an Gas,
Getränk, Sackleinen, Einlauf und warmen Ofen.
Und jeden Abend kommen die mageren,
Verarmten klassischen Idioten wieder.
Die Wollindustrie blüht hier seit Jahrhunderten

(F. L. Bastet)

Alt-Leiden

Heute, im 21. Jahrhundert, hat Leiden mit Enschede gemein, dass die Textilindustrie keine zentrale Bedeutung mehr spielt, sondern nur noch eine margina-
le. Sie ist sozusagen verblüht.
Die Universität wurde 1575 von Willem von Oranien
gestiftet, weil die Stadt sich während der Belagerung
durch die Spanier so tapfer gewehrt hatte.
Im Hörsaal dieser Universität nahm im November
1940 der öffentliche Widerstand gegen die deutschen
Besatzer ihren Anfang. Der Rector Magnificus, Professor Cleveringa, protestierte gegen die ersten dis-
kriminierenden Maßnahmen gegen die Juden. Die
Folge war, dass die Universität geschlossen wurde.
Karel van het Reve, selbst Hochschullehrer in Leiden,
und einer, der diese Universität einmal den „Boro-
budur-Tempel der Bourgeoisie" nannte, schrieb über
das Auftreten Cleveringas: „Das Ereignis gereicht

Leiden zur Ehre und hebt Leiden vorteilhaft von
Amsterdam ab. Aber es hätte wahrscheinlich nicht
stattgefunden, wenn man in Leiden gewusst hätte,
was sich in der Welt so alles verkaufen ließ. In Amsterdam wusste man das besser."

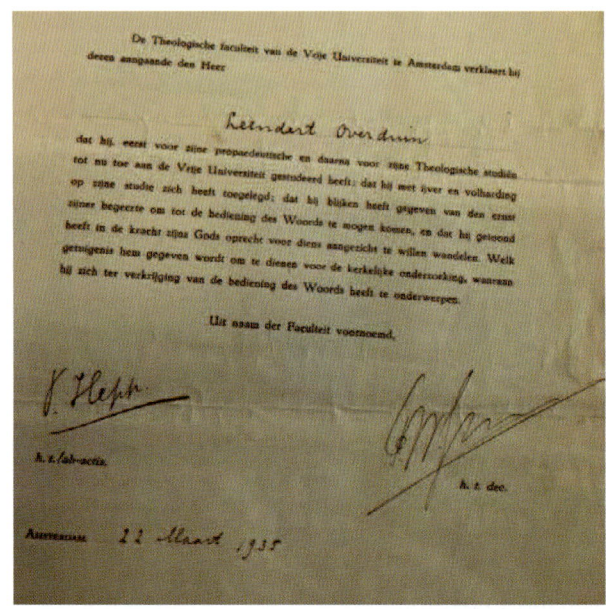

Das Zeugnis der Universität Amsterdam

Die Theologische Fakultät der Freien Universität zu Amsterdam erklärt hiermit betreffs des Herrn

Leendert Overduin,

dass er zunächst seine propädeutischen und anschließend seine
theologischen Studien an der Freien Universität absolviert hat; dass
er sich seinem Studium mit Eifer und Ausdauer gewidmet hat; dass
er die Ernsthaftigkeit seines Wunsches bewiesen hat, in den Dienst
des Wortes zu treten, und dass er in der Kraft seines Gottes gezeigt
hat aufrecht vor dessen Angesicht wandeln zu wollen. Dieses Zeugnis wird ihm ausgestellt als Grundlage für die kirchliche Prüfung, der
er sich unterziehen muss, um in den Dienst des Wortes Gottes treten
zu können. [. . .]

Amsterdam, 15. März 1935

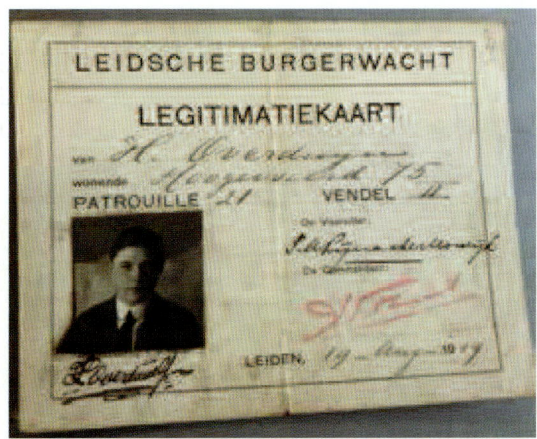

„Mitgliedsausweis der Leidenschen Bürgerwehr 1917"

Die zahlreichen Overduins, ein südholländisches Geschlecht, werden in vier Zweige eingeteilt: Den Noordwijkschen, den Haag'schen, den Scheveninger und den Leidenschen. Das Besondere an dem Leidenschen Zweig besteht darin, dass so viele Pastoren daraus hervorgegangen sind. In einem Familienbuch werden für einen Zeitraum von circa hundert Jahren allein acht namentlich genannt, und dabei ist noch nicht einmal berücksichtigt, dass ein Neffe von Leendert Overduin, geboren 1954, derzeit reformierter Pastor in Scherpenzeel ist. Die Mehrzahl der Pastoren aus der Familie Overduin fand ihren Platz teils im pietistischen Umfeld, teils in der mehr calvinistisch-orthodoxen Gereformeerde Gemeente und anverwandten Gruppierungen. Die beiden Söhne von Vater Jacobus Overduin, die Theologie studierten, schlugen etwas unterschiedliche Wege ein. Leendert wurde in Enschede Pastor der Gereformeerde Kerk in Hersteld Verband und später Pastor der Hervormde Kerk, weil die erstgenannte Kirche in der Nederlands Hervormde Kerk aufging. Sein Bruder Koos wurde Pastor der Gereformeerde Kerk (Synodaal), und zwar nacheinander in Sleen, Kampen, Arnheim, Amsterdam und Veenendaal.

Vater Jacobus Overduin, „Kaufmann für Sajet (wollenes Garn)", wurde 1869 in Leiden geboren und heiratete 1890 die 1870 geborene Maartje Colijn. Aus dieser Verbindung gingen 11 Kinder hervor.

Sowohl Vater als auch Mutter Overduin waren eng mit ihrem rechtgläubigen, altüberkommenen Glauben verbunden. Abweisend gegenüber Neuerungen, aber auch gegenüber der gereformeerden Hoheitsgewalt in ihrem eigenen Kreis, standen sie überhaupt jedweder Kirchenorganisation reserviert gegenüber. Vater Jacobus war Organist in der Christelijk Gereformeerde Kerk. Aber er gehörte ihr nicht als bekennendes Mitglied an. Eine wichtige Rolle spielte allerdings das Gedankengut von Isaac Da Costa (1798–1868) und vor allem von Heinrich Friedrich Kohlbrügge (1803–1875).

Isaac da Costa war ein Dichter und hochgebildeter Mann jüdischer Herkunft, der der Beunruhigung unter theologisch „orthodoxen" Christen über den aufkommenden Rationalismus eine Stimme gab. Er war politisch zurückhaltend, aber von einer Tiefe des Glaubens, von der viele Fachtheologen nur wenig wussten.

Theologisch am stärksten geprägt war Leendert Overduin von Friedrich Hermann Kohlbrügge, Pfarrer der niederländischreformierten Gemeinde zu Elberfeld, sowie von Karl Barth (1896–1968) und dessen Rezeption Kohlbrügges.

Barth: „Inmitten der großen pietistischen, rationalistischen und romantischen Dämmerung des 19. Jahrhunderts war Kohlbrügge – und das soll ihm nicht vergessen werden – einer der ganz wenigen, die von der Höhe, in der des Menschen Umkehr ihre Wirklichkeit und ihren Ursprung hat, ein präzises Wissen an den Tag gelegt haben."

Die Familie Overduin 1916. Obere Reihe v.l.n.r.: Leendert, Jannie, Mutter Maartje, Gerrit, Trina, Koos. Untere Reihe v.l.n.r.: Piet, Jan, Corry, Vater Jacobus, Maartje

1. Jannetje   (1891–1921)   Jung gestorben an Tuberkulose.
2. Catharina   (1892)   Als Säugling gestorben.
3. Catharina   (1894–1987)   Verheiratet mit Olf Ruhrwiem, Textilhändler.
4. Gerrit   (1897–1971)   Textilhändler, später Direktor der Wollfabrik Clos & Leembrugge.
5. Maartje   (1899–1974)   Unverheiratet, beinahe 20 Jahre lang Hausgenossin von Leendert.
6. Leendert   (1900–1976)   Pastor.

7. Jacobus, genannt Koos   (1902–1983)   Pastor und Autor.
8. Cornelia   (1904)   Als Säugling gestorben.
9. Jan   (1907–1958)   Lehrer, Autor und Korrektor beim Kok-Verlag.
10. Pieter Adrianus, genannt Piet   (1910–1990)   Textilhändler.
11. Cornelia Grietje, genannt Corry   (1913–1965)   Fürsorgerin.

Seinen theologischen Focus legte Kohlbrügge nicht auf die Bekehrung als aktives Handeln des Menschen, sondern auf die daraus folgende „Heiligung" im täglichen Leben. Diese „Heiligung" aber gehe zurück allein auf das Werk Jesu Christi. Sie sei kein frommes Werk des Menschen, zielgerichtet darauf, sich Gottes Gnade und ewige Seligkeit zu verdienen. Sie erwachse vielmehr aus der Dankbarkeit für die durch Christus geschenkte Vergebung der Sünden. Solche Dankbarkeit treibe den Christen in der „Heiligung" zum Dienst an den Mitmenschen. Für und bei Kohlbrügge persönlich konkretisierte sich diese „Heiligung" in der Armenpflege. So wenig nun „Heiligung" darauf zielt, sich ein Verdienst bei Gott zu beschaffen, so wenig zielt sie auch darauf, Anerkennung und Verdienst bei den Menschen zu gewinnen. Auch diese Grundauffassung hat Leendert Overduin auf das stärkste geprägt: Immer wehrte er sich entschieden gegen öffentliche Ehrungen und Laudationen angesichts seines unermüdlichen Einsatzes für Verfolgte und Leidende, für Kranke und Arme.

Wie ging es damals zu an der Hogeweord, im Haus der Familie Overduin? An seinem 80. Geburtstag gab Leenderts Bruder Koos (Pastor J. Overduin) dem Evangelische Omroep (Evangelischen Rundfunk) ein Interview und blickte darin auch auf seine Jugend zurück:

„Meine Eltern haben einen tiefen Eindruck bei mir hinterlassen. Sie waren, was Frömmigkeit angeht, zwei verschiedene Typen. Meine Mutter war mehr pietistisch und rechtgläubig, mein Vater eher kohlbrüggianisch eingestellt. So lag der Schwerpunkt bei meiner Mutter auf die Wirkung des Heiligen Geistes und bei meinem Vater auf der Wichtigkeit des „Wortes Gottes". Beides gehört zusammen. Schon als kleines Kind war ich sicher, dass Gott mich zum Pastor berufen würde. Es stellten sich zwar finanzielle Probleme und Krankheiten ein. Mein Vater befürchtete Hochmut, er hatte Angst, dass meine Motive nicht sauber sein könnten. So etwas prägt einen ... Ich hatte eine fromme Mutter. Wir waren zuhause neun Kinder. Meine Mutter stand morgens immer sehr früh auf, um sechs Uhr, badete und las anschließend in der Bibel. Ich weiß noch, dass meine Mutter, als ich Pastor geworden war, jeden Morgen vor meiner Predigt schon ein Gebetstreffen hinter sich hatte."

In demselben Gespräch erzählt Koos Overduin, dass er aufgrund einer Tuberkulose erst mit 17 Jahren aufs Gymnasium gehen konnte und dass er während seines Theologiestudiums an der Freien Universität nahezu vier Jahre lang zuhause – teilweise in Zeist – kuren musste. Könnte der schleppende Beginn von Koos' Studium vielleicht der Anlass für Leendert gewesen sein, (mit Zustimmung oder auf Veranlassung seines Vaters) ebenfalls mit dem Studium zu beginnen? Das verstand sich nämlich nicht von selbst, hatte Leendert doch keine höhere Schule besucht. 1925 begann er, mit Hilfe von Lehrern und unterstützt von seinen Brüdern Gerrit und Piet, die ihn regelmäßig abfragten, mit der Weiterbildung, um das Abitur zu machen. Er bestand es im Jahr 1930, in eben dem Jahr, in dem sein Bruder seine erste Pastorenstelle in Sleen bekam. Er konnte Koos' Bücher verwenden. Und natürlich ging er an die Freie Universität Amsterdam. Denn in Leiden, gleich um die Ecke, wurde die Evolutionstheorie gelehrt. Jan, der in der gleichen Zeit zu studieren begann, durfte zwar in Leiden bleiben, aber er studierte auch Literaturwissenschaft, Kunstgeschichte und Philosophie, nicht Theologie. Er schaffte seine Promotion mit Auszeichnung. Von Kindheit an arbeitete Leendert gemeinsam mit seinen Brüdern im Geschäft seines Vaters, einem Laden, dem eine Strickerei angeschlossen war. Socken, Schals und Pullover wurden da für das eigene Geschäft gefertigt, aber auch für andere Läden. Und das wiederum bedeutete nicht nur Produktion, sondern auch Distribution: Mit dem Lastenfahrrad über Land. Gute Zeiten, schlechte Zeiten und meist mit

Anstand ertragene Armut. Trotzdem gab es am Tisch der Overduins noch Platz für eine Reihe von deutschen und österreichischen Kindern, die kurz nach dem Ersten Weltkrieg zeitweise in unser Land kamen, um sich vom Elend des Krieges zu erholen.

Diese Gastfreundlichkeit der Familie Overduin wurde 1943 von einem Rechtsanwalt als mildernder Umstand vor deutschen Richtern angeführt, um eine geringere Strafe für Leendert zu erwirken.

Es ist übrigens nichts über das Schicksal der Familie während der tristen Jahre des Ersten Weltkriegs bekannt, außer dass Leendert 1917 in die Leidensche Bürgerwehr eingezogen wurde.

Leendert und Jan Overduin, 1923

Gerrit Overduin ging als Textilkaufmann seinen eigenen Weg. Sein Bruder Piet führte das Familienunternehmen weiter, zusammen mit seinem Schwager Olf Ruhrwiem, dem Ehemann Catharina Overduins. 1930 zogen sie nach Zeist, wo sie das „Maison de Bonneterie" an der Slotlaan übernahmen. Die Eltern sowie Maartje und Corry zogen mit ihnen mit, eben-

falls nach Zeist. Gerrit blieb in Leiden. 1938 starb Mutter Overduin. Kurz darauf zogen der Vater und Maartje nach Enschede, wo Leendert inzwischen eine Wohnung gemietet hatte.

Die Landschaft Europas im Jahr 1918, gezeichnet von Albert Hahn

Gerrit, Piet und Olf Ruhrwiem ging es wirtschaftlich ziemlich gut. Sie halfen der übrigen Familie mit Geld und Gütern, wenn immer es nötig war. Bei Jan war das gelegentlich der Fall. Aber auch bei Maartje und bei Leendert.

Leendert konnte ab 1935 zum Pastor berufen werden. Aber es dauerte noch zwei Jahre, bis er tatsächlich eine feste Stelle bekam. In der Zwischenzeit wird er wohl die Ärmel hochgekrempelt und im Familienunternehmen mitgeholfen haben. Denn sonst hätte er bestimmt nicht die Hand aufhalten mögen.

Die Brüder Koos und Jan wurden „bekannte Niederländer", Koos sogar „durch Radio und Fernsehen" bekannt.

Pastor J. Overduin (Koos)

Pastor J. Overduin (Koos) spielte in Arnheim im Widerstand gegen die Deutschen eine wichtige Rolle. Unerschrocken widersetzte er sich den Autoritäten, bis ein inkompetenter NSBer (Mitglied der Nationalsozialistischen Bewegung der Niederlande) zum Leiter einer dortigen christlichen Volksschule berufen wurde. Koos wurde festgenommen und saß von Februar 1942 bis Oktober 1943 in Haft, die meiste Zeit im Konzentrationslager Dachau. Zwar beschloss die Sicherheitspolizei bereits kurz nach seiner Verhaftung, ihn wieder freizulassen. Aber bevor der Bericht in Dachau bearbeitet und Pastor Overduin tatsächlich wieder auf freien Fuß gesetzt wurde, musste er noch eine ganze Menge durchmachen. Vor allem H. G. Hey, Direktor des Textilvertriebsunternehmens Distex, setzte sich für ihn ein, indem er mehrfach mit Seyss-Inquart und Rauter verhandelte.

(Zur großen Bestürzung von Koos Overduin wurde Hey unmittelbar nach der Befreiung entlassen.)

Koos Overduin hat ein Buch über seine Erfahrungen im Konzentrationslager geschrieben, ein Buch, das 1993 bereits zum neunten Mal aufgelegt wurde. In dem Buch „Hel en hemel van Dachau" („Der Himmel in der Hölle von Dachau") findet sich nur ein Absatz, der sich auf Leendert bezieht. Es geht in diesem Absatz darum, dass der Schreiber nach seiner Rückkehr beschattet wurde.

„Ich gehörte nun einmal zu einer berüchtigten Familie. Mein Bruder und meine Schwester saßen wegen illegaler Aktivitäten in Utrecht auf dem Wolvenplein im Gefängnis. Die Gestapo hatte beiden bereits gedroht, sie zu erschießen. Nach Gestapo-Normen hatten sie das zehnmal verdient."

Nach dem Krieg arbeitete Koos oft mit Pastor Buskes als evangelischer Prediger in Amsterdam zusammen. In politischen Dingen hatten sie oft Meinungsverschiedenheiten (z. B. in der Indonesischen Frage). Dennoch hielten sie Kontakt und korrespondierten noch im hohen Alter in freundschaftlichem Ton miteinander.

Koos Overduin war ein Pastor von einer streng gereformeerden Signatur, ein emotionaler Prediger mit Charisma und Verfasser erbaulicher Bestseller. Buskes nannte ihn einen reformierten Heilssoldaten, eine Mischung aus Johannes Calvin und William Booth. Zehn Jahre nach seinem Tod (1983) wurde in Veenendaal eine Ausstellung über sein Leben und sein Werk veranstaltet und eine große Anzahl von Zeitungsartikeln über ihn zusammengetragen.

Für die Ausrichtung von Hochzeitsfeiern für Neffen und Nichten wurde fast immer Leendert in Anspruch genommen.

Koos schaute ein bisschen auf Leendert herab, mit brüderlicher Zuneigung. Und Leendert schaute umgekehrt ein bisschen zu seinem berühmten Bruder auf, mit milder Ironie.

„Heute Abend kommt ein Gast, mein Junge", sagte der alte Pastor Leendert Overduin zu einem jungen Hausgenossen. „Heute Abend kommt ein richtiger Pastor."

J. Overduin (Jan) und Ehefrau

Jan Overduin schrieb Romane, Romane von deutlich christlichem Charakter. Dieses Genre hatte seine Blütezeit vor allem zwischen den beiden Weltkriegen.

Nach dem Zweiten Weltkrieg lief es dann bis 1960 noch so weiter. Als Vertreter dieses Genres wurde Jan Overduin selbst von einem kritischen Blatt wie „Vrij Nederland" hoch geschätzt. So schrieb Johan Winkler in dem Blatt, dass dieser Autor sein Bäumchen im christlichen Innenhof gepflanzt habe, dass er das aber auch genauso gut im großen Garten hätte tun können. In Kampen, wo er in den letzten Jahren seines Lebens wohnte, war er ein hochangesehener Bürger. Ähnlich wie sein Bruder Koos fühlte er sich in der Gereformeerde Kerk zuhause.

Der Autor kannte die Sprache der Gläubigen: „Ein Mensch muss an seiner Sünde erkannt werden." In seinen Romanen werden selbst auf dem Sterbebett noch enthüllende und dogmatisch korrekte Gespräche geführt. Liebende schreiben einander Briefe in der Gestalt gereformeerder Meditationen.

Jan Overduins bekanntestes Buch heißt: „Huurling en Herder" (Mietling und Hirte) (1951). Die Geschichte wird in Form eines inneren Monologs in einer einfachen und ansprechenden Sprache erzählt.

Es geht darum, dass ein junger Pastor durch schmerzhafte Erfahrungen lernen muss, statt ein Mietling ein Hirte seiner Herde zu sein.

Anlässlich des Todes seines Vaters im Jahr 1944 publizierte er ein Gedicht in zehn Versen mit dem Titel „In Memoriam Patris".

Wie oft ersteht in stiller Abendstunde
Dein Bild, mein Vater, der mein Leben band
So eng an das deine, einfach und rechtschaffen,
Dein Bildnis, des Abends vor dem Schlafen.

Noch immer höre ich, wenn ich am Tische sitze,
Deine schüchterne Stimme, die die Bitte vor dem Essen
Halb flüsternd, halb sprechend intoniert
Die schlichten Worte, aber die gottgeweihten.

Obwohl die Bitte an jedem Tag die gleiche war,
Kein Wortreichtum war jemals aufrichtiger,
Und Gott hat aus dieser stammelnden Rede
Die Demut und den Dank des Kindes herausgehört.

Aus einem Brief von Pastor Koos Overduin an Pastor J. J. Buskes, Juni 1958:
„Mein Bruder Jan aus Kampen, der Verfasser von „Huurling en Herder", liegt bei uns zuhause nach einer schweren Operation krank darnieder, Blase weggenommen. Physisch betrachtet ein schwieriger Patient, seelisch-geistig ein geradezu beschämendes Beispiel an Geduld, Ergebenheit und Glauben. Er läßt Dich herzlich grüßen."

Maartje und Corry Overduin, 1918

Leendert wohnte in seinem 30. Lebensjahr zum ersten Mal auf sich allein gestellt in einer kleinen Studentenbude in Amsterdam, zusammen mit Pim de Koning. Pim sollte sein Studium nicht beenden.

In der Gasse, in der sie wohnten, war es durchgehend so eng, dass Leendert sein Fahrrad abends mit einem Tau an einem Laternenpfahl hochziehen musste, um es zu parken.

An der Freien Universität lernte er Kleys Kroon kennen, der in demselben Jahr sein Studium abschloss, in dem Leendert das seine aufnahm. Kleys Kroon, 1904 in Hengelo geboren, wurde ein tonangebender Theologe, zunächst in der Gereformeerde Kerk in Hersteld Verband, später in der Hervormde Kerk. Während seines Studiums wurde Kroon mit der (Johannes) Geelkerken-Problematik konfrontiert (mehr darüber im folgenden Kapitel) und entschied sich unter anderem zusammen mit Pastor Buskes für die neue (von Geelkerken ins Leben gerufene) Gruppierung Hersteld Verband H. V. Es ist nicht so genau nachzuvollziehen, warum Leendert Overduin ebenfalls diesen Weg einschlug. Möglicherweise geschah es, wie gelegentlich nahegelegt, unter dem Einfluss von Kleys Kroon. Kroon besaß nämlich in der H. V.-Gemeinde Enschede Familie, seine Eltern und seine Schwester Lien.

Leendert entschied sich gleich nach seinem Studium für den H. V. genauso wie noch zwei andere Studenten seines Jahrgangs, van der Marel und de Rieder.

Insgesamt entschieden sich dreizehn gereformeerde Pastoren für den H. V. (unter anderem Buskes), elf Studenten entschieden sich dafür schon während ihres Studiums (u. a. Kroon) und drei in dem Zeitraum zwischen den Examina und der Annahme einer Berufung (u. a. Leendert Overduin).

In den 1930er Jahren gab es in den Gereformeerde Kerken einen Überschuss an Kandidaten, so dass es gar nicht so einfach war, eine passende Gemeinde zu finden. Das soll nicht sagen, dass Pastoren und Studenten sich deswegen für den H. V. entschieden. Dafür war die Situation zu unsicher: Die Gemeinden waren klein und konnten häufig kaum das nötige Geld aufbringen.

Fest steht in jedem Fall, dass Leendert Overduin in mehreren Gereformeerde Kerken predigte, um berufen zu werden. Das begann in Bolnes, in einer Gemeinde, die nicht zum H. V. gehörte. Das Ereignis ist in der Erinnerung einiger Familienmitglieder lebhaft erhalten geblieben, weil die erste öffentliche Predigt Leenderts für sie ein besonderes Ereignis darstellte, an dem die Familie in großer Zahl teilnahm.

Vermutlich haben die verschiedenen Kirchenältesten Leendert klar gemacht, dass er den Maßstäben des in sich geschlossenen, genau festgelegten gereformeerden Erbes nicht genügte. Er hatte an der Freien Universität – und das hatte mit dem Aufstieg von Karl Barth zu tun – gelernt, viele Fragezeichen zu setzen. Es wird berichtet, dass die Kirchenältesten ihm bei einer dieser Vorstellungen vorwarfen, er habe gepredigt als seien die Gemeindemitglieder Gereformeerde, die von Hut und Krempe keine Ahnung hätten.

Wie dem auch sei: 1937 wurde Leendert Overduin durch die Gereformeerde Gemeente in Hersteld Verband zu Enschede berufen.

Enschede, „das nicht eben sehr liebreizende Städtchen Enschede", nach den Worten des Schriftstellers Willem Brakman.

Während zu Beginn dieses Kapitels gezeigt werden konnte: In Leiden wohnen Menschen, die mit Überzeugung ausrufen: „Leiden ist die schönste Stadt der Welt", dürfte 1937 in Enschede wohl niemand bereit gewesen sein zu rufen: „Enschede ist die schönste Stadt der Welt!" Und das hatte nicht nur mit dem Erscheinungsbild der Stadt zu tun, sondern auch mit der Bescheidenheit seiner Einwohner. Enschede, die siebtgrößte Stadt des Landes, machte damals den Eindruck eines umfangreichen Industrieterrains mit Wohnvierteln auf den offenen Flächen zwischen den Fabriken. Den Tagesablauf regelten die Fabrikflöten; und wenn die Arbeitszeit zu Ende war, dann verwandelten breite Kordons von Arbeitern die Straßen der Stadt in lauter Einbahnstraßen.

Die umliegende Landschaft war sehr schön. In den folgenden Jahrzehnten ist diese imponierende Landschaft weitgehend zerstört, die Stadt selbst dagegen enorm aufgemöbelt worden. Fabrikruinen wurden zu Denkmälern erklärt.

Eanske is onmeunig mooi!
Eanske is, zo zeg mien Moo,
net zo mooi as Almelo.

(Enschede ist unglaublich schön,
Enschede ist, so sagt meine Mo,
Genauso schön wie Almelo)

(Willem Wilmink)

Leendert Overduin bezog ein Zimmer in der Pension Kleiboer an der Molenstraat 1, mitten im Zentrum der Stadt, ganz in der Nähe des Hauptquartiers der NSB (der Nationalsozialistischen Bewegung der Niederlande), Molenstraat 3, das einige Jahre zuvor durch den Landes-Vorsitzenden Anton Mussert feierlich eröffnet worden war. Die Gebäude mit diesen Hausnummern sind heute verschwunden. Sie haben einem modernen Appartementkomplex Platz gemacht.

Bis zu seinem Tod im Jahre 1976 sollte Leendert Overduin in Enschede bleiben. Er liebte die Stadt. Und von Anfang an wusste er die Wohnungen derjenigen zu finden, die sich in Not befanden.

Kapitel III: Enschede

Der junge Pfarrer in seinem neuen Talar

Der Schreiber der Gereformeerde Kerk in Hersteld Verband von Enschede berichtet im Jahrbuch des H. V. in einem Überblick über das Jahr 1936:

„Was gibt es über Enschede zu berichten? Dies, dass wir nach den traurigen Erfahrungen und Enttäuschungen der letzten Jahre in unserer isolierten Position dringend einen Pastor benötigen. Möge 1937 die Lösung dieses Problems bringen."

Die Gemeinde war im Dezember 1929 gegründet worden, drei Jahre nach der Gründung des landesweiten Verbandes. Sie war die einzige H. V. – Gemeinde in der Provinz Overijssel überhaupt.

Die Gottesdienste wurden damals schon im Hörsaal der Volkshochschule, Kalanderstraat 10d gefeiert, nachdem sie zuvor in der Mennonitenkirche an der Stadsgravenstraat abgehalten worden waren.

Die Anzahl der Seelen belief sich im Jahre 1934 auf 78, die Anzahl bekennender Mitglieder auf 41; 1936 waren es 60 respektive 33.

Die Gereformeerde Kerken in Nederland in Hersteld Verband (so die offizielle Bezeichnung dieser Kirchengemeinschaft) wurde im Jahre 1926 als Reaktion auf das sogenannte Geelkerken-Problem gegründet. Dr. Geelkerken, gereformeerder Pastor in Amsterdam, hatte die strenge Verbalinspriration, also die wörtlich von Gott den Autoren eingegebene Heilige Schrift, die in den Gereformeerde Kerken als verbindlich galt, in Frage gestellt. Außerdem wandte er sich gegen die Selbstgerechtigkeit in der Kirche. Von den Wächtern der Lehre wurde er deshalb argwöhnisch beobachtet. Während der Synode von Assen im Jahre 1926 wurde die Angelegenheit durch Äußerungen Geelkerkens über die Schöpfung auf die Spitze getrieben. Gebieterisch wurde ihm die Frage gestellt: Hat die Schlange im Paradies sinnlich wahrnehmbar gesprochen oder nicht? Geelkerken hielt diese Frage als solche für falsch, aber es wurde ihm keine Ausweichmöglichkeit gewährt: Die Antwort konnte nur Ja oder Nein heißen. Er wurde entlassen und der Kirchenrat von Amsterdam-Süd mit ihm, weil dieser von der Entlassung nichts wissen wollte.

Die Frage sorgte für Unruhe im ganzen Land. Der Kirchenrat von Zandvoort schloss sich dem von Amsterdam-Süd an, und auf diese Weise bildeten diese beiden Gemeinden wieder einen Verband, nämlich den Hersteld Verband, dem sich recht schnell sieben weitere Gemeinden mit ihren Pfarrern anschlossen. Mehrere Pastoren wurden entlassen, ohne dass die jeweilige Gemeinde die Entscheidung mittrug. Einer von ihnen war Pastor J. J. Buskes, der anschließend von Texel nach Amsterdam wechselte. Wahrscheinlich waren noch andere Pastoren der Meinung, dass die Entlassung nicht rechtens sei, aber es ist zu verstehen, dass sie, auch im Sinne ihrer Familien, davon absahen, wegen eines solchen Lehrstreits die Einträchtigkeit mit ihrer eigenen Gemeinde aufs Spiel zu setzen.

Versuche, die Angelegenheit 1927 wieder zurechtzurücken, missglückten, weil die Abkehr als sehr kränkend erfahren worden war. Die Paradiesfrage rückte darüber sogar in den Hintergrund.

Der Aufruhr nahm keinen allzu großen Umfang an. 1929 umfasste der Hersteld Verband gerade einmal 26 Gemeinden mit einer Seelenzahl von 5.516; 1941 (also 12 Jahre später) belief sich die Zahl der Seelen auf 7.187.

Der Hersteld Verband formierte sich gegen die fundamentalistische Verkrustung der Gereformeerde Kerk. Die Abspaltung wurde nicht von Menschen getragen, die meinten, alles besser zu wissen, sondern von Menschen, die Freiraum brauchten, weil sie überzeugt waren, eben noch nicht alles genau oder besser zu wissen.

Die Unruhe in den beiden Richtungen der niederländisch-protestantischen Kirche, sowohl der Gereformeerde Kerken als auch der Hervormde Kerk, zeigte sich auch im politischen Bereich. 1926 wurde von einer Gruppe progressiver Menschen unter den „Rechtgläubigen" die Christelijk Democratische Unie (Christlich-Demokratische Vereinigung) gegründet, die die Politik der A. R. (Anti-Revolutionair) und der C. H. U. (Christelijk Historische Unie) zu konservativ fanden. Die politischen Verbände A. R. und C. H. U. standen beide der Hervormde Kerk nahe. Die neue Partei C. D. U. kam zunächst jedoch nicht so recht von der Stelle. Sie wurde dann zu einer antimilitaristisch ausgerichteten Weltanschauungspartei, zugleich aber auch zu einer politischen und ökonomischen Interessenpartei, unter anderem für die NSB. 1933 erwarb sie erstmals einen Sitz im Parlament. Später kam noch ein zweiter Sitz hinzu. 1939 holte die C. D. U. bei den Gemeinderatswahlen 80 Sitze. Den größten Anhang besaß sie im Norden Hollands, in Groningen und Twente. Pastor Buskes hatte kein Interesse an einer parteipolitischen Karriere, gleichwohl war er der Partei ein bedeutsamer Inspirator. Gegen Ende der 1930er Jahre standen die Parlamentsabgeordneten der C. D. U. als Gegner der Aufrüstung völlig isoliert da. Sie wurden in diesem Punkt vor allem durch die A. R. bekämpft. Von kirchlicher Seite erhielten sie lediglich von den „Gereformeerde Kerken in Hersteld Verband" Unterstützung. Aber diese Gruppierung war klein und in diesem Punkt zudem uneins. Pastor Geelkerken blieb der A. R. treu und war ausgesprochen patriotisch gesinnt. Die Pastoren Diepersloot und Kroon (H. V.) waren dagegen besonders aktiv für die C. D. U.

Die Gereformeerde Kerken verurteilten die Mitgliedschaft in der NSB und in der C. D. U. in einem Atemzug. Wie das möglich war, erklärt der Initiator jenes synodalen Beschlusses, Professor Schilder, in der Broschüre „Geen duimbreed" (Keinen Fingerbreit).

Ein gewichtiger Streitpunkt in jenen Jahren war: Für oder gegen Karl Barth, Der Schweizer Theologe hatte großen Einfluss in allen protestantischen Kirchen. Beinahe ein halbes Jahrhundert lang und in einer Weise, für die es keinen Präzedenzfall gibt. Die Veränderungen in den Richtungsverhältnissen, Widerstand der Kirche während des Krieges, die Hirtenbriefe der Hervormde Synode, das Bemühen um eine neue Kirchenordnung, die ökumenischen Gespräche, der „Durchbruch", all diese Dinge sind sicher nicht allein auf Barths Einfluss zurückzuführen, sie tragen aber deutliche Spuren seines Einflusses und wären ohne ihn wohl nicht denkbar gewesen.

Leendert Overduin trat 1938 zweimal als Sprecher bei C. D. U.-Versammlungen auf, das eine Mal in Glanerbrug, das andere Mal in Almelo. Mitglied der Partei wurde er jedoch nicht, so wie er sich überhaupt bis an sein Lebensende keiner politischen Partei anschloss. Er pflegte eine Kohlbrüggensche Distanz zu allen politischen wie kirchlichen Organisationen. Wohl besuchte er Konferenzen von „Kerk en Vrede" (Kirche und Frieden), einer christlichen Vereinigung von Menschen, die sich für Abrüstung und Gewaltlosigkeit einsetzten und in der die Position von Pastor Buskes ebenfalls dominant war. Aber auch dieser Vereinigung trat er nicht bei. Die Anzahl der Mitglieder von „Kerk en Vrede" ging um 1938 wegen der Bedrohung durch den Nationalsozialismus stark zurück. Insbesondere der Rücktritt von Pastor Rutgers aus Rotterdam (N. H.) erregte großes Aufsehen. Pastor Kroon trat ebenfalls zurück, Pastor Buskes blieb. Die Parteileitung der C. D. U. nahm 1940 eine abwartende Haltung gegenüber den Besatzern ein. Buskes gab seine Mitgliedschaft daraufhin auf. Die C. D. U. verkümmerte, wurde 1941 verboten und kehrte nach dem Krieg nicht wieder zurück.

Geführt von einer Reihe hervorragender Pastoren haben die Gereformeerde Kerken in Hersteld Verband, so später Professor Berkelbach van der Sprenkel, durch ihre Kritik hohe Ansprüche an sich gestellt und auch hart daran gearbeitet. Sie sind dadurch zu so etwas wie einem Auswahlkorps geworden. Ein altes Mitglied der Enscheder Gemeinde sagt: „Was haben unsere Kinder viel dadurch versäumt, dass sie nicht in diesem Zirkel aufwachsen konnten."

Es war keine Elite-Kirche, wohl aber eine Kirche, in der persönliche Verantwortung und Mitgefühl stark betont wurden. In den Kriegsjahren beteiligte sie sich (wieder mit Buskes und Kroon) von Anfang an am

Konferenz 1939; die Pastoren Tromp, Kroon und Vogel

Kirchenkonvent und am „Luntersen Kreis", die über Widerstand gegen die Besatzer nachdachten.

Schon 1935 zeichnete sich eine Annäherung an die Nederlandse Hervormde Kerk ab. Im Jahrbuch von 1935 schrieb die Redaktion: „Die Gemeinschaft des H. V. hat sich vom alten Verband der Gereformeerde Kerken O. V. (Oude Verband – Alter Verband) abgespalten und bewegt sich mehr und mehr auf das Bewusstsein zu, das unter den Christusbekennern der Nederlandse Hervormde Kerk erwacht ist." 1942, während der Kriegszeit, wurde eine vorläufige Übereinstimmung erreicht. In dieser Periode traten sowohl Buskes als auch Kroon zur Hervormde Kerk über, beide in Amsterdam. Pastor Geelkerken führte die Seinen mit fester Hand zu einer endgültigen Vereinigung, die schließlich 1946 realisiert wurde.

Der H. V. musste damals vorläufig Abstand nehmen von weiblichen Diakonissen, weil man in der Hervormde Kerk 1946 noch nicht so weit war.

Pastor Buskes informierte seine Kollegen bereits im Vorfeld über seinen Übertritt zur Hervormde Kerk. Auch Leendert Overduin reagierte: „Ich hätte nicht den Mut gehabt, dir zu raten, die Richtung einzuschlagen, die du nun eingeschlagen hast. Nichtsdestoweniger freue ich mich darüber. Es wird sich alles fügen. Sei stark, Grüße von uns allen, dein Leen."

(Overduins Brief ist von einer Untergrundadresse aus geschrieben und wie noch andere Briefe von seiner Hand nicht datiert.)

Buskes Kollegen waren keineswegs alle einverstanden. So schrieb einer von ihnen: „Du musst unbedingt bleiben, das geht nicht anders!"

Nach dem Krieg – wir eilen den Geschehnissen voraus –, im Jahr 1945, traten sieben Hervormde Pastoren der SDAP bei, der späteren Partij van de Arbeid: Groenenberg, Miskotte, van Uchelen, Tromp, Visser, Buskes und Kroon. Es ist ein Signal des Durchbruchs („doorbraak"): Die Verwerfung von Parteibildung auf der Grundlage christlicher Grundsätze. Kroon trat nach kurzer Zeit wieder aus, Buskes blieb, wurde jedoch als lästig empfunden und von der Parteileitung an den Rand gedrängt.

Buskes und Kroon predigten ziemlich regelmäßig in der Enscheder H. V.-Gemeinde von Overduin. Es war Buskes, der Overduin am 5. September 1937 in Enschede offiziell als Pastor einführte. Overduin lud Kroon 1938 ein, in der Gemeinde einen Kurzvortrag zum Thema „Kirche und Krieg" zu halten. Andere Gemeindeabende, die Overduin zwischen 1937 und 1940 organisierte: Pastor Venemans über Kohlbrügge, Pastor van den Hooff über Karl Barth, Pastor Diepersloot über „Das Gebet", Pastor Kok über Christentum und Sozialismus. Die Themen geben Hinweise auf aktuelle Fragen, die Overduin persönlich beschäftigten.

Kleys Kroon (1904–1983) war ein eigensinniger, dynamischer Mann. Ein charismatischer Erzähler mit großem Improvisationstalent, ein Virtuose der lebendigen Sprache, ein Meister der Causerie.

Er war Pastor in Leiden/Noordwijk, Andijk und Amsterdam. Er hatte Beziehungen zur Bekennenden Kirche in Deutschland (der Gruppe, die sich Hitler widersetzte). Im Krieg vertrat er einen eindeutigen Standpunkt: „Juden muss man nicht taufen, um sie zu retten. Man braucht ihnen nur eine gefälschte Taufurkunde zu geben." Und: „Der Antisemitismus ist bei weitem die größte Sünde gegen den Heiligen Geist." Er war 1951 Overduins Reisegenosse bei dessen erster Auslandsreise, und zwar nach Israel. Für Kroon war das die erste Begegnung mit dem Land der Juden und zugleich der Beginn seiner Laufbahn als Inspirator der landesweiten Bewegung „Kirche und Israel" sowie der Amsterdamer „Tenach en Evangelie" (Hebräische Bibel und Evangelium).

„Die Welt", so Kroon, „wartet nicht auf Menschen, die Bibeln verteilen, sondern auf Menschen, die die Bibel leben und denken in der Nachfolge von Jesus, dem Messias, dem fleischgewordenen Wort. Das Zeugnis des neuen Testamentes war und ist, in Ursprung und Tragweite, einzig und allein als ein spezielles jüdisches Zeugnis zu verstehen. Losgelöst vom Alten Testament und vom Judentum – der damaligen Zeit und der Jetztzeit – besaß und besitzt es keinen sinnvollen Inhalt."

Am Ende seines Arbeitslebens schreibt er zurückblickend: „Was mich selbst angeht, muss ich sagen, dass ich von Miskotte mehr gelernt habe als von Barth, und von ihm wiederum mehr über Barth als auf direktem Wege. Das gilt insbesondere im Bezug auf Israel."

Er verfasste hunderte von Artikeln, in der „Waagschaal" und im „Groene Amsterdammer", im letztgenannten Blatt zwischen 1948 und 1970 wöchentlich.

Buskes und Kroon (Kroon in geringerem Maße) entfremdeten sich nach dem Krieg von Overduin, ohne erkennbaren Grund. Besser gesagt, sie verloren einander aus den Augen. Overduin wohnte „weit weg", und er war kein Getriebener wie sie. Anders als diese beiden präsentierte sich Overduin nicht als „bekennender Niederländer". Sie wussten wahrscheinlich kaum etwas über Overduins Rolle während der Kriegsjahre, und sie hatten keine Zeit. Ein Freund

Overduins sagt: „Der Unterschied war folgender: Buskes half zuhause nicht beim Spülen, Overduin schon."

Typisch ist, dass jemand, der ein Buch über Leben und Werk Kleys Kroons geschrieben hat (Van den Herik), den Namen Overduin sozusagen nur in Klammern erwähnt. „Er reiste gemeinsam mit Leendert Overduin nach Israel", ohne irgendeine nähere Erläuterung. Zum Beispiel durch die Erläuterung, dass die Reise für zwei Personen dem Judenretter Leendert Overduin von der jüdischen Gemeinde Enschede geschenkt worden war.

Genauso bezeichnend, was die Beziehungen nach dem Krieg angeht, ist ein Brief von Professor Miskotte an einen Neffen von Leendert Overduin aus dem Jahre 1961:

„Sind Sie ein Sohn von Leendert oder von seinem Bruder oder von einem noch anderen Zweig der Familie? Mit Leendert hatte ich während der Besatzungszeit dann und wann Kontakt, als er in Amsterdam ‚arbeitete'. Ich habe noch die Erzählung von seinem ersten Verhör im Ohr. Ich habe ihn sehr bewundert, habe ihn aber nie wiedergesehen."

Leendert hatte 1937 einen guten Start in seiner Gemeinde. In kurzer Zeit wuchs ein herzliches Einvernehmen. „Wir sind dankbar für den Reichtum seiner Art und Weise der Verkündigung des Evangeliums", notiert der Gemeinde-Schreiber G. Holl. „Es ist wieder Zuversicht aufgekommen in unserer Gemeinde." Die Zahl der Mitglieder steigt. Der Haushalt für das Jahr 1938 ist bereits wieder ausgeglichen. In den Abendandachten, die nur in den Wintermonaten abgehalten werden, wird häufig über den Heidelberger Katechismus gesprochen. Overduin richtet Bibelkreise und Jugendclubveranstaltungen ein, und der Saal in der Volkshochschule wird generalüberholt. Den Bibelunterricht hält er bei sich zuhause ab. Er ist aber kein begnadeter Lehrer.

Nach einem Jahr wird eine passende Wohnung für ihn an der Potgieterstraat 1 gefunden.

Kurz nach dem Tod seiner Mutter im November 1938 ziehen sein Vater und seine ledige Schwester Maartje bei ihm ein. Ein Gemeindemitglied: „Maartje war ein Porzellanpüppchen, ein bisschen zerbrechlich, ein richtiger Schatz."

Wenn Theologen zu Besuch kommen, dann ist Vater Overduin als ein geschätzter und sachkundiger Teilnehmer der Gespräche stets dabei.

Alt-Enschede

Über das Jahr 1939 kann berichtet werden, dass sich die Zahl der Gemeindemitglieder seit der Amtsübernahme Overduins verdoppelt hat.

Im Sommer 1940, kurz nach der deutschen Invasion, wird Overduin ernsthaft krank. Eine Darmoperation fesselt ihn für längere Zeit ans Bett. Kollegen aus dem ganzen Land sorgen durch freiwillige Dienst-Vertretungen dafür, dass weiterhin Gottesdienste gefeiert werden können. Am 25. Mai 1941 kann Overduin zum ersten Mal wieder Dienst tun. Sein Gesundheitszustand bleibt jedoch fortan labil.

Eine kleine Anzahl von Familien bildet den Kern der Gemeinde. Sie wohnen in einem Bereich, der von Enter bis Bredevoort reicht.

Der Junggeselle Overduin ist umgeben von Frauen, die ihn bewundern. Aber, so ein Altgedienter: „Es gab kein Frauenfleisch für ihn", jedenfalls tat er immer so, als ob er ihre Zuneigung nicht bemerkte.

Leendert hatte niemals Geld, er brauchte auch nicht viel. Er musste sich immer an eine ausgeklügelte Diät halten. Vielleicht entwickelte er sich dadurch zum Feinschmecker. Einer seiner Kollegen sagt: „Er war kein Weintrinker, er war ein Weinkenner." Eine gute Zigarre, ein sorgfältig ausgewählter Wein, dergleichen verstand er zu genießen.

Im Sommer 1941, nur kurz nach seinem krankheitsbedingten Ausfall, leitet er ein Jugendlager des „Hersteld Verband" in Putten. Aus diesem Zeitabschnitt sind drei Briefe Leendert Overduins an Jan Buskes erhalten geblieben.

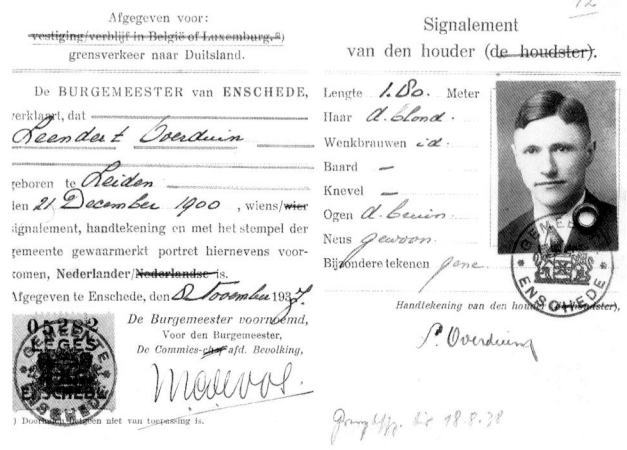

Dokument der Stadtverwaltung Enschede, das Overduin die Einreise nach Deutschland ermöglichen soll. Es ist auf den 18.8.1938 datiert

Erster Brief (ca. 1940)

„Auf die zahlreichen Zeichen der Anteilnahme hin, die du mir hast zukommen lassen, habe ich nicht viel von mir hören lassen. Diese sind gleichwohl nicht in Vergessenheit geraten, und es tut mir gut, wenn ich wieder mal von dir höre. Mein Plan, dich während meines Urlaubs von Zeist aus zu besuchen, ist leider in die Brüche gegangen. Ich hoffe, dass ich es vielleicht noch in Ruhe nachholen kann. Oder sehen wir dich in diesem Sommer noch hier? Es geht mir erstaunlich gut. Die Widerstandskraft ist nicht sehr groß; da heißt es vorsichtig sein. Das ist momentan noch ein schwacher Punkt. Dennoch bin ich gesünder und besser zurecht, als ich es zuvor jahrelang gewesen bin. Kein Ärger mit irgendetwas mehr. Ich habe die ganze Zeit Angst gehabt, durch die Krankheit zum Invaliden zu werden. Und jetzt sieht es eher umgekehrt aus. Wenn ich meine Predigt für den Wiedereinstieg getippt kriege, werde ich sie dir zuschicken. Wir betrachten dich immer noch ein wenig als einen wachsamen Schirmherrn über Enschede. Wegen des Jugendlagers habe ich den ganzen Sommer über frei. Du kannst dich da doch einfach mal sehen lassen. Komm einfach ein paar Tage her zu mir oder auch für länger. Sehen wir uns bei der Predigerversammlung mit D. in unserer Mitte? Beste Grüße von Vater und Maartje, Leen . . .

PS: Ich denke, den Gemeindemitgliedern muss gesagt werden, was sie tun sollen, wenn ihre Kinder zum Arbeitsdienst herangezogen werden. Dazu muss unbedingt geprüft werden, ob das im Hinblick auf die ‚Heilige Schrift' zulässig ist." (Anmerkung: Mit „D" ist wahrscheinlich Pastor Diepersloot gemeint.)

Zweiter Brief

„Lieber Jan, damit meine Unannehmlichkeiten ein Ende finden, muss ich mich operieren lassen. Ein Abzess hat einen Riss in meinem Darm verursacht. Er muss unbedingt weggeschnitten werden. Es soll Anfang nächster Woche passieren. Fällt in dieser Zeit besonders schwer, auf die Ersatzbank gesetzt zu werden. Das Elend der Zeit bindet einen andererseits umso stärker an das Leben und an andere. Und ich hoffe durchzukommen, um die Sache mit den anderen zusammen durchzustehen und durchzufechten. Dass der Deutsche gegenwärtig unser Feind ist, scheinst du nicht sagen zu mögen. Das ist nicht so schlimm, solange du nicht für nötig erachtest zu sagen, dass er unser Freund ist. Und solange du dabei bleibst, ihn grundsätzlich zu bekämpfen. Wer der Feind ist und wo er in unserer Zeit lauert, das ist letztendlich das, worauf es ankommt, und das muss auch gesagt werden. In deinem Aufsatz in ‚Kerk en Vrede' anlässlich der Ausführungen Musserts höre ich den Prediger des Evangeliums reden. Den hab ich in den Worten Professor Schilders nicht immer gehört. Und das ist wohl auch ein Einwand, der grundsätzlich gegen Professor Schilders erhoben werden muss. Bleib einfach Prediger bei allem, was du meinst, sagen zu müssen! Ich werde dich auf dem Laufenden halten. Einen starken Gruß Leen."

Dritter Brief
„Das Jugendlager in Putten verlief trotz vielen Regens gut. Thematisch ging es um Bibelarbeit, die entweder durch mich, durch Cor de Ridder oder durch Kleys eingeleitet wurde:
130 Teilnehmer, der Geist war gut. [...] Lass uns nicht aufhören, uns wechselseitig aneinander zu erinnern. Die gesamte Gemeinde Enschede grüßt dich mit einem festen brüderlichen Gruß."
In der Zeit von Overduins Erkrankung saßen Pastor Diepersloot und Pastor Buskes, der eine vier und der andere zwei Monate, hinter Gittern.

Ein Rundschreiben aus dem Sommer 1941 an die Kirchenvorstände der Gereformeerde Kerken in Hersteld Verband:
„All unsere Kirchen haben herzliches Mitgefühl mit Pastor Diepersloot gezeigt. Er ist einer unserer Pastoren, und wir schätzen ihn sehr. Doch spielten hier andere Motive als nur persönliche Sympathie eine Rolle. Wir waren der Überzeugung, dass diese viermonatige Gefängnisstrafe ein Zeichen für den Versuch der Besatzungsmacht ist, die Predigt des Evangeliums aus dem öffentlichen Leben zu verdrängen. Dass ein Teil des niederländischen Volkes diese Versuche unterstützt und dass zu diesem Teil des Volkes auch ein Anteil Mitglieder unserer Kirche gehört, können wir nur bedauern. Niemand möge glauben, dass jetzt, wo Pastor Diepersloot wieder frei ist, alles wieder in Ordnung ist. Es werden Pastoren auf freien Fuß gesetzt, aber es werden auch immer wieder Pastoren gefangen genommen. Und es gibt Zeichen, dass wir noch am Anfang der Auseinandersetzungen stehen. Unterdessen haben die Festnahme und die Verurteilung von Pastor D. vielen die Augen für das geöffnet, was hinter den Ereignissen der jetzigen Zeit wühlt und arbeitet. Am Montag, dem 21. Juli, findet eine Predigerversammlung in Amsterdam statt. Vielleicht werden wir dann noch genauere Einzelheiten über das Gerichtsverfahren hören."

Als Gastpfarrer predigt Leendert Overduin am 20. Mai 1940 im Hervormde Gottesdienst in der Großen Kirche am Markt über Matth. 5,44 und 45: „Liebet eure Feinde ..."
„Woran die Welt nicht stirbt, sie lebt von dem Gekreuzigten, heißt: Sie lebt vom Evangelium der Feindesliebe. Sie lebt von Ihm, der für seine Feinde gebetet hat.
Liebt eure Feinde, denn Gott lässt die Welt nicht sterben an ihrem eigenen Übel. Er will nicht, dass ihr als Kinder ihrer Feindschaft untergeht, sondern als Kinder seiner Feindesliebe gerettet werdet.
Dieses Wort Jesu ist kein Wort der Schwäche und auch kein Wort der Charakterlosigkeit. Charakterlosigkeit gibt es genug, heutzutage auch genug in unserem Volk. Den Feind zu lieben bedeutet niemals mit den Wölfen heulen. Den Feind lieben bedeutet stets,

nein und immer wieder nein zu sagen zu seiner Sache.

Empfang im Hotel Krasnapolski in Amsterdam, Dezember 1941.
Brautpaar Dijks-Veltkamp. Rechts neben dem Bräutigam die
Mutter der Braut, links neben der Braut die Eltern des
Bräutigams. Stehend, ganz rechts Pastor L. Overduin. (Die
Wohnung von Dijks Sr. war in den folgenden Jahren eines von
Overduins Verstecken.)

Sieh, Gemeinde! Wenn wir in dieser Weise aus unserer Not, aus unserer Armut, aus unserer Schwachheit, aus unserer Feindschaft heraus rufen zu Gott, dann tut Christus seinen Mund auf über uns und spricht: ‚Selig die geistig Armen, selig die Trauernden, selig, die hungern und dürsten nach Gerechtigkeit. Selig die Barmherzigen. Selig, die reinen Herzens sind. Selig die Friedfertigen, selig, die um der Gerechtigkeit willen verfolgt werden.'"

Einem Brautpaar schenkt Overduin ein Buch von E. Thurneysen (Freund und Kollege von Barth), ein Buch mit zwanzig Überlegungen zur Weihnachtszeit, mit dem Titel „Ik ben het licht der wereld" (Ich bin das Licht der Welt). Auf die erste Seite hat er eine Widmung geschrieben:

„Von all meinen Büchern ist dieses mir das liebste. Darum verschenke ich es so gerne. Dezember 1941. Leen Overduin."

Der Krieg, der sein Leben so tiefgreifend verändern wird, dass er sich von einem unauffälligen, bescheidenen Pastor in einen streitbaren, umherschweifenden, barmherzigen „Pimpernel" verwandelt, beginnt für Leen Overduin de facto im September 1941, als 105 von Juden aus Enschede und Umgebung plötzlich verhaftet und nach Mauthausen deportiert werden.

Eines Abends steht ein jüdischer Mann vor seiner Tür an der Potgieterstraat: „Darf ich eintreten?"
„Kommen Sie herein …"

Das Abenteuer beginnt . . .
Dieses wie alle anderen Gemälde stammt von der Kunstmalerin Sonna Krom (2019/20; die Szenen wurden tw. mit Schauspielern an Originalstätten nachgestellt)

Kapitel IV: Die jüdische Gemeinde

Nach eigenen Angaben begann für die jüdische Gemeinde Enschede der Zweite Weltkrieg am 19. Februar 1941, als eine Horde undisziplinierter deutscher Soldaten Zerstörungen in der Synagoge an der Prinsestraat anrichtete. Und es blieb nicht bei dieser einen

Die Synagoge an der Achterstraat, später Stadsgravenstraat genannt, eingeweiht 1865. Links unmittelbar neben der Synagoge die jüdische Schule. (Foto 1925)

Vandalismus-Aktion. In der Synagoge wurden Gefängniszellen eingerichtet, in der einige Dutzend Gefangene von der Sicherheitspolizei gefangen gehalten werden konnten. 1944 gab es Pläne des Untergrunds, die Gefangenen in der Prinsestraat gewaltsam zu be-

freien. Darauf wurde mit Blick auf die näherrückende Befreiung letztendlich jedoch verzichtet.

Die Auseinandersetzungen endeten schließlich in der Nacht vom 31. März auf den 1. April 1945 – die Befreier kämpften am Rand der Stadt –, als der Steuerprüfer J. H. Bosch im Garten der Synagoge erschossen wurde. An eben diesem Tag war Leendert Overduin dort noch als Todeskandidat gefangen gehalten worden.

Die erste Synagoge Enschedes wurde 1834 in der Stadsgravenstraat ihrer Bestimmung übergeben. 1864 musste eine Not-Synagoge eingeweiht werden, weil die vorhergehende bei dem großen Brand der Stadt Enschede in Rauch aufgegangen war. Sie hatte ihren Platz an der Ecke Oldenzaalsestraat und der Van Lochemstraat (nahe dem Parkplatz, der heute Overduingaarde heißt). 1865 wurde die wiederaufgebaute Synagoge mit einem neuen Betsaal eingeweiht. 1913 beschloss man, eine neue Synagoge zu bauen, weil die Gemeinde inzwischen 900 Seelen zählte. Verzögert durch den Ersten Weltkrieg konnte die neue Synagoge an der Prinsestraat, ein Entwurf des renommierten Architekten de Bazel, am 13. Dezember 1928 eingeweiht werden. Ein Gebäude mit einem Exterieur und einem Interieur von exotischer Schönheit. Es gibt Leute, die von der schönsten Synagoge ganz West-Europas sprechen. Im Jahr 2000 benötigt dieses besondere Bauwerk eine gründliche Überholung. Und es sieht so aus, als ob in absehbarer Zeit ausreichende finanzielle Mittel aufgebracht werden können, um es zu restaurieren und in voller Pracht zu erhalten. [2]

Allerdings ist die jüdische Gemeinde selbst ziemlich klein geworden. Während der deutschen Besatzungszeit 1940–1945 sind ungefähr 700 Juden aus Enschede ermordet worden, rund 500 wurden gerettet. Der Joodse Opbouwcommissie (der Jüdischen Aufbaukommission) zufolge waren im Juli 1945 345 Juden, die dort vor dem Krieg auch schon lebten, wieder in Enschede ansässig. Gegenwärtig (im Jahr 2000) zählt die Gemeinde ungefähr 70 Seelen.

Die Synagoge an der Prinsestraat, eingeweiht 1928

In der Hitlerzeit wurden mehr als 100.000 niederländische Juden ermordet. 3.000 flüchteten ins Ausland; 25.000 Juden tauchten unter, von denen 16.000 überlebten. Mehr als die Hälfte der Juden lebte in Amsterdam.

Aus einem Brief des höchsten deutschen Polizeiführers Rauter an seinen Chef Heinrich Himmler in Berlin, datiert auf den 24. September 1942:
„Ich darf Ihnen einen Zwischenbericht über die Abschiebung der Juden vorlegen. Bis jetzt haben wir mit den strafweise nach Mauthausen abgeschobenen Juden zusammen 20.000 Juden nach Auschwitz in Marsch gesetzt. In ganz Holland kommen ungefähr 120.000 Juden zur Abschiebung, worin allerdings auch die Zahl der Mischjuden enthalten ist, die ja zu-

nächst hier bleiben … Am 15. Oktober wird das Judentum in Holland für vogelfrei erklärt …
Gleichzeitig beginne ich mit Veröffentlichungen, wonach Ariern, die Juden versteckt gehalten oder Juden über die Grenzen verschoben oder Ausweispapiere gefälscht haben, das Vermögen beschlagnahmt und die Täter in ein KZ überführt werden. Das alles um die Flucht der Juden, die in großem Maße eingesetzt hat, zu unterbinden. Das Judenlager Westerbork ist ganz fertig … Ich will versuchen, anstatt 2 Züge je Woche 3 zu erhalten.“

„Jüdische Auswanderung"

Die Juden bekamen im Jahr 1797 zusammen mit ihren Bürgerrechten auch einen eigenen Friedhof in Enschede. Er befand sich nacheinander an der Molenstraat, dem Kneedweg und dem Noord Esmarkerrondweg. Es ist erwähnenswert, dass die Nachkommen der Holocaustopfer solch verharmlosende Inschriften auf die Grabsteine setzen wie: Umgekommen in Auschwitz, gestorben in Mauthausen. Tatsächlich gibt es nur einen einzigen Grabstein, auf dem steht: Ermordet in Auschwitz.

Die jüdische Gemeinde Enschede war eine relativ große und reiche Gemeinde. Einige Familien hatten es in der Textilindustrie zu Wohlstand gebracht. Die Textilfabrikanten in Enschede waren entweder protestantischer oder jüdischer Herkunft. Die meisten Gemeindemitglieder waren zwar nicht so reich, aber jüdische Arme befanden sich nicht unter ihnen. Sechzig Prozent der Mitglieder brachten sieben Prozent der Gemeindeabgaben auf. Die Gemeinde-Vorsteher waren selbstbewusst und machten sich nie viel aus den landesweiten Vorschriften ihrer Leitungsorgane. Die Anweisungen des Jüdischen Rates in Amsterdam haben sie während des Krieges manchmal einfach ignoriert.

Es handelte sich um eine orthodoxe Gemeinde von Juden mit liberalen Ansichten. Die Rituale wurden eingehalten. In dieser Hinsicht hob sich die Enscheder Gemeinde nicht von dem landesweiten Bild ab, so wie es von J. Meijer in seinem Buch „Hoge hoeden, lage standaarden" (Hohe Hüte, niedrige Anforderungen) gezeichnet wird: Das Judentum von 1940 sei eigentlich schon kein Judentum mehr. Assimilation, äußerlicher Prunk. Eine Art der Geselligkeit und Zusammengehörigkeit, späte Überbleibsel aus dem Ghetto. Durch die Kriegsereignisse werden sie zusammengetrieben und vereinigt, Orthodoxe und Liberale, Assimilierte und Zionisten.

Die Juden lebten über die ganze Stadt versprengt. Genauso wie die Katholiken und die Protestanten kauften sie soweit wie möglich bei Leuten aus den eigenen Reihen. Sie machten einen Teil des „versäulten" Lebens aus. Dieses Leben im eigenen Kreis erwies sich in den Kriegsjahren als ein Hindernis, eine Untergrundadresse zu finden.

„Ach", sagt ein jüdischer Geschäftsmann. „Ist das wirklich so? Ich hatte genug nichtjüdische Bekannte, aber ich sah trotzdem keine Chance, auf eigene Faust jemanden zu finden, der bereit gewesen wäre,

mich zu verstecken." Leen Overduin verstand es, ihn unterzubringen.

Zwischen 1933 und 1945 waren mehr als 100 Palästina-Pioniere in Enschede tätig, hauptsächlich in der Nachbargemeinde Twekkelo. Die Gruppe nannte sich die „hachsjara", was wörtlich so viel bedeutet wie „Das Tauglichmachen" oder „Vorbereitung auf eine bestimmte Aufgabe". L. F. van Zuijlen hat kürzlich eine Studie über diese Gruppe publiziert.

Es waren Deutsche, größtenteils junge Leute, die sich unter der Leitung des Ehepaars Brueckenthal durch Ausbildung in verschiedenen Handwerken auf eine Pionier-Existenz im Gelobten Land vorbereiteten. Sie besuchten die Enscheder Synagoge, blieben aber für sich. „Wir mussten in der Synagoge in der letzten Reihe Platz nehmen, weil wir keine Krawatte trugen und keinen Zylinder hatten."

Der wesentliche Unterschied bestand jedoch darin, dass die Pioniere streng nach den jüdischen Gesetzen lebten, kein Niederländisch sprachen, nicht ins bürgerliche Milieu passten. Als die Besatzer kamen, spielten diese Unterschiede freilich keine Rolle mehr. Die einen wie die anderen waren einfach Juden. Ein Teil dieser Gruppe, und zwar der größte Teil, wurde umgebracht. Ein kleinerer Teil (circa 45 Prozent) konnte untertauchen, die meisten in Usselo, Boekelo und Twekkelo, wo sie sich aufgrund ihrer Landbauaktivitäten vorher bereits auskannten.

Auch für diese Gruppe waren Overduin und die Seinen sehr wichtig.

Ein kleiner Teil der Gruppe erreichte nach dem Krieg tatsächlich das so heiß ersehnte Ziel Israel.

Darüber hinaus hatte die jüdische Gemeinde Enschede auch mit einem Strom deutscher Flüchtlinge zu tun, obwohl die sich stärker Richtung Oldenzaal orientierten als nach Enschede. Für die meisten Flüchtlinge bildete Enschede nur eine Zwischenstation. Sie reisten weiter. Schon im Jahr 1933 wurde ein Co-

Anordnungen der deutschen Besatzungsmacht im Jüdischen Wochenblatt (Sonderausgabe)

Bürgermeister Rückert ruft die Bevölkerung Enschedes dazu auf, sich jeglicher Form des Widerstands gegen die deutschen Besatzungsmacht zu enthalten (11. Mai 1940)

mité Duitse Vluchtelingen (ein Komitee für deutsche Flüchtlinge) ins Leben gerufen mit S. N. Menko, C. B. Sanders und I. van Dam als Vorstehern. Dieselben Personen sollten während des Krieges den örtlichen Judenrat bilden. Wie groß die Anzahl der Flüchtlinge war, denen während der Durchreise geholfen wurde, ist nicht bekannt. Es sind keine offiziellen Aufzeichnungen erhalten geblieben. Außerdem hielten viele Flüchtlinge begreiflicherweise nicht viel davon, registriert zu werden.

1938 schrieb ein deutscher Flüchtling an einen Freund: „Hier in Holland lässt es sich sehr gut leben, nur schade, dass es so nah an Deutschland liegt."

Im ersten Kriegsjahr – Leen Overduin lag von August 1940 bis Juni 1941 krank darnieder – wurde es für Juden je länger desto dunkler, eine diskriminierende Maßnahme folgte auf die andere.

Hitler hatte vor dem Krieg bereits die „Vernichtung des Judentums" angekündigt, und die meisten Juden wussten, wie weit die Aktivitäten in Deutschland schon fortgeschritten waren. Aber was hieß Vernichtung? Niemand ahnte, dass die Arbeitslager in Wirk-

lichkeit Vernichtungslager waren. Wer konnte sich schon vorstellen, dass für viele der Tag ihrer Ankunft in einem Konzentrationslager den Tag ihres Todes bedeutete.

Im „Joods Weekblad" (Jüdisches Wochenblatt), von April 1941 an im Auftrag der Besatzer herausgegeben, werden fortlaufend Aufrufe platziert, die deutschen Maßregeln zu befolgen, als da waren: Registrierung, Isolation und zum Schluss Beraubung und Transport. Woche für Woche die schikanösesten und absurdesten Instruktionen, wie zum Beispiel die folgende: „Die Juden, die nach dieser Bekanntmachung auf einer öffentlichen Bank sitzend angetroffen werden, können auf der Stelle in Gewahrsam genommen und mit ihrer Familie zur Arbeit nach Deutschland geschickt werden."

Obwohl in Berlin schon handfeste Dokumente ausgearbeitet sind, in denen steht, wie das genau vor sich gehen soll: Die „Vernichtung des Judentums", die „Endlösung der Judenfrage", die „Abschiebung", trägt das Amt, das in Amsterdam für diese Ange-

PROCLAMATIE VAN DEN OPPERBEVELHEBBER.

De opperbevelhebber van Land- en Zee-macht heeft gistermiddag de volgende pro-clamatie uitgevaardigd:

AAN DE BEVOLKING.

Duitschland heeft hedenmiddag Rotterdam gebombardeerd en Utrecht wordt eveneens met vernieling bedreigd. Ter sparing van de bur-gerbevolking en om verder bloedvergieten te voorkomen meen ik gerechtigd te zijn om de daartoe in aanmerking komende troepen het bevel te geven den strijd te staken. Aan deze troepen is tevens opdracht gegeven tot de aan-komst van de geregelde Duitsche troepen de orde te handhaven en de daarvoor noodige wapens en munitie te behouden.

De strijd in Zeeland wordt nog voortgezet.

Ik breng met nadruk onder de aandacht der bevolking, dat alle tot nu toe geldende bepa-lingen ter verzekering van de orde en de rust moeten worden nageleefd en dat het militair gezag ter plaatse bevoegd blijft tot de aan-komst van de Duitsche troepen.

Ik doe een beroep op de bevolking om een waardige, ernstige en rustige houding gedu-rende de bezetting, welke komen gaat, te be-waren en daardoor den eerbied van den vijand af te dwingen.

Door een groote overmacht van de meest moderne middelen is hij er in geslaagd onzen weerstand te breken.

Wij hebben ons niets te verwijten gedurende dezen oorlog.

Uw houding en die van de troepen was rus-tig en vastberaden, Nederland waardig.

Behoudt die houding, vergeet niet dat gij Nederlanders zijt en dat het Koninkrijk der Nederlanden, ook al zal het moederland groo-tendeels door den vijand worden bezet, niet heeft opgehouden te bestaan.

Aan het einde van den oorlog zal Nederland weer als een vrije, zelfstandige natie opstaan.

Leve Hare Majesteit de Koningin.

De Generaal Opperbevelhebber,
H. G. WINKELMAN.

Erste Botschaft des deutschen militärischen Oberbefehlshabers an die niederländische Bevölkerung nach der Besetzung des Landes

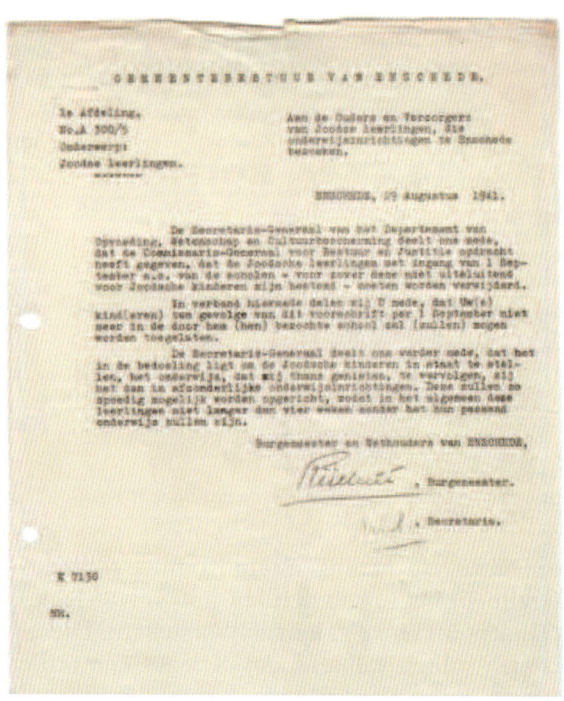

vom 1. September 1941 an dürfen jüdische Schüler keine normalen öffentlichen Schulen mehr besuchen" (Amtliche Mittelung an die Eltern und Erziehungsberechtigten

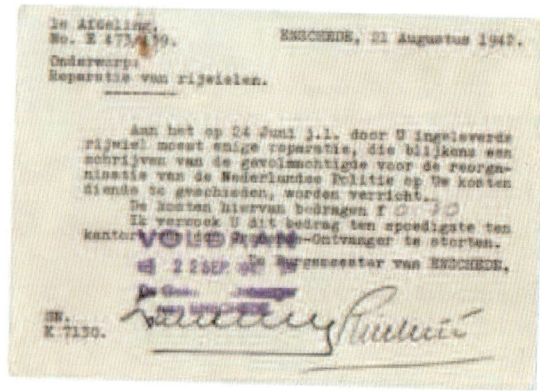

Fahrräder von Juden werden beschlagnahmt

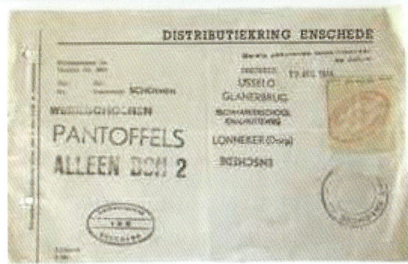

Verteilungsbon für Pantoffeln

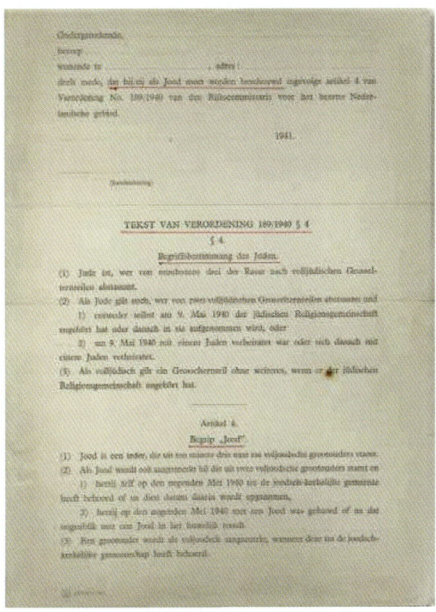

Wer ist Jude? Amtliche Begriffsbestimmung

legenheit zuständig ist, den beschönigenden Namen Amt für „Jüdische Auswanderung".

Vom 3. Mai 1942 an wird es zur Pflicht, den sogenannten Judenstern zu tragen.

Dennoch bricht nicht sofort Panik in der jüdischen Gemeinschaft aus. Man glaubt noch: Hitler hat sich übernommen, das kann nicht mehr lange so weitergehen. Man glaubt noch: Hier kann das nicht passieren, und wenn es doch passiert, dann gehen wir weg. Die jüdische Schriftstellerin Marga Minco, bekannt durch ihr zum Klassiker gewordenes Buch „Het bittere kruid" („Das bittere Kraut"):
„Die allgemeine Verkennung der tatsächlichen Geschehnisse bleibt für den Historiker unbegreiflich: ‚Hier wird nichts passieren', sagte mein Bruder. Nicht einmal eine Stunde später wurde er verhaftet.

Die herrschende Meinung schien zu sein, dass, wenn man sich so verhielt, als ob das Leben genau so sei, wie es sein sollte oder so wie es immer gewesen war, dass dann die Wirklichkeit der Phantasie Platz machen würde, insbesondere dann, wenn man die Beschwörungsformel oft genug anwendete. ‚Denkt ihr, dass sie mit uns dasselbe machen wie mit … ‘ Vater behauptete: ‚Hier kann so etwas nicht passieren.'
Aber, es passierte.
Der Eisenbahnzug veränderte sich von einem Symbol, das für Sicherheit und Unschuld steht, für Vergnügen und Sehnsucht in ein Sinnbild für Unglück und Gefahr, von Angst und banger Vorahnung."

Das mit dem Zug verbundene Gefühl thematisiert auch J. Presser: „Für mich ist der Zug zum Sinnbild von Unglück und Leid geworden, vom Tod, nein, vom Bösen selbst."

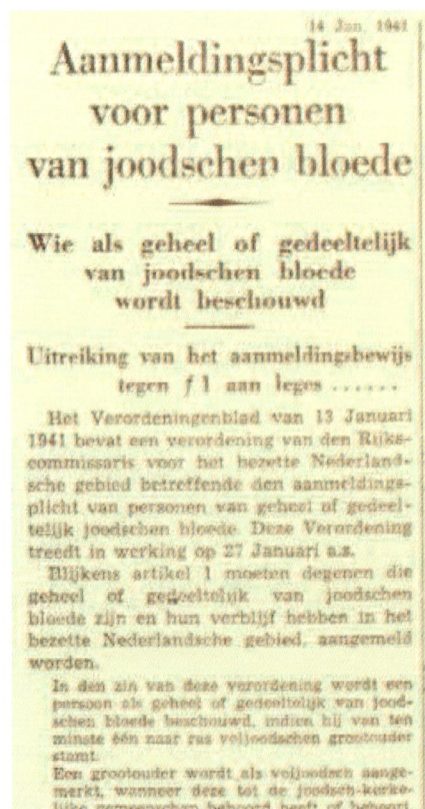

Anmeldepflicht für Juden

Textilfabrik de Neverheid in Enschede

Der Dichter Gerrit Achterberg hat dieses Gefühl zur Sprache gebracht:

Mit geblendeten Zügen geliefert
Grauer Wagen, aus einer Sackgasse gezogen
Irgendwo an einem fremden Ort stehst du da,
Kreidebuchstaben von einer fremden Hand geschrieben
Bestimmen dich von außen kalt und klar
für diesen Ort, an dem du verloren warst.

Das Risiko von Deportationen wird allgemein als zu gering und das des „Untertauchens" als zu hoch eingeschätzt.

Das Zaudern, irgendetwas zu tun, beispielsweise unterzutauchen, wird aber auch durch irreführende, Zwietracht säende Maßnahmen der deutschen Besatzungsbehörden genährt. So können verschiedene Gruppen eine Freistellung erlangen, „bis auf weiteres". Es braucht sich nur ein Glied einer Familie freiwillig für ein Arbeitslager zu melden, dann sind die anderen Mitglieder davor geschützt, „bis auf weiteres". Getaufte Juden sind ebenfalls freigestellt, „bis auf weiteres".

Man wird aufgefordert, sich in einem niederländischen Arbeitslager zu melden. Wer nicht auftaucht, muss damit rechnen, nach Mauthausen deportiert zu werden. Der Judenrat in Amsterdam verteilt von zentraler Stelle aus viele Tausende von Briefen an abtransportierte Juden, und er verteilt ebenso die Tausende von Antwortkarten mit Standardtexten, die die Deutschen den aus den Zügen ausgeladenen Juden in die Feder diktiert haben. „Es geht mir gut ... " Diese Art von Maßnahmen bringt die Menschen in Verwirrung, sowohl die Juden wie auch die Nichtjuden.

Overduin liest Nachricht von der Razzia gegen Juden aus Enschede und Twente

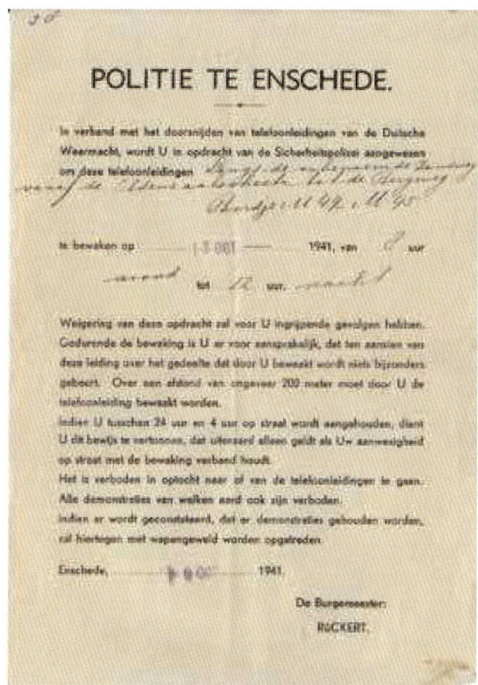

Anweisung der Polizei Enschede

Menschen wie Weinreb verrichten ihre wunderlichen und manchmal verräterischen Eskapaden in dieser Verwirrung.

In der im November 1940 illegal verbreiteten Broschüre von Dr. Koopmans, Pastor in Amsterdam, mit dem Titel „Bijna te laat" (Beinahe zu spät) steht der berühmte Satz: „Die Juden gehen hinaus, und sie gehen zugrunde." Aber wer nimmt einen solchen Satz schon wörtlich?

Und dennoch. Es geschieht tatsächlich. In Enschede im September 1941, ein Jahr, bevor im ganzen Land die Jagd auf die Juden eingeleitet wird. In der Nacht vom 13. auf den 14. September wird in Enschede und Umgebung eine Razzia durchgeführt. (In Nord-Holland hatten bereits zwei Razzien stattgefunden, wobei auf die erste der Februar-Streik von 1941 folgte.)

Einrichtung einer Kabelwacht

Die offizielle Begründung lautet, dass in der Umgebung eine Reihe Telefonkabel der Wehrmacht durchtrennt worden seien. Als Vergeltungsmaßnahme werden rund hundert Personen, zum größten Teil Juden aus Enschede, von zuhause abgeholt und in einen Raum des Lyzeums eingesperrt. Anschließend werden sie in das Konzentrationslager Mauthausen in Österreich (Tirol) deportiert. Innerhalb nur weniger Wochen gehen bereits 65 Todesnachrichten ein. (Unter den Deportierten befand sich auch eine Gruppe von Nichtjuden. Diese wurden abgesondert und in das Lager Amersfoort gebracht.)

Das Buch, in dem Menko die Namen der Juden notierte, die in Mauthausen umkamen

Siegmund Menko

Albert Zwartz wird rechtzeitig gewarnt. Er legt sich ins Bett und tut so, als sei er krank. Der eilends herbeigerufene Doktor Frank lässt wissen, dass der Patient unmöglich mitgenommen werden kann, und die Polizei gibt sich damit zufrieden. Zwartz sagt zu dem Arzt: „Du musst sofort untertauchen, sie stehen mit Sicherheit auch bei dir vor der Tür." Der aber antwortet: „Das mach ich nicht, meine schwangere Frau ist allein zuhause, und die werde ich nicht im Stich lassen." Er geht nach Hause, und da warten sie schon

auf ihn. Auch er wird festgenommen und nach Mauthausen deportiert.

Herzberg: „Die Beschreibung von Mauthausen ist ein unschätzbares Archiv für jeden, der wissen möchte, wozu Menschen in der Lage sind. Falls man glaubt, dass Vergasung das Schlimmste ist, dann unterschätzt man den Nationalsozialismus."

Siegmund Menko, Vorsitzender des regionalen Judenrates, ein echter Industriekapitän, muss sich einmal in der Woche bei der Außenstelle des Sicherheitsdienstes melden. Er wohnt vorübergehend im Haus der Roozendaals, die geflüchtet sind, und hat sein Büro in einem Raum der Synagoge. Denn seinen Betrieb darf er nicht mehr betreten. Zu Fuß geht er jede Woche einmal von der Prinsestraat zur Tromplaan. Mit schwerem Herzen klingelt er an der Villa, in der der SD seinen Sitz hat. Es ist sein eigenes Haus, das beschlagnahmt worden ist. Er hat ein Notizbuch bei sich, in dem er die Namen derjenigen Juden notiert, die in Mauthausen gestorben sind, jede Woche ein paar. Jedes Mal kann auch sein Schwiegersohn Otto, der Arzt Otto M. Frank, dabei sein. Als das letzte Mal Todesnachrichten übermittelt werden, im Dezember, ist genau das der Fall. Er muss auch Ottos Namen notieren. Und Menko hat die Aufgabe, die Todesnachrichten – „Gestorben an Lungenentzündung" oder so ähnlich – der Familie mitzuteilen. Auch seiner eigenen Tochter Edith.

Solche Nachrichten treffen nach 1941 nicht mehr ein, auch nicht aus den anderen Lagern.

Von den nach Mauthausen verschleppten Juden ist nicht ein einziger zurückgekehrt.

Sie tragen die Steine auf ihrem Rücken,
Steine, unter denen sie zusammenbrechen.
Aus dieser Hölle kehrt niemand zurück,
Die Lebenden sind hier bereits die Toten.
(Mauthausenzyklus von Mikis Theodorakis)

Der Enscheder Psychologe Gerard Croiset erzählt:
„Um vier Uhr morgens wurde ich durch die Grüne Polizei aus dem Bett geholt. Ich musste mich in Gegenwart der Herren anziehen. Ich sagte zu Gerda, dass, wenn es Gottes Wunsch sei, dass ich sterben solle, dann werde das auch geschehen, wohin immer auf der Erde ich auch gehen würde. Wenn Gott aber wünsche, dass ich am Leben bleibe, dann werde das auch geschehen. Mit Gestapo oder ohne Gestapo. Was sich sonst noch in mir abspielte, vermag ich nicht mehr zu beschreiben …

Als der Wagen mit Gefangenen vollgeladen war, wurden wir zur Turnhalle hinter dem HBS (Höhere Bürgerschule, Gymnasium) gebracht. Irgendwann wurde mein Name aufgerufen, und ich musste nach vorne kommen. Der Deutsche streckte seine Hand aus und strich mit der anderen darüber. ‚Bist du der Kerl, der diese Arbeit verrichtet?' Als ich das bestätigte, brüllte er: ‚Raus! Nach Hause!' … Draußen lief ich sofort zu dem nächstgelegenen Möbelgeschäft De Zuidmolen: Dort hatten sie mich offensichtlich schon kommen sehen, denn sie hatten die Vordertür bereits für

mich geöffnet. Vollkommen fertig brach ich auf dem Türvorleger zusammen. Niemals in meinem Leben habe ich so geheult wie damals." Die Folge von Croisets Erlebnis: Er startet umgehend eine Aktion, um sich von seiner Registrierung als Jude zu befreien. Eine komplizierte Angelegenheit, aber sie hat Erfolg. Der Deutsche Calmeyer, beschäftigt beim „Generalkommissariat für Verwaltung und Justiz" und mit der „Rückstellungsliste" betraut, hat es verstanden, mehr als 3.000 Juden von dem gefürchteten Buchstaben J in ihrem Personalausweis zu befreien. Mit meist zweifelhaften Begründungen. Er nahm auf seine Art und Weise eine Gegenposition ein, war möglicherweise sogar ein richtiger Antinazi.

Gleichwohl wird auch Croiset noch festgenommen: Später bei der Razzia auf alle Männer in der Stadt, die arbeiten und keinen Ausweis vorzeigen können, wird auch er gefasst und in ein deutsches Arbeitslager verschleppt, aus dem er kurz vor der Befreiung zurückkommt.

Der Kampf der Kirchen gegen den Nationalsozialismus wurde auf verschiedenen Gebieten ausgetragen, auf dem Gebiet des Arbeitsdienstes, der Schulen, der Fürbitte, der Zensur, aber am meisten und am hartnäckigsten auf dem Gebiet der Judenverfolgung.

Die Kirchen besaßen dafür einen gewissen Spielraum, weil Hitler in den besetzten Gebieten soweit wie möglich einen Kirchenkampf, der jeder Zeit auf sein eigenes Land übergreifen konnte, vermeiden wollte. Er gab dazu Anweisungen und sagte dabei gemäß L. de Jong: „Nach dem Krieg soll ihnen Hören und Sehen vergehen …" Das Konzept für die ersten Kriegsjahre lautete: In die Mangel nehmen und einschüchtern. Aber nichtsdestotrotz kamen, um ein Beispiel zu nennen, ein fünftel der reformierten Pastoren persönlich in einen lebensbedrohlichen Konflikt mit den Besatzern.

Und schlimmer noch: 90 römisch-katholische, 20 gereformeerde und 12 hervormde Geistliche wurden umgebracht.

Pastor Nanne Zwiep

Aber warum wurde Pastor Nanne Zwiep ohne jeglichen Prozess nach Dachau deportiert und ermordet, während Leendert Overduin nach Verhaftung und späterer Gefängnisstrafe wieder freikam? Das war keine Willkür, wie es später den Anschein hatte.

Der gereformeerde Chronist Delleman berichtet von einer im September 1941 in Deutschland abgehaltenen außerordentlichen Zusammenkunft aller SD-Mitarbeiter aus besetzten Gebieten, die mit kirchlichen Angelegenheiten betraut waren.

Die betreffenden SD-Mitarbeiter bekamen bei dieser Gelegenheit Anweisungen des SD-Offiziers Dr. Roth: Danach mussten sie Unterscheidungen machen. Strafrechtliche Übertretungen mussten der Polizei überlassen bleiben. Das bedeutete, dass diese Pastoren oder Kirchenführer einige Zeit in „Schutzhaft" genommen oder über Verfahren vor deutschen Strafkammern zu Gefängnisstrafen verurteilt wurden. Aber für politische Übertretungen kamen Gerichts-

verfahren nicht in Betracht. Darum sollten „aufhetzerische Geistliche" in ein Konzentrationslager gebracht werden. „Hetzende Pfarrer müssen mit staatspolizeilichen Maßnahmen bearbeitet und gegebenenfalls muss nach Entscheidung des RSHA Überführung in ein Konzentrationslager veranlasst werden." Gemäß dem Beschluss des RSHA (Reichs-Sicherheits-Hauptamts) vom 24. August 1936 mussten sie grundsätzlich in langfristige Sicherheitsverwahrung genommen werden. Die jeweilige Fallbestimmung blieb den Abteilungen IV B des Sicherheitsdienstes überlassen.

Nanne Zwiep wurde als „hetzender Pfarrer" klassifiziert, Leendert Overduin dagegen nicht.

Leendert Overduin in einer Predigt, gehalten in seiner Gemeinde am 21. September 1941:

„Wir können das Evangelium nur wahrheitsgetreu vernehmen, wenn wir es für andere, wenn wir es für die Welt vernehmen. Wenn wir als Mensch vor Gott stehen, stehen wir immer in der Not der Welt vor Gott, und ich darf wohl sagen, insbesondere in der

Not des Volkes Israel. Es ist eigentlich keine Frage, ob wir für das jüdische Volk bitten sollen, vor allem in unseren Tagen. Wer das in Zweifel zieht oder gar verbietet, verbietet, dass wir für uns selber bitten. Denn die Wahrheit des jüdischen Volkes ist die Wahrheit des Menschen …
Wir leben heute in einer Welt, in der uns ganz offen und grob die Rechtlosigkeit entgegenschlägt. Wir leben in einer Welt, in der der Sadismus freies Spiel zu haben scheint."

Es ist möglich, dass Pastor Zwiep sich noch etwas deutlicher ausgedrückt hat, aber der wichtigste Unterschied zu Overduin besteht darin, dass dieser nur vor seiner kleinen Gemeinde sprach, in einem Hörsaal, in dem nur vertraute Menschen anwesend waren. Pastor Zwiep sprach in der Großen Kirche, in der 800 bis 1.000 Menschen zusammenkamen, Menschen, die einander teilweise gar nicht kannten. In einer Zeit, in der es nahezu keine öffentlichen Zusammenkünfte mehr gab, war ein Gottesdienst in der Großen Kirche ein Ereignis, jeden Sonntag aufs Neue, mit einer großen Ausstrahlung. Die Predigt und dann insbesondere jede Bezugnahme auf die Maßnahmen der Besatzer waren in der darauffolgenden Woche jeweils Tagesgespräch.
Lautsprecheranlagen gab es nicht, aber jeder Satz wurde aufmerksam angehört und über seine Bedeutung wurde beim Kaffee im Anschluss an den Gottesdienst diskutiert.

Pastor Zwiep hatte es mit einem Küster zu tun, der ihn immer wieder an seinem Talar zog mit der Bitte, vorsichtiger zu sein als beim letzten Mal, und mit einem Organisten, der (begleitet von seinem Schwiegersohn, einem SS-Mann) Notizen machte und diese weitergab. Dieser Organist geriet einmal in Streit mit Pastor Zwiep, hatte dieser doch ein Lied ausgewählt, das der Organist nicht spielen wollte, weil der Komponist Jude war.

Vorsichtig wird 1942 vom Kirchenrat im Protokoll vermerkt: „Warum wurde das Jubiläum des Organisten nicht begangen? Der Vorsitzende antwortete, dass der Grund dafür nicht darin bestehe, dass er einer bestimmten politischen Partei angehöre, wie wohl bekannt sei, sondern einzig und allein darin, dass der Organist sich dermaßen unhöflich über den Kirchenrat und die Prediger ausgelassen habe, dass Ehre und Gewissen verboten hätten, Worte auszusprechen, die unwahr gewesen wären."
Der Küster Scheperboer war aus ganz anderem Holz geschnitzt. Er fertigte eines Tages im Einvernehmen mit Pastor de Wolff einen ganzen Stapel vordatierter, noch ohne Namen versehener Taufzeugnisse für Juden aus, bis er, nach eigenen Angaben, eine lahme Hand davon bekam. Anschließend versteckte er auch noch die Taufbücher der Kirche sorgfältig in seiner Wohnung.

Mehrere Gruppen in den Kirchen waren einigermaßen auf die Ereignisse vorbereitet, unter anderem durch ihre Beteiligung am Kirchenkampf in Deutschland in den dreißiger Jahren. Die erste Petition, die an den Reichskommissar gerichtet wurde, ist ein Protest gegen die Juden-Maßnahmen im Oktober 1940, gefolgt von öffentlichen Protesten in den Kirchen in den Jahren 1941 und 1942.

Die Gereformeerde Kerken in Hersteld Verband protestierten im März 1941. (Danach nicht mehr gesondert, sondern von April 1941 an zusammen mit den anderen Kirchen.) Für diese Proteste lagen zwei Konzepte vor, eins von Buskes und eins von Kroon. Das erste wurde als Hirtenbrief gestaltet, der in den Gottesdiensten vorgelesen werden sollte; das zweite als „Richtlinien" für die Pastoren. Diese sollten nur in den Gemeindeversammlungen besprochen werden, vielleicht weil sie zu anspruchsvoll oder zu provokativ waren.

Beide Konzepte enthalten einen grundsätzlichen Protest gegen die Judenverfolgung und – für die Folgen bedeutsam – einen Aufruf gegen ruchlose Rachsucht gegenüber Kollaborateuren, „damit wir nicht genauso werden wie diese Welt und unser Glaubensleben nicht vergiftet wird".

Pastor Nanne Zwiep (3. August 1894–24. November 1942) wird 1929 als liberaler Hervormde Pastor nach Enschede berufen. Er fühlt sich in Twente in den ersten Jahren nicht besonders wohl.

Die Todesstiege: Tortur der Vernichtung im Lager Mauthausen (Ein von der SS erstelltes Foto im Steinbruch des KZ Mauthausen. Die Häftlinge mussten oft im Laufschritt und unter Schlägen arbeiten, gerieten unter die Räder von Güterloren oder stürzten bei der Arbeit als „Steinträger" über die Treppe, wobei sie andere mit in den Tod rissen)

Er arbeitet sehr fleißig und ist beliebt bei seinen Kollegen. Als im September 1941 etwa hundert Juden nach Mauthausen verschleppt werden und dort,

wie sich bald zeigt, dem Untergang geweiht sind, ist er empört und lässt das auch bei jeder Gelegenheit durchblicken.

Bahnhof Mauthausen

Mahnmal Mauthausen (Zug der Vernichtung)

Am Montag, dem 15. September, führt er den Vorsitz bei einer Zusammenkunft aller Enscheder Geistlichen – die erste Versammlung des lokalen Rates der Kirchen avant la lettre –, die dazu dienen soll, sich untereinander auszutauschen.

Die Versammlung weist Zwiep als ihren Bevollmächtigten an, eine förmliche Protestnote bei General Christiansen, dem Oberbefehlshaber der Wehrmacht in unserem Land, einzureichen. Die Wahl von Christiansen war allein schon eine Provokation. Denn das Recht des Reichskommissars der Zivilverwaltung im besetzten Gebiet wird damit ignoriert. Der Militärbe-fehlshaber war – in Übereinstimmung mit der Gen-fer Konvention – die zuständige Autorität. Prediger Zwiep war für die Aufgabe besonders geeignet, weil er neben Theologie auch Deutsch studiert und in sei-ner Jugend sogar erwogen hatte, Deutschlehrer an-statt Prediger zu werden.

Zwiep wird von Christiansens Sekretär freundlich und zuvorkommend empfangen. Er übergibt die von allen Geistlichen Enschedes unterzeichnete Petition.

„Kraft des uns von Christus übertragenen Hirtenamts fühlen wir uns verpflichtet, ernsthafte Besorgnis um diejenigen zum Ausdruck zu bringen, die abtrans-portiert worden sind. Ruhe kann nur aufrechterhalten werden unter dem Schirm des Rechts."

Kurze Zeit später begibt sich der Bürgermeister von Enschede zum Generalsekretär des Innenministeri-ums Frederiks, um im Namen aller Bürgermeister der Region Twente gegen die Razzia vom 14. September zu protestieren. Insbesondere gegen die erzwungene Mitarbeit der örtlichen Polizei.

Zwiep spricht bei der Beerdigung des jüdischen Chi-rurgen van Dam und bringt dabei seine Meinung zum Ausdruck, dass der Tod durch den gegen die Juden verübten Terror verursacht worden sei.

Aber auch auf der Kanzel agitiert er und nimmt kein Blatt vor den Mund. Im April 1942, am Tag einer lan-desweiten Kanzelbotschaft, legt er klar und deutlich Zeugnis ab. Am Tag darauf wird er festgenommen und nach Arnheim gebracht. Fünf Monate später – inzwischen offenbar als „hetzender Pfarrer" einge-stuft – wird er via Amersfoort nach Dachau gebracht. Als er in Dachau ankommt – „aus jeder Ecke lauert der Tod in Dachau" –, trifft er dort unter anderem Pas-tor Titus Brandsma, Pastor de Geus aus Almelo und Pastor Koos Overduin.

Pastor Rutgers aus Rotterdam, in der Provinz Twente sehr bekannt, ist zu diesem Zeitpunkt schon ermor-

Pastor Nanne Zwiep

det. Nanne Zwiep bricht am 24. November 1942 zu-sammen. Pastor J. Overduin schreibt in seinem Buch über Dachau: „Pastor Zwiep, den wir alle wegen sei-nes noblen Auftretens mochten."

Er muss Kohl silieren, kalt, schrecklich müde und un-terernährt. Er sagt: „Das wird mein Ende." Am fol-genden Morgen stürzt Zwiep auf dem Appellplatz zu Boden, einen Augenblick später steht er wieder, aber draußen auf dem Feld in der abscheulichen Kälte si-liert er seinen letzten Kohl. Sie haben ihn mit Säcken zugedeckt, und nach dem Einrücken tragen sie ihn ins „Revier", ins „Revier", aus dem niemand lebend zurückgekommen ist.

In der Nacht stirbt er.

Große Kirche am Alten Markt, Hervormd

Die Verzweiflung in der Gemeinde ist beim Vernehmen der Todesnachricht groß. Umso mehr, als in dieser Zeit mehrere Pastoren aus Enschede gefangen gehalten werden.

Leen Overduin hat von September 1941 an die Rolle eines Judenhelfers auf sich genommen. Als solcher bleibt er im ersten Jahr dank seiner geringen Position in der Kirche, seiner Schweigsamkeit und seiner Unauffälligkeit von den Autoritäten unbemerkt.
Zum Teil auf Grund von Hinweisen des örtlichen Judenrates wussten die Juden seine Adresse zu finden: Potgieterstraat 1. Durch Zufall wird er im November 1942 zum ersten Mal gefunden.
Bis in unsere Tage kommt jedes Jahr im September eine kleine Schar von Juden am Mauthausen-Monument am Haupteingang der Synagoge zusammen. Das durch den Bildhauer Drielsma gestaltete Monument stellt die Vergrößerung einer Thora-Rolle dar.

Potgieterstraat 1, Enschede, das Haus hinter dem Nadelbaum (Foto 2000)

Ohne Thora kein Judentum. Die Juden sind ein Volk des Buches. Die Gedächtnisfeier wird immer unter freiem Himmel abgehalten. September 1999: Bürgermeister Mans spricht, Rabbiner Jakobs spricht. Der Rabbiner sagt, dass an dem Mauthausen-Monument etwas fehle: die Namen.

Auf dem Niederländischen Denkmal im Lager Mauthausen, ebenfalls von Drielsma gestaltet, sind die Namen der Opfer dagegen wohl vermerkt.

Das niederländische Denkmal in Mauthausen

Das ist auch ein besonderes jüdisches Erbstück: Die Erinnerung an Namen – Namen müssen gerufen werden dem Himmel und den Kindern zu. Yad Vashem.

Macht Gebete aus meinen Geschichten, sagt der Auschwitz-Überlebende Eli Wiesel.
Auf der Treppe des Haupteingangs der Enscheder Synagoge trägt der Vorsänger ein Gebet in hebräischer Sprache vor. Die Namen der deutschen Konzentrationslager klingen in dem Gebet wie Flüche.

Anmerkungen

[2]   Diese Renovierung ist inzwischen erfolgt.

Overduin – immer unterwegs – organisiert Hilfe für untergetauchten Familien . . .

Dringender Hilferuf bei Nacht

Kapitel V: Die Organisation Overduin

Die Organisation startet: erste konspirative Treffen

Leendert Overduin wurde zum Judenhelfer unmittelbar nach den Ereignissen von Mitte September 1941. Er öffnete sein Haus den Juden, die um Unterkunft baten; damit begann es. Seine Schwester Maartje und Vater Overduin unterstützten ihn dabei und gaben der Gastfreiheit Rückhalt.

Die Juden van Dam (ein anderer van Dam als der Vorsteher des Judenrates), E. Woudstra und W. D. Rosenfeld waren die ersten. Sie lebten zwei bis drei Monate in seinem Haus. Die beiden erstgenannten bereiteten von diesem Versteck aus ihre Abreise ins Ausland vor. Sie befanden sich nach eigenem Empfinden noch nicht in unmittelbarer Gefahr; anfangs gingen sie sogar noch selbst zum Verteilungsbüro, um ihre Lebensmittelkarten abzuholen.

Aus der Fluchtgeschichte von W. D. Rosenfeld:

„Pastor Overduin, wie immer hilfsbereit, wenn Not am Mann ist, hat dafür gesorgt. An ihn und seine Schwester noch ein besonderes Wort des Dankes. Er wird in meinem Tagebuch und seiner Fortsetzung nicht vorkommen, weil all seine unvergleichliche Hilfe genauso wie die vieler anderer Freunde zum einen noch nicht vollständig namhaft gemacht werden kann und zum anderen vor dem Beginn dieses Tagebuches liegt. Aber wenn jemand das Wort Nächstenliebe, ungeachtet aller Gefahren, die es im Augenblick mit sich bringt, in Taten umgesetzt hat, dann gilt das für jene und insbesondere für Pastor Overduin. Ich hoffe von Herzen, dass ich mich eines Tages erkenntlich zeigen kann … “

Es sollten noch viele Gäste folgen. In der Periode zwischen Ende 1941 und Ende 1942 haben mindestens 30 jüdische Flüchtlinge für längere oder kürzere Zeit in Overduins Wohnung gelebt. Die Anzahl von 30 Logierenden wird Overduin später vor seinen deutschen Vernehmungsbeamten nennen, wahrscheinlich waren es in Wahrheit noch mehr.

Von Anfang an waren die Nachbarn, die Familie Althuis, die natürlich das ein oder andere mitbekamen, in die Vorgänge eingeweiht. Auch sie beherbergten Juden, die Overduin ihnen brachte. Sie waren Mitglieder seiner Gemeinde.

Wie kam es, dass die Juden es überhaupt wagten, sich in die Potgieterstraat zu begeben? Darüber gehen die Meinungen auseinander. Verschiedene Verbindungen werden genannt. Der Konditor Voogd hatte schon früher Juden weitergeholfen, und er kannte Overduin. Aber auch Overduin selbst hatte bereits früher Juden geholfen. Im Familienkreis wird erzählt, dass er sich zusammen mit Jaap Koopmans aus dem Wooldriksweg bereits zwischen 1938 – 1940 damit befasste, illegal Juden aus Deutschland über die Grenze zu helfen.

Gegenüber von Overduin wohnte die jüdische Familie Frankenhuis, mit der es bereits herzliche Kontakte gab, und zwar hin und zurück. Overduin traf sich regelmäßig mit Arend Holl, der in Overduins Gemeinde eine leitende Funktion hatte, und dieser Holl besaß viele jüdische Freunde und Bekannte. Und nicht zu vergessen: Overduin war selbst jemand, der viele Kontakte über seinen eigenen geschlossenen Kreis hinaus pflegte. Das war so seine Art. Und er war vorsichtig und verschwiegen. Das waren seine Art und sein Ruf.

Overduin war mental vorbereitet. Er machte sich keine Illusionen und hegte keine Zweifel an dem, was die Besatzer vorhatten. Seine wehrhafte Einstellung war den Menschen bekannt. Als der Weg zu Overduins Wohnung einmal gefunden war, nahm der Sekretär des Judenrates, Gerard Sanders, Kontakt zu ihm auf. Daraus entwickelte sich eine sehr intensive Verbindung. Wenn Menschen einen Abruf für ein Arbeitslager erhalten hatten oder vor einer Verhaftung gewarnt worden waren, verwies dieser Sanders seine Leute an Overduin: „An den kannst du dich wenden … “

Dass relativ viele Juden in Twente eine Untertauchadresse suchten und fanden, lag an dem harten

Tabak, Lebensmittelmarken, Kleidermarken

Schlag, den die deutsche Polizei im September 1941 ausgeteilt hatte, aber auch an der Mentalität der Abteilung Enschede des Judenrates. Die Vorsitzenden, Menko, van Dam und Sanders waren zwar gezwungen, deutsche Verfügungen in Empfang zu nehmen und bekannt zu machen, sie befolgten jedoch nicht alle Anweisungen des für das ganze Land zuständigen Judenrates in Amsterdam. Wo nur möglich, arbeiteten sie am Untertauchen aktiv mit, ohne das im Beisein anderer jemals zuzugeben. Sie hatten zahlreiche Mitglieder, die aus unterschiedlichen Gründen vom Untertauchen nicht viel hielten: So schlimm kann es doch nicht sein, in ein Arbeitslager zu gehen; man wollte zur eigenen Familie, die schon deportiert wor-

den war; man sah das Untertauchen als alles andere denn eine anziehende Alternative an; und es wird doch bestimmt so lange nicht mehr dauern. Aber für die, die es tatsächlich wagten, gab es in Twente einen Weg in den Untergrund, und es war Geld dafür vorhanden. Die Organisation Overduins sorgte dafür. Für diejenigen, die es nicht bezahlen konnten – und das waren die meisten –, war Geld vorrätig, auch für die Wohlhabenden, die in vielen Fällen nicht mehr über ihr Eigentum verfügen konnten. Einige Juden fanden eigenständig eine Untertauchadresse, wurden aber nach kurzer Zeit dennoch von der Organisation Overduin abhängig, weil sie Bezugsscheine und Kostgeld brauchten. Zwar gab es Gastgeberfamilien, die kein Kostgeld haben wollten, es gab aber auch solche, die sogar sehr viel Geld verlangten. Und Bezugsscheine und falsche Ausweispapiere hatten die Untergetauchten allemal nötig.

Es dauerte indessen nicht allzu lange, bis die Methode „Kommen Sie doch einfach rein" sich totgelaufen hatte, sie wurde zu riskant. Nun begann Overduins Suche nach Adressen. An wie vielen Haustüren mag er vergeblich geklingelt haben? Der eine sah die Dringlichkeit der Sache nicht ein, der andere fand sie zu gefährlich, wieder ein anderer hielt es nicht für ein so großes Problem, dass die Juden für ein Weilchen in ein Arbeitslager kommen sollten.

„Nur ein einziges Beispiel", sagt Overduin später (1967) in einem Gespräch mit einer Zeitung. „Nur ein einziges Beispiel, denn ich spreche nicht gern darüber. Für mich ist der Krieg mit all seinem Hass und seiner Vernichtung schon 22 Jahre vorüber. Ich hatte mein Haus voll mit Untergetauchten und musste versuchen, zwei jüdische Menschen irgendwo anders unterzubringen. Ich bin die ganze Lasondersingel abgegangen, von Tür zu Tür, um zu fragen, zu bitten, ob man die beiden armen Seelen nicht für eine Nacht beherbergen könne. Bei all den anständigen, guten Niederländern erreichte ich mit meiner Anfrage nichts. Schließlich, es war schon spät in der Nacht, klopfte ich an die Tür eines Bauern, eines NSBers, den ich kannte. Der hat, ohne irgendeine Frage zu stellen, die beiden jüdischen Menschen aufgenommen, nicht für eine Nacht, sondern für eine ganze Woche. Und er wollte nicht einen Cent als Gegenleistung dafür haben."

Overduin landete auch bei dem jüdischen Psychologen Gerard Croiset. Croiset erzählt:
„Eines Morgens kam Pastor Overduin vorbei, der eine Unterkunft für jemanden suchte, der untertauchen musste und der sofort einen Platz brauchte. Pastor Overduin war ein Prachtkerl. Wir nannten ihn unseren Scarlet Pimpernel. Er setzte sich voll und ganz für seine unglücklichen Mitmenschen ein, ohne sich auch nur einen Augenblick lang Gedanken darüber zu machen, welches Risiko er dabei selbst einging. Die Menschen, die auf der Vorschlagliste standen, abgeholt zu werden, zog er der Gestapo sozusagen unter den Händen weg. Auf Grund dessen, dass er der Gestapo so oft wie möglich einen Strich durch die Rechnung machte, wurde er beschattet. Das wusste ich und deshalb hielt ich es für vernünftiger, ihm nicht zu erzählen, dass ich schon Untergetauchte beherbergte. Stattdessen erzählte ich ihm, dass ich einen Prozess am Laufen hätte und dass das eine derart prekäre Sache sei, dass es in diesem Stadium viel zu gefährlich sei, Risikos einzugehen. Ich musste mich seiner Bitte verweigern, wenn auch mit blutendem Herzen."

Croiset erzählt auch noch, dass er später aus dem gleichen Grund eine jüdische Witwe, die ihn um Unterkunft bat, abwies und dass diese Frau noch in derselben Nacht Hand an sich legte.
„Hatte ich richtig gehandelt? Was hätte Pastor Overduin wohl darüber gedacht? Und vor allem: Wie hätte er wohl gehandelt? Selbst heute noch gehen mir diese Fragen durch den Kopf."

Overduin brauchte dringend Hilfe. Die wachsende Zahl von Juden, die ihn um Hilfe baten, wuchs ihm über den Kopf. So nahm die Organisation Overduin ihren Anfang. Es handelte sich nicht um eine Organisation im üblichen Sinne des Wortes. Es gab kein Programm, keinen Aktionsplan, keine Aufgabenbeschreibung, keine Buchführung. Einzig und allein ein paar Notizblöcke und Listen und am Ende einen von Overduin selbst verwalteten Karteikasten.
Die Kriegssituation brachte das mit sich: Was ein Mitarbeiter nicht weiß, das kann sie oder er bei einem Verhör auch nicht preisgeben, und bei Hausdurchsuchungen darf grundsätzlich nichts zu finden sein.
Langsam entstand eine Gruppe von Mitarbeitern. Menschen, die bereit waren, in jedem Augenblick ihre Tür für untergetauchte Juden zu öffnen, und die sich dann, meistens in Abstimmung mit Overduin, auf die Suche nach einer passenden Bleibe in der Umgebung begaben, um anschließend die nächsten Untergetauchten aufzunehmen. Kontaktadressen, Transitadressen, Verteiler von Lebensmittelmarken. Menschen, die die Verantwortung für eine Anzahl Juden übernahmen. Sie taten das ganz und gar auf ihre jeweils eigene Art und Weise; meistens hatten sie sehr begrenzten Möglichkeiten. Und immer drohte Gefahr. Tag und Nacht. Menschen, die sich nicht mit Kollegen ins Benehmen setzen konnten, weil sie meistens gar nicht wussten, wer diese Kollegen waren. Sie alle kannten freilich Overduin.

Einer der ersten ausgesuchten Mitarbeiter war Friso van Hoorn, Bote des Gaswerks, von Oktober 1942 an Gemeindebeamter. Sein Tarnname war Jan Willem. Er kam nicht aus dem Kreis um Overduin, er war Mitglied des AJC, der sozialistischen Jugendvereinigung.
Eines Tages steht der ihm unbekannte Overduin vor seiner Tür und fragt, ob er bereit sei, beim Untertauchen von Juden zu helfen. Friso van Hoorn berichtet nach dem Krieg in einem Gespräch mit dem Histori-

ker van Zuijlen darüber. „Overduin war so brutal wie der Henker. Wenn er Menschen um etwas bat, dann taten sie es"

Van Hoorn zufolge besaß die Organisation eine Spitze, die sich aus Overduin, seiner Schwester Corry, Gerard Aukes und ihm selber zusammensetzte.

Das muss sich dann langsam so entwickelt haben, denn Corry kam erst im November 1942 nach Enschede und Aukes erst Anfang 1944. Diese Spitze traf sich einmal im Monat, meistens in dem Zimmer, das Corry bei der Familie Koopmans bezogen hatte, einem Ladengeschäft am Wooldriksweg 207.

Friso van Hoorn war außer für Transport und Verpflegung auch noch für Kontakte zu anderen Organisationen zuständig wie zur KP (Schlägertrupps), zum CID (Geheimdienst) und zum LO, der landesweiten Untertauchorganisation, die von Frits de Zwerver (Frits der Landstreicher, d. i. Pastor Slomp aus Heemse) und Tante Riek (Frau Kuipers aus Winterswijk) ins Leben gerufen worden war. Diese Organisation gewann in der zweiten Hälfte des Krieges eine große Bedeutung und half Tausenden von Untergetauchten, überließ aber die Hilfe für Juden zumindest in Twente einer Absprache gemäß der Organisation Overduin. Das Unterbringen von Juden war eine Angelegenheit ganz anderer Art als das Unterbringen nichtjüdischer Untergetauchter. Jüdische Untergetauchte konnten nicht beschäftigt werden. Sowohl die Juden selbst als auch ihre Gastgeberfamilien schwebten ständig in Lebensgefahr.

Van Hoorn war ein extrovertierter Mann, der mit Geschick den Ahnungslosen spielen konnte. Das kam ihm, als er gefangen genommen wurde, sehr zupass.

Das erste Mal: Er liegt mit Grippe im Bett, und an seinem Bett sitzt Overduin. Sie beratschlagen über Notizen, die van Hoorn in einer Aktentasche versteckt hat und die er aus diesem Anlass aus dem Versteck unter dem Fußboden hervorgeholt hat. Overduin ist gerade wieder gegangen, als die Sicherheitspolizei eine Razzia vornimmt. Die Tasche steht noch neben seinem Bett. Während die Hausdurchsuchung vonstattengeht, erkennt van Hoorn eine Chance, die Tasche aus dem Fenster zu werfen. Seine Schwiegermutter, die das gesehen hat, geht hinaus und bringt die Tasche zu den Nachbarn. Er wird zur Tromplaan mitgenommen und muss dort in seiner Zelle stundenlang mit den Füßen im Wasser stehen. Nach drei Tagen lässt man ihn gehen.

Das zweite Mal: Auf dem Weg nach Amsterdam besucht er eine Zusammenkunft in Borne. Auch dort findet unverhofft eine Razzia der Sicherheitspolizei statt. In dem ausbrechenden Tumult erkennt van Hoorn seine Chance, ein Fenster an der Frontseite zu öffnen und zu verschwinden.

Später landet er doch noch im Lager Vught, kommt aber auch diesmal wieder frei, weil es den Deutschen nicht gelingt, ihn als den gesuchten Jan Willem zu enttarnen.

Van Hoorn wurde in der zweiten Hälfte des Krieges immer mehr für andere Aufgaben des Widerstands eingespannt, wie auf Ansuchen des Polizeikommissars W. Sanders für den Geheimdienst. Für Overduin pflegte er auch seine Verbindungen ins Rathaus, insbesondere zum Einwohnermeldeamt. Namentlich Gonny Mensink (später Frau ten Thij) half dort aktiv mit, das Aufspüren von Juden zu verhindern. Wenn „Jan-met-de-kappen", der berüchtigte NSB-Polizist aus Limburg, an den Schalter kam, um eine Kartei-Karte einzusehen, dann verließ Gonny Mensink das Rathaus auf der Rückseite in dem Augenblick, in dem „Jan-met-de kappen" auf der Vorderseite die Treppen hinuntereilte. Gonny raste mit dem Fahrrad zu der fraglichen Adresse, um die Familie zu warnen, die Mehrzahl der Adressen war damals noch nicht per Telefon zu erreichen.

Sie war fortdauernd damit beschäftigt, Overduin und anderen Adressen zu besorgen und die offiziellen Eintragungen, soweit wie nötig „anzupassen". Auch beteiligte sie sich an der Verteilung der gefälschten Dokumente, die von Twentes Meister-Fälscher Jan Reuvekamp stammten.

Eines Tages steht Overduin am Schalter und spricht mit Gonny Mensink. Er erzählt ihr, dass in der Familie seines Freundes und Hervormd-Kollegen Pastor Oosten ein kleines Kind gestorben sei. Er ist nicht gekommen, um dies zu melden, sondern um darum zu bitten, einem jüdischen Kleinkind administrativ die Identität des verstorbenen Kindes zu übertragen. Gonny macht sich sofort an die Arbeit, legt eine neue Karteikarte an, bearbeitet sie ein bisschen mit den Hacken, um ihr ein älteres Aussehen zu verleihen, und die Sache ist geregelt: Während der gesamten Kriegszeit läuft also von da an ein jüdisches Kind mit dem Familiennamen Oosten herum. Das wurde einfach so geregelt. Denn, so sagt sie viele Jahre später: „Er war ein so ehrlicher Mann. Man vertraute ihm sofort." Sie kannte den Pastor vorher nicht, sie war nämlich römisch-katholisch.

Nach und nach wurde die Organisation Overduin zu einer Organisation mit drei Abteilungen, die allerdings nicht genau voneinander abgegrenzt waren. Mitarbeiterstab, Kontaktpersonen, Gastgeberfamilien.

Die Zahl der Kontaktpersonen belief sich nach einer Mitteilung von van Hoorn so in etwa auf 40 bis 50. 1981 gab er van Zuijlen eine handgeschriebene Liste mit Namen von Kontaktpersonen. Die bemerkenswerte Liste lautet wie folgt:

Pastor Smelik, van Boghonstraat 93, Asd Z.
Gebr. Persijn, Kerkallee, Beekbergen.
Dekker, Meraunerstraat 7 oder 9, Leeuwarden.
Frits Tusveld, Frisör, Almelo.
Schaftenaar, Uhrmacher, Markt, Harderwijk.
G. Boll, Cort van der Lindenlaan 45, Enschede.
Hoogeveen, Hugo Koomans, Pesserdijk 4.

Zettensche Einrichtungen, Rekkensche Einrichtungen.
Tjeerd Bosklopper, Groenlose weg B 31, Eibergen.
Nel Heering, Veenstraat, Enschede.
Andre de Wolf, Julianalaan, Zeist, weitere Informationen (einzuholen) bei Familie Rührwiem, Lorentzlaan 61, Zeist…
Limburg, Bouma, Gorisbergweg 3, Heerlerbaan oder A. Oosten, Oranje Nassaustraat 14, Heerlen, Juwelier.
Frau Jeukens, Grootestraat 25, Goor.
Mary Sluimer, Eikbosserweg 38, Hilversum.
Hein Abbink, Winterhaarweg, Boekelo.
Hannink, Unternehmer, Boekeloseweg.
K. De Rook, Kuyperplein, Enschede.
Sytsema, Hengelosestraat 157, Enschede.
Geschw. Verwey, Huize de Weycorn, Renkum.
Gebr. Van Schuppen, Huize Middelwijk, Kerkewijk, Veenendaal.
Koning, Buchhandlung Lipperkerkstraat bei Singel, Enschede.
Doorn, Brennstoffhändler de Boer.
Van der Schaaf, Bolhaarslaan 80, Enschede.
Deurningen, Posthalter.
Siegenthaler, Bolhaarslaan, Enschede.
Tony ten Brink, Vondelstraat 122, Amsterdam.
Zeist, Fam. Bakker, Frisolaan.
Laren, Direktor vd. Berg Stiftung.
Frl. Van Gelderen, Nijverheidsstraat 2, Enschede.
J. Jacobs, Adastraat 14, Almelo.
Stiftung Wagenborgen, Dr. Schaafsma zu Wagenbergen.
Arend Overduin, Haaksbergerstraat, Enschede.
Groenlo. Henk Groot, Wassink.
Kaplan Jansen, Pastorei Oldenzaalsestraat 113.
Sleen, Pastor Ridderbos.
Ruurlo, F. Buitenbos, C. F. Klaarstraat, Enschede.
Für Zeist immer Informationen einholen bei Fam. Rührwiem.

Die Liste macht einen authentischen, aber schludrigen Eindruck. Friso wird nicht alle diese Menschen persönlich gekannt haben, hat er doch verschiedene Adressen nicht korrekt notiert. Drei Beispiele: Der sechste auf der Liste G. Boll. An der vermerkten Adresse wohnte G. Holl. Der sechzehnte auf der Liste, Hannink. Dieser wohnte nicht am Boekeloseweg, sondern an der Haaksbergerstraat, in der Nähe der Boekelosestraat. Hannink war schon im Oktober 1940 umgezogen. Und die neunundzwanzigste auf der Liste: Es gab in Enschede kein Frl. Van Gelderen.

Es kommen Namen vor, die als Kontaktpersonen Overduins bekannt sind: Annemeer Hannink, der Musiker de Rook, der Zigarrenfabrikant van Schuppen, der Einzelhändler Arend Overduin, Kaplan Jansen und der Schwager von Leendert Overduin, Rührwiem in Zeist.

Aber einige der aktivsten Kontaktpersonen fehlen: Pastor C. Moulijn aus Blija, B. Roerink aus Usselo, Sara Voogd aus Enschede; in dieser Weise wären noch gut ein Dutzend weiterer zu nennen, die später noch zur Sprache kommen werden. Auffällig ist die Verteilung über das Land.

Es kommen in der Liste Personen vor, von denen bekannt ist, dass sie sich nicht so gut mit dem engeren Mitarbeiterstab verstanden. Aukes schreibt nach dem Krieg über Tusveld: „Nach dem Brandbomben-Bombardement auf Enschede (22. Februar 1944) haben wir, durch große Not gezwungen, Gebrauch von einigen Untertauchadressen des Herrn Tusveld in Almelo gemacht. Wir versuchten damals, sehr gegen seinen Willen, dass diese Adressen zur Überprüfung und Versorgung an uns weitergegeben würden. Erst nach viel Streit ist das passiert. Es bestand kein offenes Verhältnis, wir besaßen wenig Vertrauen zueinander."

Es ist anzunehmen, dass van Hoorn nicht alle Kontaktadressen kannte. Oder dass es noch mehr Listen gab. Oder ... Im Rahmen dieses Buches fehlte einfach die Zeit, Namen für Namen der Liste zu analysieren. In jedem Fall besaßen Leenderts Schwester Corry Overduin und Aukes jeder eine andere Liste. Der Status und die Bedeutung der Namensliste lassen sich nicht mehr genau nachvollziehen.

Von Corry Overduin ist eine Mitgliederliste, datiert auf den 29. November 1945 und bestimmt für eine Übergabe an den Nationalen Unterstützungsfonds, erhalten geblieben. Die Namen und Tarnnamen auf der Liste, soweit sie sich entziffern lassen, lauten wie folgt:
Onderweegs (Nauta), Van Hoorn (Jan Willem), G. Voogd (Richard), Pastor Moulijn, Bokma, Swart, Hannink, Hein Abbink, Arend Overduin, de Rook (Koorpartij), Henk Groot Wassink, Theo Boschklopper, ten Boom, Piet Bakker, Pastor Hijmans, Elburg, Langen, Mos. Jeukens, Reuvekamp, Gonny Mensink, Rademaker van Maningen, Johannes Hagels, Fam. Swart, Drukker, Pape.
Des Weiteren noch ein paar Vornamen: Koos, Mieke, Maartje, Jannie, Bettina, Nollie.

Auf einem abgerissenen Teil eines Briefes aus der Nachkriegszeit von G. Aukes ist zu lesen:
„Von Anfang 1944 bis zum Ende der Besatzungszeit arbeitete ich Fulltime für eine Organisation, die sich fast ausschließlich das Auffangen und die Versorgung jüdischer Menschen zur Aufgabe gemacht hatte (Unterschlupfmöglichkeiten suchen, unterbringen, Kostgeld bezahlen, bereitstellen von Lebensmittelmarken sowie alle übrigen notwendigen Tätigkeiten). Unsere Gruppe bestand in den Jahren 1944 und 1945 aus:
Corry Overduin (Deckname ‚Marietje‘ resp. Hans), im Jahr 1948 mit mir getraut, 1965 gestorben.
Friso van Hoorn (Deckname ‚Jan Willem‘), Gemeindebeamter in Enschede.

J. Koomans (Deckname ‚Janko'), Leiter der christlichen Schule Enschede.

Gerard Voogd (Deckname ‚Richard'), Bäcker, Enschede, mit zwei Töchtern Sara und Mijnie.

Arie Onderweegs (Deckname ‚Nauta'), Finanzbeamter, Enschede.

G. Aukes (Deckname ‚Arends'), Gemeindebeamter, untergetaucht aus Haarlem.

Pastor Leendert Overduin (Deckname ‚Piet') und seine Schwester Maartje waren von September 1943 bis zum Sommer 1944 eingesperrt. In dieser Zeit arbeiteten allein Corry und ich Fulltime.

Es gab noch mehr wichtige Mitarbeiter, die ich nicht nenne, weil sie nicht zu denjenigen gehörten, die beinahe täglich Kontakt miteinander hatten."

War Kaplan Jansen eine aktive Kontaktperson Overduins? Beide kannten einander sehr gut, und wir wissen (von Gonny Mensink), dass sie gemeinsam auf dem Fahrrad gesehen wurden, damit beschäftigt, zwei jüdische Kinder irgendwo unterzubringen.

In jedem Fall war Sara Voogd, die Tochter des Konditors, eine aktive Kontaktperson.

Das wissen wir en détail, weil Friso van Hoorn in späteren Jahren eine Art Erfahrungsbericht für die „Stiftung 1940–1945" schreiben musste.

Aus dem Bericht geht hervor, dass sie jeden Monat eine große Anzahl von Gastgeberfamilien mit jüdischen Untergetauchten besuchte, um Lebensmittelmarken und Kostgeld zu überbringen. In jedem Fall betraf dies die Juden Cohen, Gottschalk, Engel, de Leeuw, Zilverberg, Bierman, Hartog, Slager, Serphos, van Lier, Themans, van Dam, Hooch, Jacobs, Woudstra, Cozijn, Legeman, Gumprich, van Zuiden, Stofkoper und Cresny.

Auch übernahm sie, wenn es nötig war, die Aufgabe von anderen Personen, wie von Frau Jeukens te Goor, von Herrn Pekelharing te Nijverdal und von Jan van Almelo zu erfahren ist.

Sara Voogd hat viel Arbeit auf die manchmal plötzlich erforderlich werdende Verlegung untergetauchter Juden verwandt (erforderlich auf Grund von Anzeichen mangelnder Sicherheit, auf Grund von Kriegshandlungen oder wegen Unvereinbarkeiten der Charaktere).

Sie kümmerte sich zusammen mit zwei Frauen von Ärzten um das Einbalsamieren und das Begraben der untergetauchten Frau van Zon in Nijmegen.

Sara Voogd, wiewohl keine Jüdin, wie der Name schon vermuten lässt, hat laut van Hoorn „ihre Pflicht in großartiger Weise erfüllt".

Im Hause Voogd war alles möglich: Doktor Bosma nahm auf dem Küchentisch von Voogd bei einer jüdischen Frau einen chirurgischen Eingriff vor.

Overduin hat 1958 selbst auch einen solchen Erfahrungsbericht geschrieben, und zwar im Auftrag des Widerstandskämpfers D. Nijenhuis, bekannt als „Dolle Dries":

„Der Unterzeichnete, L. Overduin, erklärt hiermit Folgendes.

D. Nijenhuis, geb. 3. 7. 1913 in Enschede, wohnhaft Hoge Bothofstraat 42 in Enschede, hat sich in den Jahren 1942 bis April 1945 wie folgt für das illegale Werk eingesetzt.

1. Durch das Unterbringen und Versorgen jüdischer Flüchtlinge.

Abgesehen von dem, was der genannte D. Nijenhuis in dieser Angelegenheit auf eigene Faust durchgeführt hat, ist er mir eine bedeutende Unterstützung gewesen. Um einen Eindruck von dem Umfang der Arbeit für die jüdischen Flüchtlinge zu geben, merke ich hier an, dass Mitte 1943 ungefähr 1.300 Lebensmittelbezugsscheine von untergetauchten jüdischen Flüchtlingen in meinem Besitz waren. Beim Unterbringen, beim Versorgen, bei der Verlegung und beim Beerdigen hat D. Nijenhuis eine große Rolle gespielt. Sowohl mit als auch ohne seinen Lieferwagen stand er jederzeit zur Verfügung, selbst in den kritischsten Momenten. Das Gebiet, in dem Nijenhuis sich bewegte, erstreckte sich über Enschede und die umliegenden Orte, den Achterhoek sowie Nijverdal und Umgebung.

2. Durch die Massenflucht der für den Arbeitseinsatz in Deutschland Verpflichteten.

Auf diesem Gebiet hat der genannte D. Nijenhuis viel geleistet.

Es muss angemerkt werden, dass seine Frau, die ihren Mann stets unterstützt hat, namentlich bei dieser Aufgabe vollständig eingebunden war und unvorstellbar viel geleistet hat. Diese aus Deutschland geflüchteten Niederländer mussten manchmal viele Tage und Nächte lang untergebracht werden, damit sie mit tauglichen Papieren und ‚Marschbefehlen‘ zum Reisen ausgestattet, gekleidet und verpflegt und manchmal auch ganz heimlich zu ihren Wohnorten im Westen befördert werden konnten."

Über die Aktivitäten der Organisation Overduin für die aus Deutschland geflüchteten niederländischen Arbeiter (zuvor nach Razzien in großer Zahl nach Deutschland verschleppt) ist wenig bekannt. Ein entsprechendes Engagement hat es jedoch tatsächlich gegeben.

W. Everink, Lehrer und Journalist in Lonneker, erzählt 1997 folgende Geschichte:

„In den letzten Jahren der Besatzungszeit war eine Gruppe Rotterdamer, die aus Deutschland geflohen war, in Enschede angekommen. Pastor Overduin sorgte dafür, dass sie blaue Overalls bekamen und außerdem allesamt eine Schaufel der Firma Koelink. Mit falschen Papieren hat er sie im Zug nach Rotterdam begleitet."

Einen besonderen Platz in der Judenhilfs-Organisation nahmen Pastor C. D. Moulijn, Pfarrer der Hervormde Kerk aus Blija in Friesland, und seine Ehefrau ein. Dieser hat 1962 seine Kriegserlebnisse für das Institut für Kriegsdokumentation schriftlich niedergelegt.

Als sie das erste Mal eine Widerstandsaktion durchführen konnten, seien sie, wie er selbst es formuliert, „ins kalte Wasser geworfen worden". Zwei alliierte Piloten standen vor ihrer Haustür. Sie zogen sie ins Haus.

Beim zweiten Mal wären sie fast raus gewesen. Durch Vermittlung von Pastor Diepersloot kam Leendert Overduin zu ihnen zu Besuch. Als dieser noch draußen vor der Tür stand, sagte er, um sich blickend: „Seht nur, was für ein weitläufiges Land, überall wunderbare Plätze, um Kinder und Erwachsene zu verstecken."

Overduin legte ihnen auseinander, wie sie helfen könnten. Aber sie trauten sich nicht, weil sie zwei kleine Kinder hatten und in einem „Glashaus" lebten. Sie erlebten es als eine Selbsterniedrigung, ihm etwas abzuschlagen. Overduin blieb freundlich. Als er ging, sagte er: „Am Ende ist es eine Frage des Glaubens." Mann und Frau blieben verstört zurück. Overduins Worte blieben haften, nachdem er verschwunden war. Am Ende sagte Frau Moulijn zu ihrem Mann: „Kannst du ihn noch einholen?"

So begann es. In der Folgezeit wurden von Overduin ständig Menschen zur Pastorei in Blija gebracht oder von Moulijn aus Enschede geholt, die in der Umgebung untergebracht werden mussten. „Der Vorrat von Overduin, den ich zwei- oder mehrmals in Enschede besuchte, schien unerschöpflich." Es fiel Moulijn auch nicht immer leicht, passende Adressen zu finden. Bei den ihm bekannten Bauern gelang es schon mal, Bedenken zu zerstreuen, indem er einfach sagte: „Wenn es denn nicht möglich ist, dann muss ich eben mal wieder zu einem Gereformeerde. Daraufhin half man dann."

Eins führte zum anderen. Die Moulijns wurden auch aus Amsterdam kontaktiert, um jüdische Kinder von dort unterzubringen. Overduin hatte anscheinend ihre Adresse weitergegeben.

Frau Moulijn radelte manchmal mit einem jüdischen Kind hinten auf dem Gepäckträger, das ununterbrochen vor Angst weinte, durch den Polder,
Sie hatten auch eine ganze Zeit lang das jüdische Ehepaar Heymans im Haus, in einem Versteck unter dem Boden des Vorzimmers. Und die Heymans sagen: „Dem Overduin, für den werden sie doch später sicher ein Denkmal errichten."

Durch Vermittlung Overduins kam auch ein Palästina-Pionier in Friesland unter. Zunächst einer, der dann seinerseits mit Zustimmung Overduins zwei weitere mit dem Zug aus Enschede holte. Und ebenfalls durch Vermittlung Overduins kam ein deutscher Sattler, der aus einem Lager desertiert war, nach Blija. Außerdem spielten die Moulijns auch bei der Unterbringung von Untergetauchten eine Rolle, die vor einem Arbeitseinsatz in Deutschland geflüchtet waren.

Die Aktivitäten der Moulijns, die sich selbstverständlich nicht allein auf die Unterbringung der jüdischen und nicht-jüdischen Untergetauchten beschränkten – auch für Lebensmittelmarken und Geld musste gesorgt werden –, blieben in einer so kleinen Gemeinschaft nicht unbemerkt. Sie wurden jedoch nicht verraten. Die Menschen standen wie eine Mauer um sie herum.

Für das Besorgen von Marken und Geld besaßen die Moulijns ihre eigenen Kontakte. Das lief nicht über die Overduin-Organisation.

Mit Bezug auf Leen Overduin schreibt Pastor Moulijn:

„Wir trafen Overduin einige Male in unserer Pastorei und in Enschede in seinem eigenen Haus sowie später als Untergetauchten und unerkennbar vermummt im Geschäft einer schwer in die Arbeit involvierten Lebensmittelhändlerfamilie (dem Delikatessengeschäft von Arend Overduin in Enschede). Mit nicht nachlassender Freundlichkeit, Aufgewecktheit und selbstverständlicher Kaltblütigkeit ging er seinen Weg durch die ganzen Niederlande. Bei allen Verdiensten wahrlich bescheiden. Er hatte sich hochgearbeitet zu einem Meisterfälscher von Papieren, bekam von jedem alles getan und gewann die Zuneigung aller Juden, denen er mit großer Sorgfalt und echtem Mitgefühl weiterhalf. An diese bemerkenswerte Persönlichkeit, eine der ehrwürdigsten, die ich jemals getroffen habe, denke ich immer noch mit Zuneigung und Respekt."

Die Kontaktadressen von Overduin beschränkten sich nicht allein auf das Twentsche Land. Auch nicht auf Friesland. In Veenendaal war sein Ansprechpartner der Zigarrenfabrikant Ad van Schuppen, der mit Unterstützung seines Cousins Frans van Schuppen in seiner großen Villa mehr als 30 Juden versteckt hielt, zum großen Teil Kinder. Es ist nicht bekannt, in welchem Umfang die Organisation Overduin hierbei ihre Hände im Spiel hatte.

Dank einer Warnung wussten die Untergetauchten einer Razzia zu entkommen, aber Ad van Schuppen wurde verhaftet und in Scheveningen fürchterlich misshandelt. Dennoch gab er keine Namen preis. Sein Cousin witterte die Chance, ihn mit einem Haufen Zigarren freikaufen zu können. Kurz nach dem Krieg erlag Ad jedoch den Folgen seiner Misshandlungen.

Overduin hatte die Idee, den Rettungsdienst einzuschalten. Die Kranken- und die Desinfektionswagen der Stadt Enschede standen in der Garage an der Wethouder Nijhuisstraat. Dort befand sich auch die Werkstatt der Stadtreinigung, in der die Fahrer in den Zeiten, in denen sie nicht zu fahren brauchten, als Monteure arbeiteten. Die Sache funktionierte so: Wenn wegen eines Krankenwagens angerufen wurde, zog ein Monteur seinen Kittel aus, wusch sich ein wenig, zog eine weiße Jacke an und fuhr mit dem bereitstehenden Krankenwagen davon. Für die Wagen war jederzeit Brennstoff vorhanden, und ein solcher Wagen wurde auch nicht so schnell durch die Polizei angehalten. Mit so einem Wagen ließen sich deshalb relativ risikolos verstorbene Untergetauchte transportieren. Ebenso kranke Untergetauchte, die zu einem Arzt gebracht werden mussten. Und auch gesunde Untergetauchte.

Während seiner Arbeit wurde der Fahrer Boll von Pastor Overduin angesprochen. Boll hegte keine hohe Meinung von Pastoren und ließ Overduin einfach mal reden. Aber der kam wieder zurück und überredete ihn schließlich. So ließ sich Boll zusammen mit seinem Kollegen Rosier tief in die Untergrundarbeit verstricken. Manchmal unternahm er mit untergetauchten Juden vergebens eine heimliche Fahrt; dann brachte er sie selbst in einem Versteck in seiner Wohnung unter. Er transportierte Verstorbene und half bei den Begräbnissen irgendwo auf besonderen Plätzen mit. Die Tischlerei von Riemersma, einem Mitglied der Kirchengemende Overduins, sorgte für die Särge.

Bernard und Hanna Roerink in Usselo, am Rand des Esch, übten eine doppelte Funktion aus: Sie boten Juden Unterschlupf, neun bis zehn Tage lang am Stück, gelegentlich noch länger, waren aber gleichzeitig auch außerhalb ihres Gehöfts für die Organisation aktiv. Roerink wurde auch einmal verhaftet und verhört, aber er verstand es, sich dumm zu stellen. Mit Hilfe von Doktor Velsing kam er wieder frei. Am Ende des Krieges war einer ihrer Gäste der Haarlemer Gerard Aukes, der Freund und spätere Ehemann von Corry Overduin.

Im Oktober 1943 durchsuchten die Deutschen den Hof, fanden aber keinen einzigen Untergetauchten vor. Nach dem Krieg bezeugt einer der Untergetauchten: „Die Roerinks haben mit Liebe für uns gesorgt."

Eine andere Adresse in Usselo, mehrmals erste Auffangstation auf der „Untertauchroute", war das Ge-

höft 't Halt der Familie ter Mors am Geerdinkszijdeweg.

Corry Overduin bei der Familie Roerink in Usselo. Das Foto stammt aus den Kriegsjahren

Janny ten Brink (geb. 1896) gehörte zu den aktivsten Mitarbeiterinnen Overduins. Sie war eine Freundin von Maartje. „Es war im November 1942", so erzählt der ehemalige Untergetauchte Meir Bonet, „ich war neun Jahre alt, als Janny ten Brink mich zu ihrem Haus brachte, wo ich von meinen Eltern Abschied nahm. Da Overduin zu dieser Zeit inhaftiert war, versteckte Janny ihre drei jüdischen Untergetauchten in einem Waldstück bei Glanerbrug und brachte dreimal am Tag eine Mahlzeit dorthin. So lange, bis sie wieder zurückkommen konnten. Später gelang es, mit Hilfe von Frits Tusveld einen neuen Unterschlupf zu finden … Ich möchte niemandem Unrecht tun, wenn ich sage, dass die edlen Persönlichkeiten von Janny ten Brink und Pastor Overduin mit Kopf und Schultern alle Menschen überragen, die ich kennen gelernt habe."

Bei Jannys Bruder an der Stokhorstlaan besaß Leen Overduin einen Platz, an dem er selbst untertauchen konnte. Ihre Schwester war mit dem Rechtsanwalt Koetsier verheiratet, nach dem Krieg Sekretär des Verbandes der Bekleidungshersteller und ebenfalls in der Untergrundbewegung aktiv. Die ten Brinks waren Mitglieder der Gereformeerde Kerk in Hersteld Verband.

Frau Heddendorp und ihr Mann, die am Usselerweg ein Lebensmittelgeschäft führten, hatten immer offene Türen für Juden, die Overduin zu ihnen brachte und die sie dann wiederum zu Adressen in Usselo und Boekelo weiterleiteten.

Frau Liberg (1905–1999) hat ebenfalls viele jüdische Menschen bei sich untergebracht, manchmal für einige Nächte, manchmal für längere Zeit. Zusätzliche Lebensmittel konnte sie sich bei Roerink in Usselo besorgen. Friso van Hoorn sorgte dafür, dass ein anderer Mitarbeiter Overduins, Pekelharing aus Nijverdal, eine Zeitlang im Haus von Frau Liberg und ihrer Freundin wohnen konnte. Außerdem benutzte auch Overduin selbst die Adresse einmal, um unterzutauchen.

Sie war Lehrerin an der Christlichen Schule in de Noorderhagen. Nach dem Krieg heiratete sie einen der ehemals Untergetauchten.

Eine Kontaktadresse, eine Passierstation, hatte Overduin auch in Enter gefunden: Bei dem örtlichen Arzt Veldhuyzen van Zanten, einem Mitglied seiner Gemeinde. Mehrfach brachte Overduin einfach jüdische Menschen zu ihm, und der Arzt musste dann mal weitersehen. Zweimal wurden Hausdurchsuchungen bei ihm durchgeführt, aber genau zu diesen Zeitpunkten hatte er keine Flüchtlinge untergebracht. Trotzdem wurde der Arzt beim zweiten Mal verhaftet und zur Außenstelle des SD nach Arnheim gebracht. Frau Veldhuyzen van Zanten alarmierte Overduin und der fuhr mit ihr nach Arnheim. Overduin kannte den

Weg, denn nur kurz vorher war er selbst dort gefangen gehalten und verhört worden.

Als sie an der Schranke zum SD-Büro standen, sagte ein anscheinend gutwilliger deutscher Beschäftigter: „Herr Pfarrer, Sie sollten hier nicht herkommen … " Der Arzt wurde kurze Zeit darauf auf freien Fuß gesetzt.

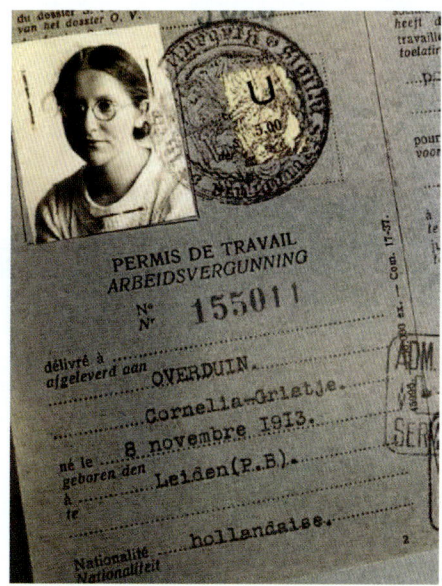

Arbeitserlaubnis Cornelia Overduin

An der Hyacinthstraat in Enschede wohnten in einem kleinen Häuschen Henk und Fia Wolters.
Als Overduin erschien und fragte, ob sie bereit seien, Juden aufzunehmen, zögerten sie nicht: Sie fanden, dass das zu ihrem gereformeerden Glauben passte. Im Laufe der Kriegsjahre haben sie mehr als zehn Juden Unterschlupf gewährt. Das brachte große Spannungen mit sich: NSBer in der Nachbarschaft, eine Razzia des SD, die noch gut ausging, der Todesfall eines der Untergetauchten und die Verhaftung von Wolters wegen eines Vergehens auf dem Gebiet der

Verteilungsvorschriften. Fia Wolters musste daher eine Weile lang alleine mit der Sache fertig werden. Als bei den Nachbarn eine Razzia stattfand und sowohl die Nachbarn als auch die Untergetauchten in dem Haus mitgenommen wurden (sie kehrten nicht zurück), da wurde es Fia doch etwas zu viel. Die Untergetauchten wurden „verlegt". Aber kurze Zeit später hatten die Wolters bereits wieder jüdische Menschen in ihrem Haus. Es sollte diesmal nur für eine Nacht sein, aber sie blieben bis zum Tag der Befreiung.

Bei der Verleihung der Yad-Vashem-Medaille im Jahr 1999 sagt Fia Wolters: „Wenn ich daran denke, beginne ich immer noch zu zittern."

Voor haar hulp aan joodse onderduikers kreeg Fia Wolters (midden) gisteren de Yad Vashem-onderscheiding. Op de foto wordt ze geflankeerd door Nettie Manasse-de Leeuw (links) en Elly Zegerius-Cozijn (rechts) die de onderscheiding aanvroegen.

Foto aus der Tageszeitung Tubantia vom 16. Juli 1999.

„Wir haben", so schreibt Corry Overduin im Februar 1946 an den Nationaal Steunfonds (Nationaler Unterstützungsfonds), „für die circa 1.000 jüdischen Menschen, die wir versorgten, und für die vielen Flüchtlinge aus Deutschland eine Schar von Mitarbeitern gehabt. Die wichtigsten teile ich Ihnen hier mit, aber

es gibt noch mehr, zum Beispiel die Menschen, die Lebensmittel einkauften und transportierten. Das war nämlich eine eigene Art von Arbeit.

Ich gebe Ihnen allein Mitarbeiter an, keine Gastgeber oder Gastgeberinnen. Diese Namenlosen haben bisweilen unsagbar viel geleistet, z. B. eine Frau, die im Laufe der Jahre 64 Juden beherbergte und zwischenzeitlich ihren Mann und ihre Tochter verlor. Solchen Menschen gönne ich etwas.

Weiterhin ist es schwierig anzugeben, wo unsere Menschen überall arbeiteten. Wir saßen überall im Land. In der Hauptsache halfen wir Juden aus Enschede und aus Amsterdam.

Die zahlreichen Menschen, die mit Hilfe von sogenannten Marschbefehlen aus Deutschland flüchteten, wurden mit dem Wehrmachtszug durchgeschleust, später jedoch in Twente untergebracht. Wir arbeiteten überall und für jeden. Ich habe noch Formulare an alle Mitarbeiter geschickt, die woanders wohnen. Diese werden Sie also noch bekommen. PS. Verschiedene Mitarbeiter arbeiteten auch noch für andere illegale Gruppen. Doppelte Antragstellung ist daher nicht ausgeschlossen."

(Zwar nicht die Formulare, wohl aber das Notizbuch für die Formulare ist erhalten. Die Namen aus diesem Notizbuch wurden oben bereits zitiert. Der Anlass für den Briefwechsel war die beabsichtigte Verleihung einer Gedenkplakette durch den Nationalen Unterstützungsfonds.)

Paraphrase von Hebräer 11 aus dem Neuen Testament:

„Und was sollen wir noch sagen? Denn der Raum würde uns fehlen, wenn wir erzählen wollten von all den Menschen, die Overduin gekannt und geholfen haben, die durch den Glauben Gerechtigkeit übten, Löwen den Rachen verstopften, Königreiche niederkämpften. Sie sind der Schärfe des Schwertes entronnen, haben aus Schwachheit Kraft empfangen, sie sind im Kriege stark geworden ... "

Bei den Namen der Mitarbeiter dürfen die von Overduins Schwestern in keinem Fall fehlen. In Jerusalem steht in Stein gemeißelt: „Leendert Overduin and his sisters". Die Schwestern waren Maartje und Corry.

Maartje hatte schon seit 1938 die Rolle der Pastorenfrau übernommen. Sie führte den Haushalt. Den Haushalt eines Pastors zu führen, der ständig fremde Kostgänger ins Haus holte, war nicht einfach. Sie war der Aufgabe nicht nur physisch, sondern auch mental gewachsen. Sie beruhigte jeden und ermutigte die oftmals völlig aufgelösten Gäste. Dabei handelte es sich von Anfang an nicht allein um Juden, sondern auch um Landstreicher, geistig Behinderte und Menschen, die Schwierigkeiten mit der Polizei bekommen hatten. Ihr Sinn stand nicht nach Organisation, aber man würde sie unterschätzen, wenn man sie die stille Kraft im Hintergrund, die Haushälterin, nennen würde.

Sie war aktiv für die „Kunden" ihres Bruders, holte Marken ab, verteilte Marken und Geld, brachte jüdische Menschen bei Nacht und Nebel zu ihrem Bestimmungsort. Sie reiste mit falschem Personalausweis. Genau wie ihr Bruder wurde sie 1943 verhaftet, und genau wie er überstand sie die Verhöre der Deutschen.

Sie weihte auch Neueinsteiger ein, wie aus einer Erklärung von D. Bosboom hervorgeht: „Als ich Maartje das erste Mal traf, warnte sie mich vor den großen Gefahren der Untergrundarbeit. Als ich jedoch darauf bestand, in der Organisation zu helfen, brachte sie mir bei, wie man Fingerabdrücke machen kann, und meine erste Aufgabe bestand darin, Marken zu einer Adresse zu bringen, unter der Juden versteckt waren. Ich bekam ein Papier mit, auf dem die Hälfte eines Code-Wortes stand. Das Papier musste mit der anderen Hälfte des Code-Wortes zusammenpassen, die sich im Besitz der Dame des Hauses befand. Nach und nach brachte Maartje mir das Geschäft bei."

Hochzeit Corry Overduin/Gerard Aukes, 1948

Corry war mehr ein lenkender Typ, obwohl die übrigen Familienmitglieder diese Fähigkeit früher in dem Kind nicht erkannt hatten. Sie arbeitete vor dem Krieg einige Zeit als Gesellschaftsdame bei Frau Hovy, die viele Auslandsreisen unternahm. 1940 arbeitete sie als Praktikantin in einem belgischen Waisenhaus. Von da aus ging sie nach Amsterdam, um eine Fortbildung zu machen. Nach Enschede kam sie im November 1942, wahrscheinlich auf Bitten ihres Vaters und Maartjes, weil Leendert verhaftet worden war.

Diese erste Verhaftung dauerte zwar nicht lange, aber Corry blieb gleichwohl. Es hatte sich erwiesen, dass sie sich in dem gefährlichen Netzwerk der Judenhilfe sehr nützlich machen konnte.

In den städtischen Personenstandsregistern steht zu lesen, dass sie im Frühjahr 1943 schon wieder nach

Maartje Overduin, 1940

Corry Overduin, 1942 und 1960

bindung aufzunehmen und auch um Gelder von ihm in Empfang zu nehmen, die als Kostgeld vorgesehen waren. „Sie platzte regelmäßig mit den verrücktesten Dingen herein. Einmal kam sie an meine Tür, da war sie vermummt, total aufgebrezelt, genauso wie eine Moffenbraut."

Overduin selbst schätzte es nicht, wenn man unverhofft an seine Tür kam. Er war äußerst vorsichtig. Als Pekelharing ihn einmal auf dem Bahnsteig stehen sah, beide auf denselben Zug wartend, tat Overduin so, als wenn sie einander überhaupt nicht kennen würden.

Pekelharing hatte dank Corry zeitweise auch eine Anzahl jüdischer Kinder bei sich im Haus, die anschließend an Frau Stork in Hellendoorn weitergeleitet wurden.

Pastor J. Overduin (Bruder Koos) erzählt in einem im Mai 1979 veröffentlichten Zeitungsartikel über seine Schwester Corry:

„Dann und wann rief Marietje – Tarnname von Corry – die unerkennbar gekleidet und geschminkt war, mich an, damit ich ihre Koffer vom Bahnhof in Arnheim abholte. Bei den ‚Koffern' handelte es sich dann um fünf oder sechs Juden, die bei uns zu Hause eini-

Arnheim verzog. Möglicherweise hatte sie da eine Wohnung, aber in Wirklichkeit tauchte sie damals in Enschede unter, genauso wie ihr Bruder, der von der Zeit an gesucht wurde. Sie fand ein Zimmer bei der Familie Koopmans am Wooldriksweg. Kurz zuvor hatte sie sich bei ten Brink an der Stokhorstlaan versteckt gehalten.

Maartje zog sich einige Zeit später ebenfalls zurück. Zusammen mit ihrem Vater ging sie zur Verwandtschaft in Zeist.

Einer (unbestätigten) Erzählung zufolge wurde Corry auch einmal verhaftet, kam aber mit Hilfe eines Arztes wegen angeblicher Schwangerschaft schnell wieder frei.

Pekelharing aus Nijverdal, der zeitweilig in Enschede wohnte, kam gelegentlich mit Corry in Kontakt. Sie brauchte ihn, um mit bestimmten Personen Verge Zeit verbleiben mussten, bis sie weitergeleitet werden konnten, zum Beispiel von Limburg nach Friesland. Wir wohnten in Arnheim in einem neuen Haus, das sich für Geheimkammern zum Verstecken nicht eignete. Und überdies handelte es sich auch noch um ein Doppelhaus. In dem zweiten Haus residierten SS-Offiziere. Ein Wunder, dass es immer gutging."

Genauso wie ihr Bruder Leendert bemühte sich Corry darum, Adressen für die kurzfristige oder auch langfristige Unterbringung von Juden zu finden. Ein Beispiel, entnommen einem Brief von Professor G. H. ter Schegget an den Verfasser bezüglich seines Vaters, der Pfarrer der Amsterdamer Gemeinde der Gereformeerde Kerken in Hersteld Verband gewesen war: „Ich erinnere mich, dass mein Vater mir nach dem Krieg erzählte, wie eine Schwester von Pastor Overduin sich, vermummt bei meinem Vater in Amsterdam meldete und ihn fragte, ob er nicht bei der Aufgabe behilflich sein wolle. Ich denke, dass mein Vater auf diese Weise in die Angelegenheit hineingeraten ist. Es musste schon auf einen herabkommen, sonst fand man den Weg nicht. Mein Vater sprach immer mit Respekt und Liebe über Pastor Overduin."

Auch die Familie A. Holl kannte Corry in Vermummung: Sie brachte, als Krankenschwester verkleidet, mit dem Fahrrad ein jüdisches Kind vorbei. Den Kindern Holl wurde in dieser Zeit eingetrichtert, den Namen Overduin nicht mehr zu nennen, sondern immer nur von Onkel Leen, Tante Corry, Tante Maartje zu sprechen.

Während der Zeit, in der Leendert zum zweiten Mal wegen einer Festnahme abwesend war, von September 1943 bis Juli 1944, übernahm Corry die Koordinationsarbeit, ab Mai 1944 gemeinsam mit Aukes. Man vertraute ihr auch die Gelder an, die sonst über Leendert liefen. Sie trug den Namen Overduin, und sie besaß eine eigene vertrauenswürdige Ausstrahlung. In jener Periode ging es ausschließlich um die

Versorgung von Juden und um verschiedene Veränderungen. Seit April 1943 liefen in den Niederlanden keine Juden mehr frei herum. Die Niederlande galten seit April 1943 als „judenfrei".

Corry wurde nach der Befreiung durch das Militair Gezag (die Militärbehörde) engagiert. Auf der Liste der Zeichnungsberechtigten kommt sie im Zusammenhang mit dem Sektor „Waisenhaus" (für NSB-Kinder) vor, der zeitweise an der Tromplaan untergebracht war. Im September 1945 zog sie nach Amsterdam um. Ihre Funktion lautete Berichterstatterin des Büros für Kriegspflegekinder, eine Funktion, die sie auch noch einige Zeit nach ihrer Heirat ausüben sollte.

Anfang 1944 kam der Haarlemmer Gerard Aukes (1906–1980) nach Enschede. In Haarlem war er städtischer Beamter. Er hatte sich abgesetzt, weil er von der Polizei gesucht wurde. Er tauchte unter, zunächst in De Peel, später in Friesland. Dass er schließlich nach Enschede kam, hat vielleicht damit zu tun, dass seine Schwester als Krankenpflegerin im Krankenaus Stadsmaten arbeitete. Zunächst wohnte er an der Lage Bothofstraat, dann tauchte er in einer Wohnung an der Stadsgravenstraat unter, und am Ende wurde er in die Gruppe jüdischer Untergetauchter bei Roerink in Usselo aufgenommen.

In Enschede hatte er wissen lassen, „etwas tun zu wollen". Der Satz erreichte Overduin, und man beschloss, dass Corry sich mit ihm bekannt machen und ihn auf seine Vertrauenswürdigkeit hin testen sollte. Der Test ist offensichtlich gut ausgefallen, denn Corry und Gerard freundeten sich an, und er wurde, wie früher schon berichtet, in die „Spitze" der Organisation aufgenommen.

In den turbulenten Monaten unmittelbar nach der Befreiung hat Aukes mehrere Reisen nach Süd-Holland unternommen, um untergetauchte Juden nach Enschede zurückzubringen und bei den Gastgeberfamilien die finanziellen Belange zu regeln, soweit das noch nötig war. (Eine ausfürliche Liste aller Men-

Gerard Aukes

Die jüdische Gemeinde Enschede schrieb anlässlich von Corrys Tod: „Wir gedenken ihrer in großer Dankbarkeit, weil sie ihr Leben in die Waagschale geworfen hat, um das Leben vieler von uns zu sichern."
Frau Manasse-de Leeuw schrieb 1980 anlässlich des Todes von Aukes: „Ich habe Herrn Aukes unter den schwierigsten Kriegsumständen kennengelernt, als er uns monatlich die 20 erforderlichen Bonkarten brachte. Seine Besuche waren während des Untertauchens stets eine Wohltat wegen der beruhigenden und schönen Gespräche, die wir dann mit ihm führen konnten. Nicht zuletzt dank seiner, dank des Einsatzes seines eigenen Lebens, habe ich den Krieg überstanden."

Corry und ihr Mann kamen nach dem Krieg noch gelegentlich nach Enschede. Sie versäumten dann auch nicht, die Familie Roerink in Usselo zu besuchen. Mehr als einmal verbrachten sie dort zusammen mit ihren Kindern die Sommerferien. Geburtskarten der Kinder wurden an die vertrauten Adressen in Twente geschickt.
Auch Maartje hielt nach dem Krieg zahlreiche Kontakte weiter aufrecht. Sie liebte es, von einer Freundin mit dem Auto herumgefahren zu werden, abgelegene Gehöfte zu besuchen, wo sie mit offenen Armen willkommen geheißen wurde und mit einer Tasche voller Äpfel und einer Dose voller Eier wieder abfuhr.
Leendert machte das nicht. Er fuhr die Runde der alten Adressen nicht ab, schickte keine Karten und wurde kein Mitglied in Kreisen von Widerstandskämpfern. Er verfasste keinen Bericht über seine Kriegsarbeit. Und in seinen Fußstapfen taten seine Mitarbeiter das genauso wenig. Eines der seltenen Male, dass er in der Öffentlichkeit über den Krieg redete, geschah bei einer Totenehrung in einem Kreis rund um das Grab von Doktor Thiadens, der am Tag der Befreiung erschossen worden war.
Nur Friso van Hoorn hat dreißig, vierzig Jahre nach dem Krieg Forschenden ausführlich Rede und Antwort gestanden und ihnen Dokumente ausgehändigt.

schen, die er besuchte, liegt im Stadtarchiv Enschede.) Die Befreiungsarmee verschaffte ihm die erforderlichen Möglichkeiten. „Exemption from security restrictions. From Enschede to the southern part of the country. To arrange Jewish matters there."

Im November 1945 nahm er seine berufliche Tätigkeit als stellvertretender Kommissar für soziale Aufgaben in Haarlem wieder auf. 1948 heiratete er Corry Overduin. Sie ließen sich in Haarlem nieder. Die Heirat war mit großen Schwierigkeiten verbunden, denn die Familie Aukes war streng römisch-katholisch.
Beide besaßen eine philosophische Ader und begannen nach dem Krieg Sozialarbeit zu studieren und auszuüben. Corry war bei den Runde-Tisch-Gesprächen von Pastor A. R. De Jong („offene religiöse Gemeinschaft") zu finden, und Rudolf Steiner avancierte zum Vollender ihrer religiösen Überzeugung. Sie starb 1965 mit 52 Jahren. Die Trauerfeier fand im Kreis der Christengemeinschaft in Haarlem statt. Aukes heiratete später wieder, wurde aber bleibend zur Familie Overduin gezählt.

Erste Verhaftung Overduins

Kaffeepause beim Heuen auf dem Land von Roerink in Usselo, um 1960. Links Olf und Trina Ruhrwiem, die einen Tag lang auf Besuch sind, in der Mitte die Familie Roerink, die drei Kinder Aukes, Maartje Overduin (mit weißem Hut) und Corry Aukes-Overduin

Die Lebensmittelmarken und das Geld. Ohne Marken und Geld konnten die Gastgeberfamilien in den weitaus meisten Fällen unmöglich jüdische Untergetauchte verstecken. Und auch mit Marken und Geld war es noch schwierig genug.

Es gab in den Niederlanden ein Verteilungssystem für Lebensmittel. Jeder hatte eine Stammkarte, und mit dieser Stammkarte konnten auf dem Verteilungsbüro in regelmäßigen Abständen Marken abgeholt werden. Welche Marken für welche Lebensmittel gültig waren, wurde Woche für Woche in der Zeitung bekannt gegeben. Einkäufe kosteten Geld und viel Zeit, vor allem wegen des Mangels an Gütern. Supermärkte gab es nicht. Und das bedeutete: Dass man mit Marken und Geld in der Schlange stehen musste beim Metzger, beim Bäcker, beim Lebensmittelhändler und beim Gemüsehändler, die wiederum alles mit der Hand abwiegen und einpacken mussten und die irritiert aufblickten, wenn eine Frau ohne Kinder Kartoffeln für sechs Personen abwiegen ließ.

Anfangs war die Zahl der Untergetauchten noch nicht so groß. Trotzdem war es für die Organisation Overduin schwierig, an Marken heranzukommen. Andernorts wurde in Verteilungsbüros eingebrochen, und die Einbrecher schoben auch Overduin Karten zu. Ein derartiger Kontakt sollte Overduin noch teuer zu stehen kommen, wie sich im November 1942 zeigte. (Es folgt noch ein eigenes Kapitel: Verhaftungen). Mit der Zeit ging es einfacher und ohne Gewalt: Durch die Mitarbeit von Amtsträgern sowohl der Verteilungsdienste als auch der Einwohnermeldeämter erwies es sich als möglich, die erforderliche Menge an Bonkarten aus dem regulären Umlaufsystem zu besorgen. Die Enscheder Beamten Vunderink, Bergink und Arke können in diesem Zusammenhang mit Respekt namentlich genannt werden. Die Vorkehrungen, die die Autoritäten getroffen hatten, um die „Veruntreuung" zu verhindern, waren nicht ausreichend. In der zweiten Hälfte des Krieges nahm die LO (die landesweite Organisation zur Unterstützung von Untergetauchten) professionelle Formen an. Man konnte landesweit über 15.000 Mitarbeiter verfügen. Die Abteilung Twente der LO, die genauso wie die landesweite Organisation harte Schläge durch Verhaftungen und Hinrichtungen hinnehmen musste, nahm sich der Sorgen Overduins an: Die nötigen Bonkarten wurden Overduin (cum suis, und den Seinen) zugestellt.

Der Transport blieb natürlich riskant. Zunächst der Transport der großen Menge, dann die Verteilung der kleinen Mengen an die verschiedenen Adressen.

Es war ebenfalls nicht einfach, an das nötige Geld zu kommen. Aber nach ungeschicktem Anfang wurde auch dafür gut vorgesorgt. Zu Anfang konnte hier und da noch etwas jüdisches Geld freigemacht werden. Der Organisation Overduin gelang es, Zugang zur Organisation van Hall in Amsterdam zu bekommen, der Organisation, die später als NSF (Nationale Steunfonds, Nationaler Unterstützungsfonds) bekannt wurde.

Wallie van Hall war ein Amsterdamer Bankier, der die finanzielle Unterstützung für die Untergetauchten organisierte. Anfangs mit Spenden und Anleihen, später, als es um viele Millionen ging, mit Bürgschaften des Ministerpräsidenten in London. Bei van Hall konnten Tausendguldenscheine eingetauscht werden, die die Deutschen für ungültig erklärt hatten. Sein jüngerer Bruder Gijsbert, der später Bürgermeister von Amsterdam wurde, war seine rechte Hand und ersetzte Wallie, als der kurz vor der Befreiung verhaftet und erschossen wurde. In dem Buch „Onderdrukking en Verzet" (Unterdrückung und Widerstand) heißt es: „Der Leiter Walraven van Hall kann als die zentralste Persönlichkeit des Widerstands in unserem Land betrachtet werden."

Die Unterstützung jüdischer Untergetauchter (die Gruppe J) war eine Nebenbeschäftigung des NSF. Kontrolle und Registrierung waren auf diesem Gebiet sehr schwierig. Und manchmal wurden viel zu hohe Beträge als Kostgeld eingefordert.

Van Hall unterhielt persönliche Kontakte zu den van Heeks in Enschede. Das wird wohl ein Grund dafür gewesen sein, dass der Organisation Overduin in Amsterdam ohne weiteres vertraut wurde.

Die Unterstützung, die Overduin empfing, stammte übrigens im Wesentlichen aus dem Zu-Geld-Machen von Tausendguldenscheinen, Juwelen und dergleichen aus jüdischer Insolvenzmasse, die jüdische Untergetauchte Overduin übertragen hatten. (In einer Untertauchadresse Overduins wurde nach dem Krieg bei einer Renovierung ein Tausendguldenschein unter einem Treppenläufer gefunden.) Mehrmals reisten Overduin, seine Schwester Corry und Friso van Hoorn nach Amsterdam, um Banknoten zu wechseln und Kostbarkeiten zu versilbern. Meistens in Gesellschaft eines Kuriers, der das eine oder andere unter der Kleidung versteckt hatte und in einem separa-

ten Abteil des Zuges mitfuhr. Das große Geld kam durch die Vermittlung von J. H. van Heek herein, der von seinem Schloss in 's Heerenberg aus in kleinerem Maßstab als van Hall, aber mit denselben Methoden und zweifellos in Koordination mit van Hall das nötige Geld für Overduin zusammentrug und verteilte. Mit dem Verteilen des Geldes waren laut Overduin selbst die in der Textilbranche tätigen Mitarbeiter Pekelharing, Braamse und der Beamte Bergink betraut. Nach dem Krieg gelangte ein Brief an die Öffentlichkeit, den van Heek am 19. Juni 1946 an 20 Textilbetriebe schickte, um sich bei ihnen für ihre Beiträge zu bedanken, insgesamt 233.850 Gulden (in heutiger Währung mindestens zehnmal so viel). Die Verantwortlichkeit von van Heek war ebenso simpel wie auf der Hand liegend. Die Angaben wurden seinerzeit aus Sicherheitsgründen verharmlost: „Ich hoffe, dass Sie sich mit dem hier Festgestellten zufrieden geben können. Das Geld wurde als Hilfe für die Rettung von jüdischen Mitmenschen ausgegeben."

In dem genannten Brief werden außer den Textilunternehmen als Adressaten noch die folgenden „Mitarbeiter" beim Namen genannt, Pastor Overduin, Schwester C. P. Overduin (korrekt C. G. Overduin), H. Pekelharing, Friso van Hoorn und L. J. Braamse.

Wie lebte Overduin selbst während der Kriegsjahre? Seine Unternehmungen besonders die für die Zeit nach dem Mai 1943 sind nicht chronologisch zu rekonstruieren. Zunächst einmal war er für die Welt ein normal seinen Dienst versehender Pastor, stand sonntags den Gottesdiensten vor, leitete Trauer- und Traugottesdienste, besuchte die Versammlungen des Kirchengemeinderats und unterrichtete die Jugend. Ansonsten ist von seiner Pastorentätigkeit wohl nicht allzu viel erledigt worden, war er doch ständig unterwegs.

Der Krieg hatte für ihn mit einer langandauernden Krankheitsperiode begonnen. Kaum wiederhergestellt, begann er im September 1941 mit seiner Pimpernel-Untergrundtätigkeit. Seine Aktivitäten wurden durch seine Verhaftung im November 1942 für ungefähr eine Woche unterbrochen. Unbeeindruckt machte er anschließend weiter, bis er eines Tages im Frühjahr 1943 von seiner Nachbarin abgepasst wurde: Die Polizei ist bei Ihnen an der Tür gewesen! Er setzte sich wieder aufs Fahrrad und kehrte nicht mehr zu seiner Wohnung zurück. Sein Aufenthaltsort war von da an unbekannt.

Er hielt allerdings den Kontakt zu seiner Gemeinde aufrecht. Die Gemeinde geriet durch seine Abwesenheit natürlich in Verlegenheit. In Absprache mit ihm wurde ein anderer Pfarrer eingestellt, Pastor van der Marel (geb. 1909), der mit seiner Familie auch die Wohnung an der Potgieterstraat bezog. Pastor Marel verließ Enschede im Oktober 1945 wieder. Es ist nicht anzunehmen, dass die kleine Gemeinde das Gehalt für zwei Pastoren aufbringen konnte. Overduin scharrte seinen Unterhalt wohl irgendwie selbst zusammen, während er von einem Ort zum anderen schweifte. (Die Protokolle der Gereformeerde Kerk in Hersteld Verband von Enschede, die in diesem Punkt Aufklärung verschaffen könnten, wurden nicht gefunden.)

Neun Monate lang konnte Overduin überhaupt nichts tun, weil er inhaftiert war. Danach nahm er seine Arbeit für die untergetauchten Juden in der gewohnten Weise wieder auf und führte sie bis zur Befreiung weiter durch.

Overduin hatte für seine Untergetauchten Unterkünfte bei Menschen unterschiedlichster Konfessionen gefunden, und auch seine Mitarbeiter hatten unterschiedliches Gefieder. Aber für seine eigenen Verstecke suchte und fand er Unterstützung nur bei seinen eigenen Gemeindemitgliedern. Es ist nicht auszumachen, in welcher Reihenfolge und für welche Zeitabschnitte er bei seinen Freunden Unterschlupf bekam. So hatte er ein eigenes Zimmer bei der Familie Dijks. Das Kirchenratsmitglied A. Dijks besaß ein Beklei-

dungsunternehmen an der Javastraat 125. Zu unbestimmten Zeiten und ohne sich vorher anzukündigen tauchte Overduin dort auf. Er besaß einen eigenen Schlüssel. Er versteckte in der Wohnung Personalausweise und dergleichen hinter einem kleinen Lukendeckel im Badezimmer. Einmal hatte er ein Bündel Dokumente zwischen Tuchrollen im Magazin versteckt. Angestellte fanden das Bündel. Aber es waren vertrauenswürdige Leute. Ohne jeden Kommentar händigten sie die Papiere Herrn Dijks aus.

Eine andere Unterkunft stand ihm in der Stokhorstlaan 70 bei der Familie ten Brink zur Verfügung. Im ersten Stock war ein Versteck eingerichtet, in dem ein Bett stand. Auch von dieser Wohnung besaß Overduin einen Schlüssel, so dass er kommen und gehen konnte, wann immer es ihm passte.

Aus einem Brief von ten Brink an van Zuijlen vom 3.5.85: „Pastor L. Overduin ist, während er untergetaucht war, bei mir im Haus gewesen, meistens nur nachts, tagsüber war er unterwegs.

Kam häufig spät nach Hause, besaß aber einen Schlüssel, um reinzukommen. Diesen Schlüssel hatte er auch bei sich, als er einmal von den Deutschen festgenommen wurde. Als er gefragt wurde, woher der Schlüssel stamme, weigerte er sich, das zu sagen. Ich habe denn auch keine Schwierigkeiten bekommen. Auch seine jüngste Schwester hat eine Zeitlang in meinem Haus zugebracht. Als mein Haus, zunächst teilweise, später ganz beschlagnahmt wurde, musste er sich eine andere Unterkunft suchen."

Ein späterer Bewohner des Hauses an der Stokhorstlaan hat 1999 auf dem Dachboden vier Personalausweise mit dem Buchstaben J gefunden auf die Namen:

Jette Sara Zahn, geb. 1883 in Oberalterheim, verheiratet mit S. Goldschmidt, Madoerastraat 21.

Abt. De Leeuw, geb. 1883, Metzger, Kalanderstraat 26.

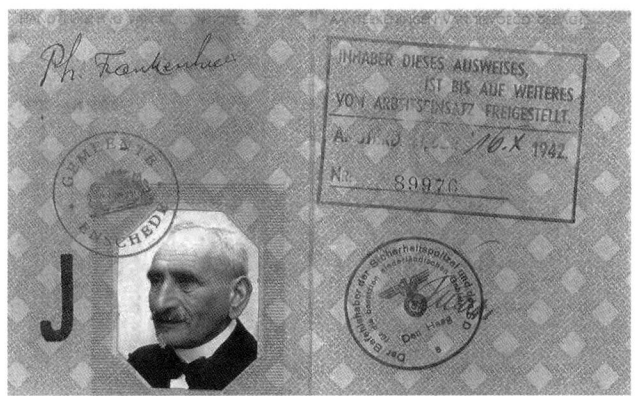

Personalausweis von Ph. Frankenhuis (geb. 1866) mit dem stigmatisierenden Buchstaben J. Frankenhuis war Bote, Lehrer und Sjouchet (Schächter) der jüdischen Gemeinde. Schächter ist der rituelle Schlachter

Ph. Frankenhuis, geb. 1866, verheiratet mit J. Woudstra, Stadsgravenstraat 7.
Jetje Woudstra, geb. 1875, verheiratet mit Ph. Frankenhuis.

Der unfreiwillige Aufenthalt Overduins bei Frau Liberg ist bereits früher in diesem Kapitel erwähnt worden.

Overduin war, wie es in der Bibel heißt, „klug wie die Schlangen und ohne Falsch wie die Tauben". Im Hause des Mitarbeiters Hannink in Usselo hatten die Kinder den Eindruck, dass er ein nervöser, schreckhafter Mann war; er kam durch die Hintertür und brachte sein Fahrrad mit in die Küche.
Bei der Familie Holl in Enschede passierte es einmal, dass er, während Verdunklungspflicht herrschte, die falsche Tür nahm, als er wieder einmal hereinschneite, und mit viel Getöse die Kellertreppe hinabstürzte.

Herr Grobben erzählt, dass er via Overduin den Auftrag erhielt, mit Pferd und Wagen in der Umgebung von Vriezenveen Kartoffeln zu besorgen. Grobben blieb auch schon mal über Nacht. Und dabei ist es ihm einmal passiert, dass er in einem Heuhaufen schlafen wollte und in eben diesem Heuhaufen Pastor Overduin vorfand. Der war auf seinem alten Damenfahrrad dahin gekommen.

G. J. J. G. Weustink weiß in seinem Buch über die Judenverfolgung ebenfalls noch eine Episode zu berichten: „... von Overduin weiß man, dass er abzuliefernde Unterlagen in seinem von ihm nicht zu trennenden Regenschirm transportierte. Er war ein Getriebener, ein Idealist, ein bewegter Mann. Wo ein Mensch litt, da musste er helfen. Der Herr van der Wal, damals Schutzmann bei der Polizei in Enschede, an der Bleekerstraat 93 wohnend, war ein Kontaktmann des Pastors. Selbst hielt der Polizeifunktionär übrigens die Familie J. Menko aus der Lipperkerkstraat (Mann, Frau und Tochter) jahrelang bei sich zuhause versteckt, bis die Befreiung kam. Dieser Polizeifunktionär bestätigt, dass Overduin sich so ins Zeug legte, dass er einmal total erschöpft und bewusstlos in Buurse gefunden wurde. Er hatte sich zu viel zugemutet. Essen und Schlaf wurden oft vergessen. Seine Untergetauchten gingen immer vor ... "

Nach der Verhaftung Overduins im Jahr 1943 lief die Arbeit seiner Organisation zwar weiter, vor allem weil Corry inzwischen aufgetaucht war und sich eingearbeitet hatte, aber es gab doch Probleme.
Selma Goldstein war zusammen mit ihren Eltern in dem kleinen Haus an der Da Costastraat untergetaucht. Und zwar oben in einem kleinen unbeheizten Schlafzimmer. Unten eine Familie mit fünf Kindern. Selmas Vater war infolge von in Deutschland erlittenen Entbehrungen und Misshandlungen krank. Die Aufnahme in ein Krankenhaus war dringend erforderlich, und Overduin sollte dafür sorgen. Overduin kam jedoch nicht, er war in Haft. Der Vater starb. Die Beisetzung wurde mit Hilfe eines Krankenwagens der Gemeinde von Polizisten in einem Wald von van Heek in Boekelo vorgenommen.

Nachdem der Vater gestorben war, kam in dem Haus auch noch ein jüdisches Ehepaar aus Amsterdam unter. Man konnte sich kaum bewegen, kam nicht raus und nur ein einziges Mal nach unten.

Selma Goldstein konnte am Tag der Befreiung nur mehr laufen wie eine Gans.

Die Goldsteins waren eine der wenigen Familien, die im Untergrund die ganze Zeit unter derselben Adresse verbrachten.

Eine schöne „Geschichte" hat Polizeikommissar Takes auf Lager:

„Die Polizei hatte vor Leen ein bisschen Angst. Ich will damit nicht sagen, dass er böse gewesen wäre. Aber, ach du lieber Himmel, er riskierte so viel und trat oft so unbekümmert auf. Ich sagte zu ihm: Leen, du musst aufpassen. Läuft die Sache auch gut? Ja, sagte der dann, die Sache läuft gut. Einmal hat man ihm richtig Beine gemacht. Er fluchte. Er rannte in eine Metzgerei, der SD hinter ihm her. Da stand ein Metzger hinter einem Hackklotz. Er nahm dem Metzger seinen weißen Kittel ab, zog ihn selber an und begann Fleisch zu hacken. Dann kamen die SDer in das Geschäft, beguckten alles und verschwanden wieder ohne ein Wort zu sagen … "

Leendert Overduin war Organisator von Judenhilfe. Ein „Organisator" ist laut Wörterbuch jemand, der organisiert, jemand, der Organisationstalent besitzt, der eine feste Vereinigung zusammenbringt, ein systematisches Ganzes.

Overduin besaß auf dem Gebiet der Organisation ein außergewöhnliches Talent, aber er hätte es damit unter normalen Umständen in der Politik oder im Wirtschaftsleben wohl nicht allzu weit gebracht. Er war ein Einzelgänger.

Ein Synonym (im Sinne von bedeutungsverwandt) für „Organisator" ist laut Wörterbuch „Agent", jemand, der meistens auf eigenes Risiko die Angelegenheiten von Künstlern, mit spezifischer Kenntnis ihrer Fertigkeiten regelt. Der sie inspiriert und ihnen Hindernisse aus dem Weg zu räumen versucht. In dem Netzwerk einer Agentur kennen die Beteiligten einander kaum, sie kennen nur den Leiter.

Die Organisation Overduin war eine Agentur.

Kapitel VI: Die Inhaftierungen

Zweite Verhaftung Overduins

Drei Mal ist Leendert Overduin der Sicherheitspolizei in die Hände gefallen: Im November 1942, im September 1943 und im März 1945. Die Umstände waren jeweils sehr unterschiedlich. Beim ersten Mal war Overduin eine Figur in einem Schachspiel, das er selbst nicht verstand. Beim zweiten Mal wurde er der deutschen Rechtsprechung zugeführt, die beschloss, dem in ihren Augen einfältigen Gesetzesübertreter eine empfindliche Lektion zu erteilen, beim dritten Mal wurde er als ein gefährlicher Terrorist festgenommen, stand er doch zu dieser Zeit schon Monate lang auf der Fahndungsliste des SD. Er wäre sicher erschossen worden, wenn ein Spitzel ihn nicht mit bösartigen Absichten befreit hätte.

Die drei Verhaftungen Overduins spiegeln in gewisser Weise die drei Phasen der „Rechtspflege" der deutschen Besatzer wider. Es begann mit einer vorsichtigen Annäherung, Konfrontationen mit dem Widerstand wurden vermieden. Nur vereinzelt schlug man hart zu. Danach wurde in vielen Fällen, sofern die Verhafteten nicht auf direktem Wege in ein Konzentrationslager geschickt wurden, die deutsche Gerichtsbarkeit eingeschaltet. Landgericht und Obergericht, verantwortlich für circa 600 Todesurteile. In der letzten Phase des Krieges führten die deutschen Richter keine Verhandlungen mehr durch. Ab Mitte 1944 wurde der Schein nicht weiter aufrechterhalten. Von der Zeit an galt der „Niedermachungsbefehl": Terroristen und Saboteure sollten auf der Stelle erschossen werden. Circa 800 Personen fielen dem zum Opfer.
Im November 1942 saß Harry Reeskamp, ein Apothekenassistent aus Naarden, im Restaurant des Hotels „De Doelen" in Arnheim. Er hatte einen Koffer voller Lebensmittelbezugsscheine bei sich.
Sie stammten aus zwei Überfällen auf Verteilerbüros in Friesland. Zusammen mit unter anderem Theo Dobbe hatte er einen großen Schlag gelandet.

Einen Teil der Beute wandelte er in Schwarzgeld um, und davon führte er wiederum einen Teil der Organisation der illegalen Zeitung „Vrij Nederland" zu. Einen anderen Teil der Beute wollte er an Judenhelfer abtreten, und aus eben diesem Grund hatte Overduin einen Hinweis erhalten, nach Arnheim zu kommen und einen Koffer mit Marken an sich zu nehmen. In dem Restaurant saß auch ein Cafébesitzer aus Amsterdam namens Coffeng. Der behielt Reeskamp aufmerksam im Auge. Er tat das auf Bitten von Walter Julius Horak, einem seiner festen Kunden, der gelegentlich auch für ihn mal was tat, zum Beispiel verhaftete Personen freilassen. Horak war Kriminalkommissar der Abteilung V des Sicherheitsdienstes, 1941 aus Österreich nach Den Haag versetzt. Horak war ein überzeugter Nationalsozialist, aber kein Kriegsverbrecher. Er wollte unbedingt die Täter der Überfälle in Friesland fassen. Er hielt sie für Kriminelle, die für gutes Geld gestohlene Marken auf den Markt bringen wollten.

Als Overduin das Restaurant betrat und am Tisch von Reeskamp Platz nahm, ging Coffeng zum Telefon und rief seinen Kontaktmann an. Einige Augenblicke später fielen SD-ler in das Restaurant ein und verhafteten Reeskamp und Overduin. Horak hätte eigentlich zufrieden sein können. Aber das war er nicht, weil der in seinen Augen wichtigste Täter des Überfalls, Dobbe, nicht dabei war. Der kam umständehalber etwas zu spät und hörte eine Stunde nach dem Tumult in dem Restaurant, was sich da abgespielt hatte. Und eine Weile später hatte es Horak dann wirklich satt. Durch einen Trick entkam nämlich auch Reeskamp.

Horak erhielt in dieser Angelegenheit mehrere Hinweise, dass es nicht einfach um eine ökonomisch motivierte Straftat ging, sondern dass es Verbindungen zu illegalen Aktivitäten und zur Judenhilfe gebe. Aber diese Hinweise ignorierte er lieber, weil er diese Sache sonst der Abteilung IV, der Abteilung für politische Angelegenheiten, hätte übergeben müssen. Er ließ mehrere Personen frei, auch Overduin. Das heißt: Nach einer Woche und erst nach Vermittlung durch den Enscheder Kommissar W. Sanders. Die Verantwortung konnte er damit auf Sanders abschieben: Sorg dafür, dass der Pastor mit solchen Sachen aufhört ...

Leendert Overduin maskiert. Passfoto auf einem gefälschten Personalausweis. Dieses Foto erhielt Overduin nach dem Krieg von der Polizei. Die Polizei und der SD hatten dieses Foto 1945 verbreitet, um Overduin aufzuspüren. Aus diesem Grund bezeichnet man dieses Foto im Freundeskreis als das „Verbrecherfoto".

W. Sanders hat in einem Gespräch mit dem Forscher Hilbrink (1995) über den Ablauf des Ereignisses berichtet:
Maartje Overduin meldet sich bei Sanders im Polizeibüro: „Mein Bruder ist verschwunden!" „In Begleitung einer Frau?"

„So etwas macht mein Bruder nicht. Er ist Pastor."
„Wann schreibt er immer seine Predigten?"
„Das macht er Donnerstagabends." „Dann kommen Sie am Freitagmorgen wieder. Wenn Sie dann immer noch nichts von ihm gehört haben, nehme ich mich der Sache an."
Gleich nach diesem Gespräch schickt er ein Fernschreiben im Land herum. Er wird durch Kommissar Mol aus Amsterdem angerufen. „Der Overduin, den Sie suchen, sitzt im Gefängnis an der Weteringschans. Es hat mit dem Überfall in Joure zu tun." Mol verweist ihn an den Kriminalkommissar Horak. Sanders ruft Horak an und sagt dann: „Es ist doch ganz was anderes, ob ein Pastor sowas macht oder jemand anderes. Ein Pastor tut solche Dinge, weil es ihm so beigebracht worden ist. Aus Menschenliebe."
„Und, was soll man mit so jemandem machen?"
„Einen Tritt geben und rausschmeißen." „Das will ich dann mal machen, aber auf Ihre Verantwortung. Ich werde ihn an Sie überweisen, und Sie müssen ihm dann mal sagen, dass er mit dem Unsinn aufhören soll." „Das werde ich machen."

Am darauffolgenden Sonntagmorgen wird Overduin durch einen Amsterdamer Ermittlungsbeamten ins Polizeibüro in Enschede gebracht. Sanders begegnet Overduin zum ersten Mal. Und er sagt: „Ich hab Ihnen mitzuteilen, dass Sie mit diesem Unsinn aufhören müssen." „Das mach ich nicht", entgegnet Overduin und Sanders erwidert: „Das müssen Sie dann selber wissen."
Overduin geht einfach nach Hause und setzt seine Aktivitäten in seiner Doppelrolle als Pastor einer Gemeinde und als Organisator der Judenhilfe fort.
Aufgrund der Kompetenzstreitigkeiten zwischen den deutschen Instanzen wurde Overduin rausgeworfen, so wie ein Heringsfischer kleine Makrelen aus seinen Netzen wirft.

Manchmal können die Dinge seltsam laufen: Nach dem Krieg wurde Horak selbst zu einer Figur in einem Schachspiel, das er nicht kontrollieren konnte. Kommissar Sanders war Spitzenfunktionär beim Geheimdienst geworden. Er besaß in Den Haag aber einflussreiche Gegner, namentlich Louis Einthoven, den Leiter des Geheimdienstes. Das Innenministerium stand auf der Seite des einen, das Justizministerium auf der Seite des anderen. Sanders hatte den Ruf, links zu sein, und so sammelte Einthoven rechtsgerichtete Gegner um sich. Er wusste sogar Ministerpräsident Beel und Prinz Bernhard vor seinen Karren zu spannen. Man versuchte Sanders zu beschuldigen, ein V-Mann (Vertrauensmann des SD) gewesen zu sein und schaltete Horak ein, um das zu beweisen. Horak dementierte das allerdings. Nichtsdestotrotz wurde er als Zeuge in die Niederlande geholt, besser gesagt, er wurde entführt und fast zwei Jahre lang gefangen gehalten, ausschließlich zum Zweck der Rekonstruktion von Sanders Verhalten während des Krieges. Die Anschuldigungen konnten nicht in einem einzigen Punkt bewiesen werden. Dennoch war Sanders natürlich beschädigt. Horak beendete seine Karriere, körperlich und geistig gebrochen, als Nachtportier in Wien.

Die Rechtssache gegen den Cafébesitzer Coffeng dauerte ziemlich lange. Anderthalb Jahre. Möglicherweise wegen der Affäre Horak/Sanders. Dreißig Zeugen wurden aufgerufen, auch Overduin. Coffeng kam mit einer zur Bewährung ausgesetzten Gefängnisstrafe davon.

Wie das bei dieser Verhaftung und Freilassung lief, hat Overduin seinerzeit nicht durchschaut. Wer sollte es ihm auch erklärt haben? Dreißig Jahre später wusste er es immer noch nicht. Die Veröffentlichung von de Jong über die Affäre Horak erschien erst 1975 (Teil V) und das Buch von Aalders/Hilbrink über die Affäre Sanders sogar noch einmal zwanzig Jahre

später. Wären diese Publikationen früher erschienen, hätte Overduin sie bestimmt nicht gelesen. Wir sind darüber durch ein Gespräch, das Overduin 1967 mit einem Journalisten des „Algemeen Dagblad" führte, informiert. Soweit bekannt, hat Overduin Journalisten überhaupt nur im Jahr 1967 Rede und Antwort gestanden. Zum ersten Mal traf er sich damals mit der Presse, und zwar um sie als äußerstes Druckmittel in dem aufsehenerregenden Fall Lasonder einzusetzen. (Weiter unten folgt ein Kapitel: Der Fall Lasonder.) Es war jedoch unvermeidlich, dass der Journalist die Gelegenheit nutzte, auch Overduins Kriegsaktivitäten zur Sprache zu bringen.

„Ich bin stets aufrichtig zu Werke gegangen. Als ich 1942 zum ersten Mal vom SD in Amsterdam verhört wurde und ein österreichischer Offizier mich fragte, für wen die (blanco) Personalausweise bestimmt seien, die bei mir gefunden worden waren, hab ich ihm geantwortet: ‚Für Juden natürlich!' Eine Woche später war ich frei. Warum, das weiß ich nicht. Womöglich war es genau die richtige Art und Weise zu kämpfen, ohne Waffen, aber mit Bonkarten, falschen Marken und apostolischen Reisen, mit so dreißig Juden im Zug, um sie in Friesland unterzubringen." Presser nenne ihn den Judenretter von Enschede, so der Journalist. Pastor Overduin sagt: „Ich habe das Buch nie gelesen. Um Ihnen die Wahrheit zu sagen, ich lese niemals Bücher über den Krieg. Ich rede auch nicht gern darüber. Die Zeit ist vorbei. Es warten andere Leute auf Hilfe."

Von zwei Personen ist bekannt, dass er mit ihnen über seine Erfahrungen im Gefängnis in Amsterdam (1942) gesprochen hat. Prof. Miskotte, der da schreibt: „Ich höre noch die Erzählung über seine erste Vernehmung" sowie Pastor C. Moulijn, der die Geschichte gut behalten hat und sie in seiner blumenreichen Sprache in seinem Kriegsbericht von 1962 wiedergibt:

„Jetzt folgt eine Geschichte, die unglaublich ist, aber dennoch wahr. ‚Meine Herren', so ungefähr sprach er, als er vor seinen ‚Richtern' stand. Bevor Sie anfangen, mich zu verhören, möchte ich Ihnen erst einige Dinge sagen. Das deutsche Volk hat durch die Verfolgung der Juden eine entsetzliche Schuld auf sich geladen. Aber zu Ihrem Glück wird Ihre Schuld dadurch verringert, dass nicht alle Niederländer allen Juden Unterschlupf gewährt haben. Was mich betrifft, ich bin Pastor, was kann ich als Christ anderes tun, als diesen verfolgten Menschen beizustehen? Die ‚Richter' wussten damit nichts Rechtes anzufangen. Stundenlang hat das Verhör gedauert. Als es vorüber war, bekam Leen in seiner Zelle Besuch des Vorsitzenden, der ihn fragte: ‚Was werden Sie tun, wenn wir Sie laufenlassen?' Leen: ‚Erstens werden Sie mich nicht laufenlassen und zweitens, was kann ich anderes tun, als den Menschen erneut zu helfen!' Zu seiner Überraschung und unser aller Verwunderung wurde Overduin am darauffolgenden Tag freigelassen."

Im Nachhinein ist zu verstehen, dass Overduin nach dem kurzfristigen Aufenthalt in der Amsterdamer Gefängniszelle gegenüber engen Vertrauten später ziemlich locker darüber reden konnte. Die zweite und dritte Festnahme haben ihm dagegen offenkundig härter zugesetzt. Es gibt allerdings keine Berichte darüber. Von Overduins Seite selbst im Laufe der Jahre lediglich Andeutungen. 1943 hat er ein dreitägiges Verhör ohne Pause – eine „Dauervernehmung" – über sich ergehen lassen müssen. Er wurde nicht zusammengeschlagen wie so viele andere. 1945 ist ihm in Enschede jedoch verkündet worden, dass er noch vor Sonnenuntergang erschossen werden solle.

Noch um einiges vorsichtiger als vorher, etwas weniger nonchalant, verfolgte Overduin seinen Weg weiter. Man fragt sich, wer die ganze Zeit dafür sorgte, dass Overduin ständig mit dem Fahrrad fahren konnte. Fahrradreifen standen nach 1942 in den Geschäften nicht mehr zum Verkauf. Er muss mehrere Fahrräder verschlissen haben und seine Hände waren nicht dafür geschaffen, Fahrräder zu reparieren. Wahrscheinlich hat Overduin das Problem dadurch gelöst, dass er hier und da die Gutwilligkeit nutzte, die ihm aus den eigenen Reihen entgegengebracht wurde. Eine alte Bekannte kann sich noch gut daran erinnern: Overduin kommt vorbei und sagt: „Hast du wohl eben ein Fahrrad für mich?"

Er radelt mit flatternden Rockschößen, meistens auf einem Damenfahrrad; bis zum Mai 1943 von und zur Potgieterstraat.

Von da an wird er durch den SD gesucht, und er hat dann keine feste Adresse mehr. Unter dem Namen Wim oder Piet, van ten Kate oder Jansen mit einem normalen Fahrrad oder mit einem Bäckerfahrrad mit so einem Weidenkorb vorne dran, mit oder ohne Brille, mit oder ohne Perücke, manchmal die Haare gebleicht. Allzeit unterwegs.

Am 3. September 1943 – er war da schon zwei Jahre lang mit dem Aufbau der Judenhilfe beschäftigt – wurde er durch den SD überrascht. Er befand sich gerade, mit Brille, eine Bürojacke tragend und mit einem falschen Personalausweis ausgestattet sowie allerlei Dokumenten auf dem Leib im Geschäft von Arend Overduin. Die beiden hatten den gleichen Familiennamen, und man braucht in den Papieren nur tief genug zu graben, um festzustellen, dass sie sogar verwandt waren und von dem gleichen Leidenschen Zweig Overduin abstammten. Darin lag aber wohl nicht der Grund für ihre Zusammenarbeit. Der Grund war möglicherweise der, dass sie einander bereits vorher kannten. Arend hatte ein Delikatessengeschäft an der Haaksbergerstraat. Leendert stand auf Delikatessen. In Enschede besaß Arend das einzige Geschäft dieser Art. Und Leendert kam wahrscheinlich häufig bei ihm vorbei, um wie bei so vielen anderen zu fragen: Hilfst du?

Zwei Tage später wurde Maartje unter der Adresse der Familie in Zeist festgenommen und ebenso der Bäcker G. Voogd. Voogd kam jedoch wegen Fehlens von Beweisen schnell wieder auf freien Fuß. Leendert und Maartje wurden auf der Außenstelle des Sicherheitsdienstes in Arnheim getrennt voneinander verhört und anschließend beim Landesgericht in Den Haag angeklagt. Das Ergebnis der Verhöre wurde von dem Kriminalsekretär Hofmann sorgfältig notiert und in einem „Bericht" für das Landesgericht zusammengefasst. Die Fakten, die beim Filzen und bei der Hausdurchsuchung ans Licht gekommen waren, ließen sich nicht leugnen, und das tat Overduin auch nicht. Was man jedoch im Besonderen in Erfahrung bringen wollte, die Adressen von zu jener Zeit noch untergetauchten Juden, davon wollte Leendert nichts preisgeben. Es wurde notiert: „Ich will kein Verräter sein." Gleichlautend ist die Erklärung von Maartje: „Ich will keine Verräterin sein." Und dabei blieben sie auch „trotz wiederholtem und eindringlichem Vorhalt" … Man kann sich alles Mögliche vorstellen unter der Art und Weise, in der der SD jemandem etwas wiederholt und eindringlich vor Augen führt.

Overduin lässt es so aussehen, als hätten sich seine Aktivitäten auf die 32 mit Namen genannten Juden beschränkt, und als seien nicht mehr als 2.200 Gulden für Judenhilfe durch seine Hände gegangen, darin inbegriffen die rund tausend Gulden, die er in der Tasche hatte.

Bezüglich der Beschaffung eines falschen Personalausweises wird Overduin bei einer offenkundigen Unwahrheit ertappt. Overduin zufolge hat Maartje ihren Personalausweis von einer Tbc-Patientin bekommen, einer Frau Westerhof. Maartje selbst sagt dagegen, dass sie ihren Personalausweis per Post bekommen habe und dass sie eine Frau Westerhof nicht kenne. Darf ein Pastor eigentlich lügen?

Aus einer Predigt Leendert Overduins aus dem September 1961:

„Der Mensch steht einer korrekten und sauberen Ansicht gemäß noch nicht in der Wahrheit und einer falschen und unsauberen Ansicht gemäß noch nicht in der Lüge. So wie das achte Gebot – Du sollst nicht stehlen – nicht von der Heiligkeit des Besitzes ausgeht, sondern vom Wohlergehen des Nächsten, so geht das neunte Gebot wahrlich nicht von der Heiligkeit der Tatsachen aus, beschützt es die Tatsachen nicht um der Tatsachen willen, sondern allein im Dienste des Nächsten.

Es geht, so wie bei allen Geboten, so auch im neunten Gebot, um den Nächsten, so wie Jesus die sämtlichen sechs Gebote der zweiten Gesetzestafel zusammengefasst hat zu dem einen: Du sollst deinen Nächsten lieben wie dich selbst.

Während der Besatzungszeit haben wir vor den Peinigern, in deren Händen ein Menschleben nicht viel wert war, mehrmals und sehr bewusst die Wahrheit der Dinge verborgen und ein Zeugnis abgelegt, das nicht in Übereinstimmung mit den Tatsachen stand. Wir haben ihnen absichtlich etwas vorgemacht. Das sollten wir nicht ohne weiteres prächtig finden, und noch weniger uns dessen rühmen, vor allem dann nicht, wenn wir statt ihnen etwas vorzulügen ein kraftvolles Zeugnis für Christus hätten ablegen können. Lügen war und ist teilweise eine Schwäche, weil wir nicht die geistige Stärke besitzen, dem Bösen mit den Tatsachen zu widerstehen.

Aber stellt euch das Folgende vor: Ihr seht während der Besatzungszeit einen Juden heimlich über die Straße gehen. Plötzlich erscheint die Grüne Polizei und fragt euch: Haben Sie jemanden gesehen? Verschiedene Möglichkeiten tun sich auf: Ihr sagt: Ja, denn ihr wollt nicht lügen. Aber mit eurer Wahrheitstreue lasst ihr euch gerade in ein dunkles Werk hineinziehen und macht euch zu einem Mittäter, zu einem Mörder. Ihr könnt schlicht und einfach Nein sagen, ich hab niemanden gesehen, denn ihr wollt unter keinen Umständen ein Handlanger des Feindes sein oder auch nur den Schein davon erwecken. Ihr wollt ein guter Niederländer sein. Die dritte Möglichkeit besteht darin: Ihr seid so mutig, ihnen offen Widerstand entgegenzusetzen. Ihr sagt ihnen offen ins Gesicht: Ich kenne eure Absicht, aber ich bin kein Verräter, ich mach nicht mit bei euren herzlosen und bösen Unternehmen. Ihr seid dabei, Gottes Gericht über euch und euer Volk zu bringen mit eurem düsteren Werk. An einem solchen Mut hat es uns allzu sehr gefehlt. Aber mal angenommen, dass weder mit unserem Nein noch mit unserem mutigen Zeugnis der bedrohte Jude in Sicherheit sein wird, weil wir wissen, dass sie, wenn sie in ihr Auto steigen und einfach ihrem Weg folgen, den Mann schnell einholen und finden werden. Dass er deshalb nur gerettet werden kann, indem ihr Ja sagt, ja, ich habe gerade jemanden vorbeilaufen sehen, um sie anschließend in die falsche Richtung zu schicken. In welchem der vier Fälle hätten wir wahrhaftig an unseren Nächsten gedacht, hätten ein wahrhaftiges Zeugnis gegenüber unserem Nächsten abgegeben und wären wir nicht mitschuldig geworden? Weder mit unserem Nein, bei dem wir mehr an unser „Ein-guter-Niederländer-Sein" dachten, noch mit unserem mutigen Zeugnis für Christus, sondern da, wo wir an den Erhalt der Sicherheit unseres Nächsten dachten. Die Schrift sagt: Das wahrhaftige Zeugnis rettet Leben."

Durch das Protokoll des SD bekommen wir allerlei Dinge aus Leenderts Leben zu wissen: Sechs Jahre Primarschule; mit seinem Vater und seinem Bruder zusammen von seinem 20sten bis zu seinem 25sten Lebensjahr das Textilgeschäft geführt. Danach Privatunterricht und in seinem 29sten Jahr zugelassen an der Freien Universität. 1937 Pfarrer in Enschede. Sein Gehalt beträgt f 208 monatlich.

„Ich bin niemals Mitglied einer politischen Partei gewesen."

Verkürzte Wiedergabe des Verhörs. „Zwei Jahre zuvor wurden in Enschede eine Anzahl Juden festgenommen und nach Mauthausen gebracht. Es wurde bekannt, dass mehrere von ihnen in dem Lager gestorben sind. Ich gelangte allein zu dem Entschluss, die zurückgebliebenen Juden zu unterstützen. Ich suchte die Verwandten der Opfer auf, um sie zu trösten. Auf diese Weise kam ich mit 40 Juden in Kontakt. Sie suchten mich hin und wieder in meinem Haus auf. Ende 1941 hab ich die Juden van Dam, Woudstra und Rosenfeld zwei Monate lang in meinem Haus beherbergt. Ich hab ihnen Unterkunft gegeben, weil sie fürchteten, von der Sicherheitspolizei gefangen genommen zu werden. Anfang 1942 sind sie in ihre eigenen Wohnungen zurückgekehrt. Woudstra und Rosenfeld kamen ein halbes Jahr später zu mir, um Abschied zu nehmen. Sie wollten in die Schweiz. Über den Weg wurde nicht gesprochen, ihre Adresse hab ich nicht. Ich hab nichts mehr von ihnen gehört. Im Herbst 1942 kamen weitere Juden zu mir, die ihre Verhaftung befürchteten. Sie baten um Hilfe und Hilfe versprach ich ihnen. Ich musste die Juden bei vertrauenswürdigen Menschen unterbringen, um sie dem Zugriff der Polizei zu entziehen. Ich habe mit diesem Ziel verschiedene Menschen aufgesucht, ab und zu erhielt ich eine Absage. In vielen Fällen war man jedoch bereit zu helfen. In Hengelo und Enschede habe ich 43 Juden untergebracht, als da sind:
1. Sofia Meyer 2. Max Heyman 3. Roosje de Wolff 4. Markus Rosenfeld 5. Arthur Holstein 6. Herman Wald 7. Mosis Bierman 8. Hedwig ter Hoog 9. Eveline … kind 10. unlesbar 11. Jocheta Kessler 12. Lotta Waldberg 13. Hedwig Konigsberger 14. Rosalie Weitgensteiner 15. Henriette Vecht 16. Gertrude de Wolff 17. Adolf Friedlander 18. Wolf Buchsbaum 19. Justin Seligmann 20. Nissi Dialowski 21. Charlotte Wallach 22. Hetty Hammerschlag 23. Frouke Simens 24. Julie von Rose 25. Nathalie Sommerfeld 26. So-

phia Rosenberg 27. Suse ten Bosch 28. Jette Kahn 29. Selma Goldstein 30. Sara van der Wolff 31/32. Ehepaar Moll van Straaten.

Von diesen Juden besaß ich die Stammkarten für Lebensmittel. Die Marken habe ich durch meine Schwester und durch Sara Voogd vom Verteilungsbüro abholen lassen. Meistens habe ich selbst, hin und wieder auch meine Schwester, den Juden die Marken überbracht. Die Adressen kann ich Ihnen nicht geben. Ich weiß sehr wohl, dass es besser für mich wäre, sie zu nennen, aber ich will kein Verräter sein. Mein Beruf macht es mir zur Pflicht, die Adressen nicht zu verraten. Nicht allein die Juden, auch die Familien, bei denen sie untergebracht sind, würden sonst bestraft werden. Auf Grund meiner religiösen Überzeugung (meiner ‚Verpflichtungen' als Diener Gottes) kann ich nicht angeben, wo diese Menschen wohnen. Vom Herbst 1942 bis April 1943 hatte ich einige dieser Juden bei mir zu Hause untergebracht. Dafür habe ich kein Geld bekommen. Die Gastgeberfamilien haben wöchentlich 10 bis 20 Gulden bekommen. Anfangs konnten die Juden den Betrag selbst aufbringen. Anfang 1943 hab ich mich entschlossen, Menschen aufzusuchen, die finanziell helfen wollten, insgesamt 25 Personen. Im August habe ich zum Beispiel f 400,- eingenommen. Die Gesamtsumme kenne ich nicht. Der Betrag von f 1.025,-, den ich bei meiner Verhaftung bei mir hatte, war auch für diesen Zweck bestimmt. Ich kann die Geldgeber nicht verraten, selbst dann nicht, wenn mir das Schlimmste passieren würde. Ich hatte 32 Stammkarten bei mir. Im Mai 1943 wurde ich durch die Polizei gesucht und bin untergetaucht. Ich hielt mich in Zeist, Arnheim, Den Haag und Enschede auf. Am 3. September wurde ich von einer Dame aufgefordert, in das Geschäft von Overduin – mit mir nicht verwandt – zu kommen und da wurde ich verhaftet. Im Juni 1943 lernte ich einen Herrn Simon aus Amsterdam kennen. Ich weiß nicht, ob das sein richtiger Name ist. Er fragte mich nach dem Judenmädchen Pommeranz und hat es mitgenommen, ich weiß nicht wohin. Er bot mir für f 10,- einen falschen Personalausweis mit dem Namen Jansen an. Seine Adresse kenne ich nicht. Wir schrieben uns nicht. Meine Schwester ist ebenfalls untergetaucht. Wo, weiß ich nicht. Ich habe vier Frauen unterstützt, deren Männer wegen Hilfe für Juden festgenommen wurden: Mulder, Achterberg, Kroesse und Molenwijk. Ich habe sie finanziell unterstützt. Insgesamt werde ich wohl so f 1.200,- dafür ausgegeben haben. Was die 32 Juden betrifft, deren Stammkarten ich hatte, habe ich folgenden Juden geholfen, die inzwischen verhaftet sind: Den Ehepaaren Aussen, de Beer und Frankenhuis, Mutter und Tochter Weyl, den Geschwistern Marchand und von Essen. Sie waren bei den hier oben erwähnten Gastgeberfamilien untergebracht. Ich wurde gelegentlich wohl Wim genannt. Ich habe wohl mal eine Brille getragen. Ich habe mit dem Ausrauben von Verteilungsbüros nichts zu tun. Ich weiß, dass ich mich strafbar gemacht habe. Vom christlichen Standpunkt aus betrachtet, war es mir unmöglich, Menschen in Not im Stich zu lassen. Ich habe auf eigene Initiative und ohne Einbeziehung anderer gearbeitet. Nur in der Stadt Enschede. Es ist mir unmöglich, die Geldgeber und die Adressen von Juden zu nennen."

Das Dokument ist von Overduin und von einem Dolmetscher unterschrieben und auf den 12. Oktober 1943 datiert. Die Vernehmungsbeamten wissen offenbar nicht, dass Overduin ein Jahr zuvor wegen derselben Sache schon im Gefängnis gesessen hat. Horak hat geschwiegen. Sie wissen nicht, dass Overduin der Dreh- und Angelpunkt einer Organisation ist. Und genauso wenig wissen sie etwas über die Person und die Arbeit von Corry. Die Orte, an denen Overduin sich versteckt hielt, sind einigermaßen nachzuverfolgen. Außer Enschede sind es Arnheim und Zeist, wo die Familie von ihm wohnte, und Den Haag. Möglicherweise hat er sich in Den Haag einige Tage lang in dem Haus einer Frau aus Enschede aufgehalten. Er ist während seiner Untertauchzeit jedenfalls ein oder mehrmals bei dieser Frau zu Besuch gewesen. Ihr Mann war bei der niederländischen SS, und sie tat sich damit sehr schwer. Overduin kannte ihre Mutter und versuchte zu helfen.

Der deutsche Staatsanwalt setzt am 27. Januar 1944 zur Vorbereitung der Sitzung des Landesgerichts am 23. und 30. März 1944 eine „Anklageschrift" auf. Sowohl Leendert als auch Maartje werden beschuldigt, Widerstand gegen die Maßnahmen der Besatzungsmacht geleistet, illegal Unterschlupf gewährt und illegal Geld gesammelt sowie über gefälschte Papiere verfügt zu haben. Für die Zeit bis zum Prozessbeginn wurden die Gefangenen zunächst in das Strafgefängnis nach Scheveningen, dem „Oranje-Hotel", überstellt und einige Zeit später dann in das Gefängnis in Utrecht.

Das Verhör von Maartje, bereits am 16. September 1943 unterzeichnet, stimmt im Großen und Ganzen mit dem ihres Bruders überein. Ihr wurde eine untergeordnete Rolle zuerkannt. Die Kurzfassung des Protokolls:

„Ich habe bei mir zuhause für Juden gesorgt. Ich habe Besorgungen für sie gemacht und Marken geholt. Ich kenne die jüdischen Mädchen Marchand, ich habe sie aufgesucht. Des Weiteren kenne ich noch drei andere Familien, mehr nicht. Die Adressen nenne ich nicht. Von den Juden, die bei uns zuhause logiert haben, täglich 3 oder 4, kenn ich die Namen nicht. Die Adressen, die bei der Hausdurchsuchung bei mir gefunden wurden, sind Adressen von Menschen, von denen mir gesagt wurde, dass sie wahrscheinlich wohl Juden beherbergen würden; ich habe jedoch keinen Gebrauch davon gemacht. Weiter hat man bei mir 16 Markenkarten, einen Personalausweis auf den Namen Westerhof und einen Geldbetrag von f 195,- gefunden."

Der Bericht über die Verhaftung von Leendert und Maartje schwirrte durch den Untergrundzirkel; viele Menschen wurden unruhig. Sie wussten nicht, welche Dokumente dem Feind in die Hände gefallen waren und genauso wenig, was die Overduins unter Druck preisgeben würden. Rücksprachen waren nicht möglich, weil es keine Besuchszeiten gab. Wohl aber unternahmen mehrere Menschen etwas, um ihnen zu helfen. Die Kontaktadresse dafür war der Rechtsanwalt Bunker, der bereits alles erdenklich Mögliche für die Overduins tat. So hatte zum Beispiel Frau Bommel van Vloten, Ehefrau eines Enscheder Arztes, schon mehrere Male vergeblich versucht, an der Gefängnispforte Päckchen abzugeben; sie schreibt an den Rechtsanwalt: Denken Sie bitte daran, dass Overduin ein Magenpatient ist! Wissen Sie, dass sein Vater ernsthaft krank ist? „Es sind so ungewöhnliche, gute Menschen."

Der Bürgermeister von Enschede, Rückert, verfasst einen Bittbrief: Overduin hat einen guten Ruf. Er ist eifrig und immer hilfsbereit, war niemals politisch aktiv. Der Kirchenrat der Gereformeerde Kerk in Hersteld Verband von Enschede bleibt dahinter nicht zurück: Overduin ist ein Mann von hohen Prinzipien. Er hat sich stets für die Benachteiligten eingesetzt. Er hat immer uneigennützig für Menschen in Not etwas getan. Heute für Juden, morgen vielleicht für Deutsche. Overduin ist ein edler Mensch.

Ein bemerkenswerter Bittbrief stammt von H. G. Hey, dem Direktor des Reichsbüros Distex, demselben Hey, der in Kapitel II dieses Buches schon als Fürsprecher für Pastor Overduin genannt worden ist. Allerdings noch nicht in diesem Zusammenhang. Der Schreiber gibt sich als überzeugter NSBer zu erkennen. „Leen Overduin ist bereits 15 Jahre lang mein Freund und Glaubensgenosse. Es wäre falsch, ihn als einen gewöhnlichen weltlichen oder politischen Gegner zu sehen. ... Es muss nach Ehre und Recht mit ihm verfahren werden. Er hätte ebensowohl einem

Nationalssozialisten oder einem Kommunisten Beistand gewährt. Er ist nicht deutschfeindlich." Und dann kommt es. Beziehungen des Herrn Hey, die er als persönliche Referenzen angibt: Den stellvertretenden Leiter der NSB Geelkerken und den Reichskommissar Seyss-Inquart!

Es kommt eine medizinische Erklärung von Dr. Steenmeyer aus Hengelo: Overduin musste sich einer schweren Magenoperation unterziehen. Sein Gesundheitszustand ist sehr labil.

Unaufgefordert schickt Dr. Bosma, Chirurg in Enschede, einen Brief an den Gefängnisarzt und eine Abschrift davon an den Rechtsanwalt: „Pastor Overduin hat eine plastische Tuberkulose von coecum und colon (Blinddarm und Dickdarm) ascendus gehabt. Er ist dem Tod nahe gewesen. Nachdem er sich etwas erholt hatte, habe ich die Darmfisteln auf operativem Wege geschlossen. Er hat eine schwache Gesundheit. Mit einer angemessenen Diät ist er im Stande gewesen, seine Aufgaben, die natürlich nicht schwer sind, wieder aufzunehmen. Doch jeden Augenblick muss mit einem Rückfall gerechnet werden. In diesem Fall würde ich eine Bestrahlung empfehlen. Eine Resektion des Colon würde auf große Schwierigkeiten stoßen. Selbstverständlich ist der Patient nicht in der Lage, schwere Arbeit in irgendeinem Lager zu leisten. Das würde seinen Tod bedeuten. Der Patient kennt seine wahre Krankheit nicht, und ich verlasse mich darauf, dass er über die Art seiner Krankheit auch nicht aufgeklärt wird." (Als Postscriptum eine Diätliste).

Der Rechtsanwalt selbst bleibt ebenfalls nicht untätig. Nicht nur schickt er alle erhaltenen Briefe an den Staatsanwalt, er stellt auch eine Liste der sieben deutschen und drei ungarischen Kinder zusammen, die in den zwanziger Jahren eine gastfreundliche Unterkunft im elterlichen Haus von Overduin bekommen hatten. Nach dem Prozess bittet er darum, Overduin kurzzeitig freizulassen und ihn anschließend z.

B. ins Lager Vught zu bringen, „so dass er an die frische Luft kommt, weil das Gefängnis ihn körperlich und geistig zu ersticken droht". Er schafft es auch, dass Overduin vom 20. bis 27. Mai 1944 Hafturlaub bekommt, um seinen sterbenden Vater zu besuchen. Herr Dijks Sr. aus Enschede stellt sich für diese Tage ersatzweise als Gefangener zur Verfügung. Bald danach, am 1. September, kann Overduin dem Begräbnis als freier Mann beiwohnen, denn am 10. Juni wird er aus gesundheitlichen Gründen auf Bewährung freigelassen, er gilt jetzt nicht mehr als „haftfähig".

In verschiedenen Veröffentlichungen über Leendert Overduin wird erzählt, dass er die Gefängniszeit in Utrecht in der Gefängnisbibliothek verbracht habe und dort die Gelegenheit wahrnehmen konnte, die Werke von Karl Barth zu studieren. Das ist ein hartnäckiger Mythos, möglicherweise durch eine leichtfertige Bemerkung Overduins selbst in die Welt gekommen. Zunächst einmal besaß Overduin eine sehr bruchstückhafte Kenntnis der deutschen Sprache, zweitens brachte er erst in seinen letzten Dienstjahren Zeit und Interesse für theologische Studien auf, und drittens ging es ihm in Utrecht gesundheitlich sehr schlecht. Der Aufenthalt im Gefängnis nahm ihn mit, er hätte nicht viel länger dauern dürfen.

Am 30. März 1944 fällt das Landesgericht sein Urteil. Leendert Overduin wird zu einer Gefängnisstrafe von anderthalb Jahren verurteilt, zuzüglich vier Monate wegen illegaler Geldbeschaffung. Maartje Overduin wird zu vier Monaten Gefängnis verurteilt. Sie ist schon früher, am 21. Februar, freigelassen worden und anschließend nach Zeist umgezogen.

Hinter dem Gerichtstisch sitzen der Landesrichter Dr. Amedick, der Assessor Dr. Davids und der Protokollführer Neu. Das Urteil zitiert ausführlich aus den Verhören und kommt zu dem Schluss, dass Overduin wegen Übertretung der Paragrafen 5, 32 und 39 der

„Ordnungsschutz-Verordnung 1943" zu bestrafen ist. Die mildernden Umstände: Auf Grund seiner religiösen Einstellung konnte er sich schwerlich weigern, Hilfe zu gewähren. Die Erklärung einer niederländischen Persönlichkeit (Hey), dass er nicht „deutschfeindlich" sei und sich nie auf Politik eingelassen habe, ist glaubwürdig. Auch lasse die Tatsache, dass seinerzeit von seiner Familie deutsche Kinder aufgenommen worden sind, eine milde Beurteilung zu. Der Verdächtige hat die Tatsachen zugegeben und versichert, sich zukünftig an die Regeln zu halten.

Der Rechtsanwalt nimmt das Urteil jedoch nicht einfach hin, sondern legt Berufung gegen die zusätzliche Strafe von vier Monaten ein. Darüber wird in einer Sitzung am 7. Juli 1944 in Den Haag verhandelt. Zum Schrecken des Rechtsanwalts kommt ein Brief von Kommissar van der Wal aus Enschede, dass Overduin, der im Juni auf dringendes Ersuchen des Gefängnisarztes aus gesundheitlichen Gründen vorläufig freigelassen worden war, sich in Enschede nicht gemeldet hat und unauffindbar ist. Einige Tage vor der Sitzung meldet Overduin sich dann aus Zeist und ist bei der Verhandlung auch anwesend. Dem Einspruch wird stattgegeben, die vier zusätzlichen Monate werden erlassen, weil glaubhaft gemacht werden kann, dass Overduin einzig und allein bei guten Bekannten aus seiner eigenen Gemeinde um Geld gebeten hat.

Ernüchternd ist allerdings die Bestimmung, dass Overduin alle Kosten des Prozesses und der Inhaftierung erstatten muss, nur die Kosten der Berufung, die er immerhin gewonnen hat, gehen auf das Konto der niederländischen Regierung. Die Gesamtrechnung für Leendert: f 496,50.

Im Stadtarchiv von Enschede sind dank der Familie Aukes noch einige Gefängnisbriefe von Overduin und seiner Schwester erhalten geblieben. Die Briefe sind nicht datiert. In der Regel haben sie die Zensur passiert. Es musste immer gemeldet werden: Es läuft hier gut. Die Schreiber wollten auch die Familie lieber nicht beunruhigen.

Vater Overduin

Zwei Briefe an seinen Vater:

„. . . Ich befinde mich in einer Gemeinschaftszelle, heute sitzen wir hier zu viert. Mit meiner Gesundheit geht es über Erwarten gut, ich habe noch keine Probleme mit meinem Bauch gehabt. Du brauchst dir um mich wirklich keine Sorgen zu machen, und ich hoffe, dass der Bericht von Maartje auch gut ist. Die Sorge um dich und die Gemeinde vermag ich jeden Tag abzulenken auf Ihn, der erhaben ist und allein für uns sorgt. Ich kann leider nicht in Erfahrung bringen, ob es auf Grund der Bombardierung Enschedes am Sonntag (10. Oktober 1943) noch Bekannte oder Gemeindemitglieder zu betrauern gibt. Grüß sie alle, die ganze Gemeinde. Mögen sie einträchtig durchhalten bis zum Ende und aufeinander Acht geben. Für Be-

suche oder Päckchen musst du dich an den Binnen-
hof Nr. 20 in Den Haag wenden. Seife und Zahnpasta
kannst du direkt ans Gefängnis schicken, sehr gerne
… "

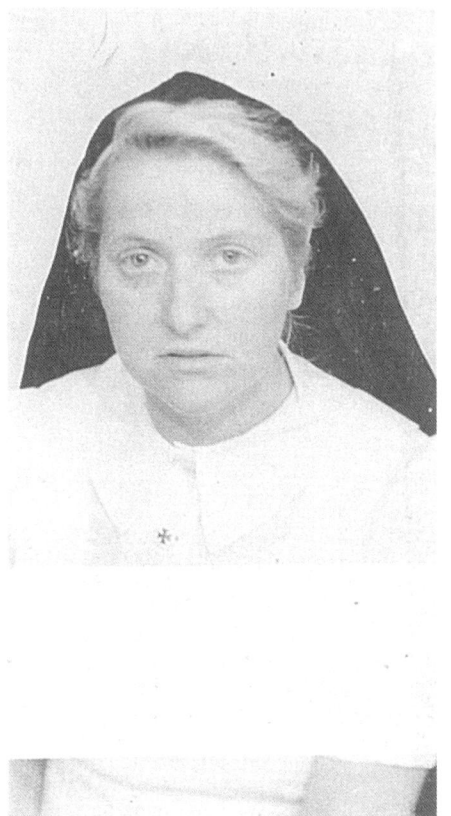

*Corry Overduin maskiert: Gebleichte Haare, ohne Brille in
Krankenschwesteruniform. Passfoto auf einem gefälschten
Personalausweis*

„Mein lieber Vater. Im Geist setze ich mich mal eben
neben dich. Diese Gemeinschaft kann nicht zerbro-
chen werden. Es ist auch schon so lange her, ein Jahr
bereits, dass wir uns das letzte Mal sahen. Sehr gern
würde ich noch eine Weile mit dir in Enschede zu-

sammen sein. Wir wissen nicht, was Gott mit uns
vorhat. Was dich angeht, denk ich mit Dankbarkeit
an vergangene Zeiten. Du hast mir nie im Weg gestanden, ich habe immer nur Unterstützung von dir
erfahren, selbst in der letzten übermäßig angefüllten
Zeit. Dass das alles so plötzlich abgebrochen werden
musste, hat mir deinetwegen oft Schmerzen bereitet,
weil du dich selbst so vollständig darauf eingelassen
hattest. Hab Dank dafür, auch im Namen meiner Gäste, die du stets still und als weiser Mann ertragen hast.
Vater, ich weiß, dass du von Gottes Treue und Güte
gelebt hast, dass du dein Leben darunter gebeugt und
dich gleichzeitig davon hast tragen lassen. Das ist die
verborgenste und engste Gemeinschaft, der ich mich
verbunden weiß. Der Treue und Güte Gottes wollen
wir unser Leben auch weiterhin anvertrauen. Dann
können wir getröstet sein und sagen: Was Gott will,
das ist gut getan, seine Hand führt uns sicher.
Was auch geschehen mag, Vater, wenn ich dich hier
auch nicht mehr wiedersehe, ich weiß dich in Gottes
Treue sicher, und darin finde ich Trost. Gottes Treue
wird niemals beschämen oder enttäuschen oder irgendetwas, was es auch sei, auseinander bringen. So denken wir, lieber Vater, vollkommen getröstet aneinander, und so reich ich dir die Hand im Glauben. Auf
Wiedersehen, dein dich liebhabender Sohn in Christus, Leen."

In einem ausnahmsweise datierten Brief (22.1.44) an
die ganze Familie kann Overduin schreiben:
„So sitzen wir denn in Utrecht, ganz in der Nähe und
doch so unerreichbar. Die Veränderung ist für sich
schon nicht so schön. Ich hatte da drüben angeneh-
me Zellengenossen und man wurde ein bisschen ein-
gebürgert. Die Sache scheint jedoch hier anzustehen.
Und für Maartje ist zu hoffen, dass sie zügig ansteht
und bald ein Ende nimmt. Sie ist mittlerweile gesund
und hält sich wacker. Für einen Besuch müsst ihr eine Erlaubnisbescheinigung am Lange Vijverberg in
Den Haag abholen. Päckchen können hier nicht hin-

geschickt werden. Lasst die Gemeinde grüßen, ich denk an sie, insbesondere sonntags. Es wird sich alles zum Guten wenden, das dürfen wir glauben (verstecktes Bibelzitat, Römer 8,28). Grüßt sie alle, auch Henk und Jo. Sagt, dass es hier gut ist. Ein Mensch ist glücklich zwischen Erinnerung und Erwartung. Bleibt stark und auf ein baldiges Wiedersehen."

Er schreibt auch einen Brief für seine Gemeinde: „Sag Jan Holl, dass ich zwar sehr wünsche, meine Arbeit für die Gemeinde wiederaufnehmen zu können. Sag ihm aber trotzdem, dass der Kirchenrat alles zum Besten der Gemeinde tun und beschließen muss und dass ich dafür kein Hindernis sein will. Ich erteile das Recht, ohne Rücksicht auf meine Person zu handeln zum Besten der Gemeinde. Ich hoffe, dass sie alle guten Mutes sind, einträchtig und auf die Zukunft vertrauend. Ich fürchte mich jedenfalls nicht vor der Zukunft, die Zukunft liegt allein bei Christus. Alles neigt dem Tode zu, Christus jedoch überwindet ihn. Seine Liebe kennt keinen Hass, auch nicht gegenüber seinen Feinden. Davon allein lebt die Welt, während sie an allem anderen stirbt."

Es gibt auch einen mit Bleistift geschriebenen Brief, zwei Blatt Papier vom Format einer Zigarettenschachtel, auf beiden Seiten mit ganz kleinen Buchstaben beschrieben. Soweit lesbar: Es scheint so, dass der aktive Rechtsanwalt Bunker, der Briefe zur Entlastung Overduins an den Richter gerichtet hat, Overduin über eine große Anzahl Menschen informiert und dann hinzufügt: „Die Erinnerung an solche Freunde und Freundinnen ist süß im Gefängnis."

Es steht mehr in den Briefen, als wir heute verstehen können. Es gibt eine Notiz von Aukes, dass verschiedene Bezeichnungen in Overduins Briefen Warnungen enthalten. Ein schönes Beispiel dafür ist ein winzig kleines, mit Bleistift geschriebenes Briefchen, das anscheinend aus dem Gefängnis herausgeschmuggelt worden ist, weil der Überbringer bezahlt wer-

den muss. Der Brief ist unterzeichnet mit „Piet", dem Tarnnamen von Overduin selbst und wahrscheinlich an Aukes gerichtet. Mit „Map" ist Corry Overduin gemeint. Der Text des Briefchens lautet wie folgt: „Würdest du diesem Bruder bitte f 25,- geben. Ist erforderlich. Frag bei Map nach. Wenn es soweit ist, musst du das Brot von Frau Jordan nehmen oder das Roggenbrot von Barnard. Versuch dein Bestes, es ist möglich, wenn durch Han und Frau Bommel ähnliche Arbeit geleistet wird. Es werden jetzt fast fünf Monate, dass ich weder Besuch noch ein Päckchen bekommen habe. Ich warte und rechne auf ein Schreiben von Map und wie es mit Nel, Jannie und Anna und den anderen läuft. Denk daran, nochmals, ihr könnt alle drei Wochen schreiben. Wir sind guten Mutes und grüßen alle von Herzen. Tu, was du kannst und weise alle auf Map als Unterstützerin hin, dein Piet." (Anmerkung: Auch während der Gefangenschaft betrachtet Overduin sich als verantwortlichen Leiter und seine Schwester Corry als seine Platzhalterin.)

Auch von Maartje sind zwei Briefe erhalten geblieben, vom 11. Dezember 1943 beziehungsweise vom 23. Januar 1944.

„Einige Male pro Tag machen wir Gymnastik, schauen mal in ein Buch, laufen in der Zelle hin und her, zehn Schritte lang, wovon drei Schritte für die Breite der Matraze abgehen, und sitzen weiter da in Erwartung. Warten und Geduld, das lernt man hier schon, am Anfang ist das viel schwerer, weißt du. Ich schlafe und esse gut und über Kälte brauchen wir noch nicht zu klagen ... Ich wünsch euch ein gesegnetes Christfest. Gott ist nicht an Zeit oder Raum gebunden ..."

„... Während jeder von euch sich in diesem Augenblick im eigenen Kirchengebäude befindet, will ich euch aus meiner stillen Zelle schreiben. Bei vielen war ich heute Morgen früh im Geiste schon zu Besuch, bin Richtung Gotteshaus gegangen und werde bald mit euch eine herrliche Tasse Kaffee trinken. Wann wird das wohl der Fall sein? … Seit dem 17. Januar sind wir hier (in Utrecht). Jeden Tag gehen wir eine halbe Stunde lang durch den Garten, es läuft hier alles sehr geregelt ab, da kann man nichts dagegen sagen. Ihr könnt euch vorstellen, wie es Leen und mir zumute war, als wir einander nach drei Monaten während der Fahrt wiedersahen. Wiewohl sehr mager, fand ich, dass er recht schneidig und aufgeweckt aussah, und er sagte voller Dankbarkeit, dass er noch nirgendwo habe leiden müssen. Wunderbar … Nur habe ich Angst, dass er, wenn wir schweres Gemüse essen müssen, zu wenig bekommt. Wenn er es dem Doktor jetzt allerdings gesagt hat, dann ist wohl etwas dagegen zu machen. Wir dürfen hier keine Päckchen empfangen. Das ist das Schlimmste für die Magenpatienten und für Leen. Dass wir in euren Gebeten einen festen Platz haben, das wussten wir, Jan, aber nichtsdestotrotz fand ich es wunderbar, es in dem Brief stehen zu sehen, jetzt kann ich es jederzeit lesen. Ich bin hier zur Tütenkleberin für Babypuder befördert worden. Herzliche Grüße an alle."

Nachdem Overduin (im Juli 1944) auf Bewährung freigelassen worden ist, wird er während des Sommers für einige Zeit von seiner Familie aufgenommen, um wieder zu Kräften zu kommen. Dann kehrt er wieder nach Enschede zurück, wo er bis zum Ende des Krieges unter den vertrauten Adressen bleibt. Er nimmt seine Aktivitäten wieder auf, jetzt noch vorsichtiger als zuvor. Seine Bundesgenossen haben während seiner Abwesenheit eine harte Zeit durchgemacht. Insbesondere die großen Bombardierungen der Stadt am 10. Oktober 1943 und am 22. Februar 1944 haben zu Schwierigkeiten geführt, weil dabei mehrere Untergetauchte obdachlos geworden sind. Mit Friso van Hoorn ist kaum noch zu rechnen, da er beinahe ganz durch seine Geheimdiensttätigkeit in Beschlag genommen wird. Aber dafür wurden Corry und ihr Freund umso aktiver.

Einer der Untergetauchten, Ies Cohen, weiß über die Periode noch zu berichten: Overduin kam nach seiner Gefangenschaft zu uns Untergetauchten. Wir waren darüber ganz und gar nicht erfreut, denn, so sagten wir ihm: „Wahrscheinlich verfolgt man Sie, um Adressen von Untergetauchten aufzuspüren."

Im Dezember 1944 teilt das Landesgericht der Polizei in Enschede mit, dass sie Overduin durch einen Arzt untersuchen lassen muss, um festzustellen, ob dieser immer noch „haftunfähig" sei. Die Antwort kommt vom Einsatzkommando in Enschede. Overduin ist unauffindbar.

Overduin nach Entlassung aus Haft … schon wieder am Organisieren

So kommen sie dahinter, dass Overduin wieder aktiv geworden ist, und jetzt wird intensiv nach ihm gefahndet. Ein Foto von ihm mit Brille wird den Patrouillierenden mit auf den Weg gegeben. In der letzten Märzwoche (1945) kriegen sie ihn tatsächlich zu fassen. Overduin wird in einer Zelle in der Synagoge eingesperrt. Er bekommt von Sturmführer Sasse zu hören, dass er am nächsten Tag erschossen werden soll.

Und ob ich schon wanderte im finstern Tal,
fürchte ich kein Unglück;
denn du bist bei mir,
dein Stecken und Stab trösten mich.
Du bereitest vor mir einen Tisch
im Angesicht meiner Feinde.

(Psalm 23)

Durch einen Enscheder (Bau-)Unternehmer waren in der Synagoge unterhalb der Frauengalerie sieben Zellen eingerichtet worden. Die Gefangenen saßen im Dunkeln, das Kondenswasser sickerte die Wand herunter, die Fußböden waren beständig nass. Frische Luft kam durch einen kleinen Spalt in der Mauer herein. Es kam vor, dass die SS-Offiziere nach einem Fest den begleitenden Damen ihre Gefangenen zeigten. Sogar am 30. März 1945 fand noch eine solche Veranstaltung statt (Stroink, S. 719).

Overduin wird in diesen unruhigen Tagen in das sinistere Spiel des Geheimdienst-Offiziers Dr. Helmut Meyer und des Verräters Carl Huschka verstrickt. Dr. Meyer, ein ambitionierter Marineoffizier, bekommt im Dezember 1944 nach allerlei Kompetenzstreitigkeiten die Gelegenheit, in der chaotischen Situation der letzten Kriegsmonate ein „Sonderkommando" mit Sitz in einer Villa in Hengelo einzurichten. Er erhält dabei Verfügungsgewalt über eine Anzahl von Mitarbeitern, unter ihnen ein V-Mann (Vertrauensmann, Spion), der Niederländer Carl Huschka, vormals Kellner in Amsterdam, der schon früher seine Nützlichkeit als Maulwurf bewiesen hatte. Huschka erhält seinerseits Hilfe von einem gewissen Izaaks, einem Halbjuden, der in einer schwierigen Lage Huschka um Hilfe gebeten hatte, da er glaubte, dass dieser für die Illegalen tätig sei. Huschka versteht es, im Auftrag von Meyer in das Untergrund-Netzwerk von Enschede einzudringen. Seine Aufgabe ist es im Besonderen, einen Radiosender aufzuspüren. Huschka weiß Vertrauen zu gewinnen, indem er es schafft, einen Gefangenen freizubekommen, Ausweise zu verstecken, zwei Piloten nach Paris zu dirigieren und durch einen anderen Piloten auf den Weg in die Freiheit zu bringen. Was die Anhänger der Untergrundbewegung nicht wissen, ist, dass die ersten beiden Piloten in Paris von den Deutschen abgefangen werden und dass der dritte von Huschka persönlich erschossen wird.

Am 29. März richtet sich Piet Zandbergen, der örtliche Leiter der LO (Hilfe für Untergetauchte) mit einem Appell an Huschka, um Overduin frei zu bekommen. Das scheint Huschka eine gute Idee zu sein, und er weiß Dr. Meyer ebenfalls davon zu überzeugen. Wenn Overduin freikäme, könnte man ihn gut dazu benutzen, an dem Abend eine Versammlung illegaler Mitarbeiter stattfinden zu lassen. Auf diese Weise kämen sie dann auch an den Standort des illegalen Senders heran. Dr. Meyer entschließt sich daraufhin, die Sache sofort anzugehen. Er gibt dem SD in Enschede also den Auftrag, Overduins Zelle zu öffnen. Overduin soll bis zum Gebäude Sumatrastraat 3 von Izaaks begleitet werden, der ihn nicht aus den Augen lassen darf. Dr. Meyer muss sich an dem Mittag wohl noch einige Fragen von dem wütenden Sturmführer Sasse gefallen lassen: Wie kann es ihm bloß in den Kopf kommen, den Todeskandidaten Overduin freizulassen … ! Um Meyers Unglück noch zu vergrößern, berichtet Izaaks, dass er Overduin aus den Augen verloren hat. Er hat ihn in Übereinstimmung mit den Instruktionen in die Sumatrastraat gebracht, wo die Versammlung stattfinden soll. Aber Overduin hat da eine Tasse Kaffee getrunken und ist anschließend unbemerkt verschwunden. Verbleib unbekannt.

Es ist möglich, dass Overduin der Sache nicht traute, es ist aber auch oder außerdem möglich, dass er, nach seinem aufregenden Erlebnis in der Synagogen-Zelle, absolut kein Bedürfnis nach einer Versammlung aufgeregter Widerstandskämpfer hatte. Die Befreier stehen schon in Usselo, morgen sind wir frei. Huschka und Izaaks haben am 31. März viel getan, um so viele Führungsköpfe des Widerstands wie möglich an der Sumatrastraße zusammenzubekommen. Als die Sitzung gerade beginnen soll, stürmen zwölf SD-Männer unter Leitung von Meyer herein und schießen alle Anwesenden nieder. Acht Personen werden getroffen, darunter auch Piet Zandbergen. Eine alte Mutter, die sich unter einem Tisch versteckt hat, entrinnt dem Tod. Unterwegs halten sie dann noch einen Widerstandskämpfer an, den sie exekutieren, und gegen Abend holen sie den Steuerinspektor Bosch aus seiner Untertauchadresse, schließen ihn in eine der Synagogen-Zellen ein und exekutieren ihn am folgenden Morgen im Garten der Synagoge.

Frau Heddendorp – zusammen mit ihrem Mann seinerzeit in der Organisation Overduin aktiv – erinnert sich an den Tag des 31. März 1945 mehr als 50 Jahre später noch sehr gut:

„Pastor Overduin war eingesperrt in der Synagoge in Enschede. Er ist damals durch Karel Huschka freigekommen. Ich hab damals schon gesagt: Diesem Mann ist nicht zu trauen. Overduin und mein Mann waren zu vertrauensselig. Ich konnte sie nicht oft genug warnen: Passt auf! Overduin und mein Mann sind an dem Nachmittag noch unterwegs gewesen. Ich habe noch zu meinem Mann gesagt: Wenn du zu der Versammlung gehst, brauchst du zu mir nicht zurückzukommen. Mein Mann ist nicht hingegangen und Overduin auch nicht."

Erst 1951, nach langwierigen Recherchen, ist es soweit, dass Huschka sich vor der Bijzondere Strafkamer in Zurfen verantworten muss. Dr. Meyer ist da schon verstorben. Ein Bericht des Verfahrens ist in „Tubantia" vom 26. September 1951 veröffentlicht.

1. April 1945, Ostersonntag. Alliierte Soldaten rücken in die Stadt ein. Die Menschen in den Straßen sind außer sich vor Freude. Overduin ist angeschlagen durch die Ereignisse an der Sumatrastraße, von denen er am nächsten Abend erfährt. Er wird die Flagge nicht rausgehängt haben.

In der Woche, die folgt, wird er ins Rathaus bestellt, man braucht ihn. Die provisorische Führung soll durch Menschen verstärkt werden, die allgemein Respekt genießen.

Und es befinden sich wieder Menschen in Not, Menschen, die nach Hilfe schreien. Andere Menschen als noch am Tag zuvor. So muss Overduin sich beeilen, um die Verhaftung von Frau Holstein, der Herkunft nach Deutsche, zu verhindern. Frau Holstein muss ihren Nachbarn zufolge festgenommen werden, weil sie in ihrem Haus deutsche Offiziere empfangen hat. Was die Nachbarn nicht wissen, ist, dass diese Frau englische Piloten und auf Bitten Overduins auch Juden auf ihrem Dachboden versteckt hat.

Öffentlich werden Frauen kahl geschoren, und Häuser von NSBern werden geplündert, NSB-Familien suchen Unterkünfte für ihre Kinder. Overduin dreht wieder auf dem Fahrrad seine Runden.

Barmherzigkeit macht keine Pause.

Kapitel VII: Gerettete und Gefährdete

Wer in Jerusalem die Akten derjenigen Niederländer sichtet, die Juden unter Gefahr für ihr eigenes Leben geholfen und Unterschlupf gewährt haben, der kann wohl zu dem Schluss kommen, dass Niederländer vortreffliche Menschen sind.

Aber es handelt sich hier um eine Auswahl von Menschen, die in einer Geste der Dankbarkeit von Juden für eine Auszeichnung vorgeschlagen worden sind. Nicht alle Gastgeberfamilien der Kriegszeit kamen dafür jedoch in Frage. Es befanden sich nämlich auch Profiteure, Unruhestifter und sogar Verräter unter ihnen.

Bert Woudstra

Eine jüdische Frau, Flora Woudstra-Löwenstein und ihr Sohn Bert werden im September 1941 von Overduin in Enschede an der Minkmaatstraat bei Frau Holstein untergebracht. Ihr Mann, Frits Samuel Woudstra, war kurz vorher nach Mauthausen verschleppt worden. Im Mai 1942 droht eine Hausdurchsuchung und Overduin bringt die Frau eilends zu einem Haus an der Lasondersingel und den Jungen zu dem Zahnarzt Noordenboos am Overmaatweg. Nach einiger Zeit darf der Junge eine Weile lang bei seiner Mutter wohnen. Dann liegt eines Tages ein anonymer Brief im Postkasten. Zehntausend Gulden auf eine bestimmte Weise bezahlen oder Sie werden bei der Polizei angezeigt. Die Untergetauchten ziehen sofort um. Der Zahnarzt und Pastor Overduin holen sie ab. Aus einem alten Auto werden die Sitze entfernt, Bettzeug darin untergebracht. Dann wird es getarnt in ein Wäldchen gefahren. Mutter und Sohn verbringen dort zwei Wochen, bis eine sichere Adresse in Giethoorn gefunden ist.

Das Schreckliche an der Sache ist, dass die jüdische Familie bis heute überzeugt davon ist, dass der Gastgeber selbst den bewussten Drohbrief geschrieben hat.

Solche Beispiele sind Ausnahmen, nicht die Regel. So sind zum Beispiel von Frau Evers und B. J. Flim seriöse Untersuchungen darüber angestellt worden, wie es jüdischen Kindern im Untergrund ergangen ist. Das Fazit: In 80 Prozent der Fälle sind die Kinder gut bis sehr gut behandelt worden, in 15 Prozent der Fälle ist es zu Zwischenfällen gekommen, in fünf Prozent der Fälle sind die Kinder schlecht oder sogar sehr schlecht behandelt worden.

Frits Woudstra

Stolperstein für Frits Woudstra

Auch J. Presser vertritt die Meinung, dass die große Mehrheit der untergetauchten Juden gut bis sehr gut behandelt und dass ihnen aus respektablen Gründen geholfen worden ist.

Am Anfang suchten viele Juden selbst nach einer Untertauchadresse, selbstverständlich bei Nicht-Juden, aber nach einiger Zeit, bedingt durch die Probleme mit Geld und Lebensmittelmarken, Krankheiten oder der Notwendigkeit umzuziehen, gelangten die meisten doch in den Versorgungsbereich einer Organisation.

Das Besondere an der Situation in Twente bestand darin, dass dort bereits ab September 1941 die ersten Schritte gemacht wurden, das Untertauchen zu organisieren, und zwar eben von Overduin. Im Rest des Landes geschah das durch die Bank erst ein Jahr später. Das hatte zur Folge, dass diese Organisationen 1942, als die Beraubungen und Deportationen der Ju-

Bert mit seinem neuen Fahrrad und den Nachbarmädchen Gerrie und Jenny van der Veer im April 1939

den in Schwung kamen, noch nicht „eingearbeitet" waren.

Was waren das für Menschen, die bereit waren, Juden aufzunehmen? In vielen Fällen waren es einfache Leute, die häufig nur eine bescheidene Wohnung zur Verfügung hatten. Die Motive sind, da sie hinterher bunt ausgemalt wurden, im Einzelnen nur schwer zu erkennen. Im Allgemeinen handelte es sich um eine Mischung aus Glaubensgrundsätzen, Betroffenheit durch das Leid der Verfolgten und anti-deutscher Gesinnung. Deutlich ist freilich, dass Meinungsführer eine wichtige Rolle spielten. Pastoren und Pfarrer, Lehrer und Ärzte. Sie fungierten oft als Kontaktpersonen für die Organisationen. Sie wussten, wem sie vertrauen konnten, sie verstanden es, die Menschen dazu zu bewegen, das Risiko auf sich zu nehmen.

Abel Herzberg: „Ich nehme es niemandem übel, in der Kriegszeit keine Juden aufgenommen zu haben. Ich weiß nicht, ob ich es selbst gewagt hätte."

Für viele Juden war der Aufenthalt bei den Gastgeberfamilien ein angsterfülltes und nervenaufreibendes Abenteuer. Hinzu kam, dass es in vielen Fällen einen kulturellen Schock bedeutete. Das gilt insbesondere für die Amsterdamer Juden, die in „Mokum" so eine eigene abgeschlossene Welt besaßen.

Auch kam es wohl mal vor, dass man sich durch die religiöse Praxis in den Gastgeberfamilien unter Druck gesetzt fühlte. Doch fühlten sich gerade die streng-orthodoxen Juden bei orthodoxen Protestanten sehr wohl, waren sie sich doch einig in „der Furcht des Herrn".

Frau Cecile Kanteman, seinerzeit Sekretärin von Sieg Menko und als solche auch Sekretärin des Enscheder Judenrates (dem Menko vorstand), wurde 1942 damit beauftragt, ein achtzehnjähriges jüdisches Mädchen aus Amsterdam abzufangen und zu einer Untertauchadresse in der Stadt zu begleiten. „Sie war so nervös. Sie stammte aus dem Judenviertel. Sie hatte noch niemals mit Nichtjuden gesprochen. Sie war auch noch so jung, zuhause immer beschirmt. Ich konnte sie

später noch einmal besuchen, da war sie ein ganz anderer Mensch. Sie sagte zu mir: ‚Sie sind nicht wie wir …'"

Cecile Kanteman erzählt auch, dass Sieg Menko zu Beginn des Krieges den Judenrat von Amsterdam besuchte und dass er den Vorsitzenden Cohen fragte: „Was halten Sie vom Untertauchen?" Woraufhin Cohen antwortete: „Dieses Wort, Herr Menko, kommt in unserem Vokabular nicht vor." Menko ließ sich danach nicht mehr in Amsterdam blicken, er überließ das fortan Sanders.

Wenn Gemeindemitglieder kamen, die einen Aufruf erhalten hatten, dann sagte Menko: „Nicht untertauchen, denk nochmals darüber nach." Vorsicht war geboten. Aber kurz darauf rief er Gerard Sanders zu sich, und der ging dann abends hin, um mit diesen Menschen zu reden. Möglicherweise nach Absprache mit Overduin, mit dem Sanders intensiven Kontakt pflegte.

Wenn Menko derartige Dinge mit Sanders zu besprechen hatte, dann musste die Sekretärin das Zimmer verlassen. (Regel eins der Kriegskommunikation: Worüber du nichts weißt, davon kannst du auch nichts preisgeben.) Sie hat nicht ein einziges Mal an einer Beratung mit Overduin teilgenommen.

Menko selbst tauchte erst ganz zuletzt unter, wurde verraten und verhaftet. Er wurde zusammen mit seiner Frau in das Lager Theresienstadt deportiert. Beide überlebten. Auch Kollege van Dam überlebte. Er tauchte bei Henk van Heek in Boekelo unter. Sanders hatte nicht so viel Glück. Mit Sack und Pack und in Begleitung eines Freundes wurde er auf dem Weg zu seiner Untertauchadresse festgenommen. Beide kehrten nicht zurück. (Gespräch von Frau Kanteman mit Willi Lindwer. Veröffentlichung: „Het fatale dilemma".)

Marie de Vries, 1942 ein dreijähriges Mädchen aus Neede, wurde von Frau Buyze aus der Wohnung Overduins abgeholt. Das Ehepaar Buyze hat während des ganzen Krieges für sie gesorgt und während eines Teils auch für Dine Slager und Mimi Hartog. Sie mussten eine Zeitlang mit der kleinen Marie herumziehen, nachdem sie nach einem Überfall in Boekelo gewarnt worden waren, dass in ihrer Nähe noch ein weiterer Überfall stattfinden sollte.

Riwka Cohen, seinerzeit sechs Jahre alt, erzählt, was ihre Mutter ihr erzählt hat. Diese wollte nicht untertauchen, obwohl der Vater im September 1941 schon festgenommen worden war. Overduin kam zu ihr und sagte: „Mensch, sei jetzt vernünftig, wenn die Kinder den Krieg überleben, dann haben sie nicht nur keinen Vater, sondern auch keine Mutter mehr." Riwka wurde von Maartje Overduin abgeholt. Hinten auf dem Fahrrad, anschließend ging es mit dem Zug zunächst nach Giethoorn. Später aus unterschiedlichen Gründen weiter an andere Orte, wiederum durch Mitarbeiter Overduins geregelt: Hellendoorn, de Zettense Inrichtingen (Zettensche Einrichtungen) und Breda. Auch Mutter Cohen wurde durch die Organisation Overduin an einen anderen Ort gebracht: nach Hoogeveen.

„Am Tisch wurde gebetet, und ich wurde gefragt, ob ich mitbeten wolle. Es wurden Psalmen gesungen. Beten und Psalmensingen fand ich sehr schön, aber ich hatte keine Verbindung zu dem Glauben. In Zetten war es ziemlich streng. In Breda kam ich zu getauften Juden. Im Juni 1945 kam meine Mutter mich abzuholen: Ich bin deine Mutter, und das ist dein Schwesterchen, jetzt darfst du mit nach Hause."

Max Weyl aus Gronau, sein Vater gehörte zu den Mauthausen-Opfern, konnte dank Overduins Hilfe in der Nähe der Kagerplassen untertauchen, seine Mutter bei einer anderen Adresse, in Haarlem. Sie blieben an diesen Orten bis zum Ende des Krieges.

Sie waren deutsche Flüchtlinge, geflüchtet nach der Kristallnacht des Jahres 1938 und in die jüdische Gemeinschaft Enschede aufgenommen.

Dick Mos, Schutzmann bei der Polizei und Kontaktperson Overduins, fragte Herrn Langius, G. J., van Heekstraat, ob er bereit sei, zwei Mädchen aus Amsterdam, Erna und Frieda Rose, in sein Haus aufzunehmen. Kurze Zeit darauf fragte Pfarrer Holterman, ob sie auch Karel Godschalk und seine Frau Elze Rose aufnehmen könnten. Karel Godschalk war krank. Der Kontaktmann Dick Mos wurde zusammen mit einer ganzen Gruppe Enscheder Polizeibeamter verhaftet. Die Polizisten wurden in Vught interniert, überlebten jedoch. Die Ehefrau von Mos führte die Versorgung der Untergetauchten fort. Unerwartet gesellten sich noch zwei weitere Untergetauchte hinzu. Am unteren Ende der Straße waren Frau Zwartz und ihre Tochter Judith versteckt. Die Wohnung wurde jedoch von Jetzt auf Gleich von den Deutschen eingefordert. Langius brachte Mutter und Tochter über die Straße. Das Ganze ging noch soeben gut. Langius verließ die Wohnung zusammen mit den Untergetauchten auf der einen Seite, während auf der anderen Seite deutsche Offiziere hereinkamen.

Als Herr und Frau Langius eines Sonntags aus der Kirche kamen, fanden sie einen anonymen Brief mit einer Warnung darin vor. (Nach dem Krieg schien es so, als habe der vertrauenswürdige Polizist Kleinjan die Warnung geschickt.) Hals über Kopf wurden die drei Schwestern und die Damen Zwartz zu anderen Adressen gebracht. Diese Untergetauchten haben den Krieg überlebt.

Herr Godschalk starb in seinem Versteck. Der Abtransport des Verstorbenen war riskant. Deshalb tat man so, als ob einem Fremden vor der Haustür übel geworden sei.

Ein besonderer Platz für jüdische und andere Untergetauchte war das Haus von Gerard Oude Groen und seiner Frau in Boekelo. Er arbeitete dort als Leiter der R. K. (römisch-katholischen) Primarschule und stand in Kontakt mit Hannink in Usselo. Ob es auch eine direkte Verbindung zu Overduin gab, ist dagegen nicht bekannt. Ungefähr 90 Untergetauchte, die ständig wechselten, haben dort Unterschlupf gefunden, meistens in einem Raum, der unter dem Boden lag.

In Boekelo war jedoch noch mehr im Gange. Bei dem Holzschuhmacher Bel hielten sich vier Juden auf (Palästina-Pioniere), die dort von „Jan-met-de-Kappen" aufgegriffen wurden; wobei Verrat im Spiel war. Und im Hühnerstall von van Heek wohnten ebenfalls untergetauchte Juden. Den Direktor der Molkerei Pape und seinen Sohn kostete die Hilfe für Juden das Leben. Van der Veen und Bijleveld wurden wegen Judenhilfe nach Vught gebracht und haben unter der Gefangenschaft sehr gelitten.

Das Ehepaar Wetzstein aus Deventer wurde durch jüdische Freunde auf Overduins Adresse aufmerksam gemacht. Auf ihre Anfrage hin fand er für ihr vierjähriges Söhnchen Carl einen Platz bei drei unverheirateten Schwestern Nawijn in Enschede. Die Anwesenheit des Jungen fiel dort jedoch zu sehr auf. Deshalb wurde er nach Bolsward gebracht, wo ein Bruder der drei Schwestern wohnte. Bis zum Ende des Krieges wurde er dort liebevoll durch die Familie versorgt.

Von den Palästina-Pionieren hat beinahe die Hälfte den Krieg überlebt. Einerseits, so der Forscher van Zuijlen, weil sie in der Umgebung von Enschede Bauern kannten, andererseits aber auch dank der Hilfe Overduins und seiner Mitarbeiter.

Eine Gruppe von fünf jungen Männern hob mit Zustimmung des Bauern in der Umgebung von Boekelo ein Loch von vier mal vier Metern aus, das sie zudeckten. In diesem Loch lebten sie von September 1942 bis Mai 1943, solange, bis sie anderswo eine Zuflucht fanden. In dem Loch ging es ihnen jedoch nicht gut. Buchsbaum, einer der Überlebenden, erzählt darüber: „Der Bauer Schukkink hatte Kontakt zur Untergrundbewegung aufgenommen und kam in Begleitung von Overduin zu uns. Das Treffen steht mir wegen der Begeisterung, in die es uns alle versetzte, noch ganz deutlich vor Augen. Nachdem wir die Leiter heruntergelassen hatten, kam Schukkink mit dem Besucher herunter. Er versicherte uns, dass keine Gefahr bestünde, dieser Mann wolle uns helfen. Der Pastor war erkennbar verblüfft über das, was er da sah. Er murmelte mehrmals: ‚Wie kann das bloß', während ihm die Tränen über die Wangen liefen. Von dem Tag an wurde regelmäßig für Essen gesorgt."

Bei der Familie van der Schaaf hielten sich regelmäßig untergetauchte Juden auf, unter anderem Minie, Ellie und Bram Hartog. Van der Schaaf war ein Kontaktmann Overduins. Eines Tages, die Untergetauchten befanden sich gerade im Wohnzimmer, standen zwei Polizisten vor der Tür, die Einlass verlangten. Van der Schaaf besaß die Geistesgegenwart, sie nicht hereinzulassen und den Polizeikommissar van der Wal anzurufen. Der ließ die Beamten abziehen, sie müssten zuerst einen Hausdurchsuchungsbefehl von ihm abholen. Die Untergetauchten konnten eine sichere Zuflucht suchen.

Channa Andriesse war im Sommer 1942 ein dreijähriges Kind. Sie hatte eine noch jüngere Schwester. Ihr Vater war ein Mauthausen-Opfer. Die junge Mutter ging zu Overduin, und der fand auf ihre Bitte hin einen Platz für Channa beim Direktor Thoomes der christlichen Schule in Veenendaal. Drei Jahre lang sorgte das Ehepaar Thoomes für das Kind. Über die Organisation schickten sie regelmäßig Fotos an die Mutter, die mit ihrem Baby in Hellendoom Unterschlupf gefunden hatte. Kurz nach der Befreiung konnte das Kind wieder zu seiner Mutter zurück.

Durch Vermittlung Overduins kamen vier Menkos – Frits und Friedel mit zwei Kindern – in der Hausmeisterwohnung des Naturhistorischen Museums bei der Familie Steenkamp unter. Steenkamp holte auch noch die Mutter von Frau Menko nach Enschede. Die Untergetauchten mussten umziehen, als die Deutschen die Gebäude im Herbst 1944 in Beschlag nahmen. Sie fanden anderswo eine sichere Bleibe.

Herr und Frau Wesselius, die selbst drei Kinder hatten, ließen Overduin wissen, dass sie bereit seien, ein jüdisches Kind aufzunehmen; auf Grund ihrer humanistischen Prinzipien und ohne jede Vergütung. Sie bekamen ein Kind von fünf Monaten, Mirjam Menko, und sorgten für sie bis zum Ende des Krieges. Die Eltern – Dr. Jozef Menko und seine Frau Betty – kamen bei der Familie Braakman unter. Overduin kam dort selbst regelmäßig vorbei, um Geld, Lebensmittelmarken und Kartoffeln zu bringen.

Es gibt die Geschichte über die Familie Hoek aus Goor. Die Geschichte ist in Weustinks Buch über die Juden in Twente nachzulesen. Auch ohne dass der Name genannt wird, kann man die Arbeitsweise von Overduin darin erkennen.
Für die Familie Hoek war in Markelo ein Versteck unter dem Erdboden gebaut worden. Frau Jeukens und Kaplan Jansen sorgten für das Essen. Nach anderthalb Jahren wurde es zu gefährlich, weil in der unmittelbaren Umgebung deutsche Truppen ihr Lager aufschlugen. Frau Jeukens schleuste sie nach Enschede.
„Die Hilfeleistenden hatten für einen Krankenwagen aus Enschede gesorgt … Eine illegale Mitarbeiterin war als Krankenschwester verkleidet. Zuerst ging es noch zum Krankenhaus in Delden, wo jeder untersucht wurde. (Eine Schwester von Herrn Hoek war nämlich an Tbc gestorben. Man hatte sie im Garten von Frau Jeukens vorläufig begraben.) Im Krankenhaus in Delden hielten sich übrigens auch noch zwei jüdische Jungen auf. In Enschede wurden einige Untergetauchte bei einem gereformeerden Pastor untergebracht. Pastor Overduin, Hilfe und Zuflucht so vieler jüdischer Untergetauchter, und seine Schwestern, die Krankenschwestern waren, sorgten dafür, dass je-

des Familienmitglied einen Unterschlupf fand. Herr Hoek kam zu einem pensionierten Lehrer, namens Schutter (der übrigens einen geheimen Sender betrieb). Das Haus schien bei näherer Betrachtung zu gefährlich zu sein … Wieb de Rook (Tochter des bekannten Musikers Klaas de Rook) brachte ihn deshalb zum Haus des bekannten Hautarztes Dr. Leopold an der Lasondersingel. Da war auch Rabbi de Vries versteckt … “

Leo Cohen hat seine Lebensgeschichte in dem Buch „Het Leven heeft vele gezichten" (Das Leben hat viele Gesichter) erzählt. Nur eine Passage aus diesem Buch. Der Vorfall ereignete sich in Gendringen (Gelderland):
„Die Frauen legten sich schlafen, die Männer noch nicht. Großvater Kees war einer der Führer des Widerstands, und er war an diesem Abend hier, um zu besprechen, was weiter getan werden musste.
‚Was wird mit den Frauen passieren?', fragte Arie.
‚Morgen werden sie zu einer Adresse gebracht, die ich von Pastor Overduin bekommen habe, Anton bringt sie dahin. Hier sind zwei Personalausweise für zwei Frauen, um die musst du dich heute Nacht noch kümmern, die Fotos sind beigefügt.'"

Komm heute Abend mit Geschichten,
Wie der Krieg verschwunden ist.
Erzähl sie Hunderte von Malen
Und jedes Mal werde ich weinen.

(Vroman)

Es sind Berichte über zwei Untergetauchte in einem Versteck in Buurse überliefert, die einander nach dem Leben trachteten, so dass eines Nachts eingegriffen werden musste.

Weiterhin von einer Frau, die solche Ansprüche hinsichtlich ihrer Ernährung stellte, dass sie dreimal verlegt werden musste.

Die Liste jüdischer Flüchtlinge, die von Overduin und seinen Mitarbeitern Hilfe erhielten, diese Liste ist nicht komplett. Viele Erzählungen von Elend und Unglück wurden unberücksichtigt gelassen. Es sind Berichte überliefert, die hier einfach nicht wiedergegeben wurden. Durch die Wiederholungen würde die Aufmerksamkeit erschlaffen. Und welchem Ziel wäre mit einer vollständigen Liste auch gedient?

In jedem Fall geht aus den Berichten hervor, dass der Aktionsradius von Overduin nicht auf die eigene Stadt begrenzt war, sondern sich von Bolsward via Haarlem bis Heerlen erstreckte.

Und es ist keine Situation bekannt, in der Overduin gesagt hätte: Ich kann Ihnen nicht helfen, es ist zu riskant, ich hab noch so viele andere Sachen zu erledigen, ich bin urlaubsreif, ich werde Sie weiter verweisen. Er war ein Helfer ohne Ausflüchte.

Nach dem Krieg hat J. N. Menko, Inhaber der kleinen Metallfabrik Nepas, von seinem neuen Wohnort in Israel aus einen Brief an das Institut Yad Vashem in Jerusalem geschrieben. Darin beantragte er, Overduin die Ehren-Medaille zu verleihen.

In seinem Brief vom 9. Juli 1972 schreibt er: „Ich weiß nicht, welche Maßstäbe Sie anlegen, aber ich kann Ihnen versichern, dass mir persönlich niemand bekannt ist, der mit so viel Selbstverleugnung und Heldenmut so viele Juden gerettet hat. Die Zahl geht bestimmt in die Hunderte und viele, die jetzt in Israel leben, so wie z. B. wir und unsere Tochter und viele andere, hätten ohne seine Aktivitäten nicht überlebt, sondern wären Opfer der Nazis geworden.“

Und in einer weiteren Erläuterung vom 17. August 1972: „Täglich suchte er die Adressen auf, um Geld und Lebensmittelmarken abzuliefern, und ich erinnere mich noch sehr gut daran, wie er abends mit einer dunklen Brille auf zu uns kam. Er sorgte auch dafür, dass der Kohlenhändler nicht nur Extrakohlen, sondern auch Säcke mit Kartoffeln brachte. Das geschah immer ohne jede Prahlerei oder Selbstgefälligkeit.“

Menko fügt dem Schreiben Zeugnisse mehrerer Schicksalsgenossen bei:

Alice Israel – Ich lebte in demselben Haus wie er an der Stokhorstlaan 70 in Enschede. Ich hatte Gelegenheit zu sehen, wie er Tag und Nacht arbeitete, um Adressen zu finden. Er sorgte nicht nur für mich, sondern auch für Herrn und Frau Frankenhuis samt ihren Kindern und Adoptivkindern.

Laron Mordechai – Overduin beschaffte uns vier Mal eine Adresse und besorgte uns falsche Papiere.

Löhnberg – Ich hoffe, dass Overduin die Ehre erwiesen werden wird, die ihm so sehr zusteht.

Telza Kats – Wir waren dank der Bemühungen Pastor Overduins bei der Familie Petter untergebracht. Sowohl Pastor Overduin als auch unsere Gastgeberfamilie haben ihr Leben aufs Spiel gesetzt.

Meyer Godschalk – In Borculo war ich Mitglied einer Widerstandsgruppe. Mit Pastor Overduin zusammen habe ich mehrfach Juden zu ihrer Untertauchadresse gebracht, u. a. die Familien Hartog, Salomons und Meyer aus Borculo. Overduin war die zentrale Figur, Informationsquelle und Vertrauensmann unserer Gruppe. Ich verstehe nicht, warum nicht früher schon ein Antrag bei Yad Vashem eingereicht worden ist, aber ich unterstütze die Initiative von Herzen.

A. de Leeuw – Overduin kümmerte sich um mich, meine Frau und unser Baby unter Gefährdung seines eigenen Lebens. Verschiedene Male besuchte er uns in unseren Verstecken, stets in einer anderen Verkleidung. Einmal als Bäcker, dann wieder als Schornsteinfeger. Wir haben dem Liebesdienst Overduins unser Leben zu verdanken, weil sonst der Weg in die Vernichtungslager auf uns gewartet hätte.

Aus dem Brief von Selies Brommet vom Januar 1973:

„Wir waren Teil der großen Gruppe von Juden, der Overduin half, sich vor den Nazis zu verstecken. Er kam zu Simon, den er vom Judenrat her kannte, und sagte, dass wir uns eiligst verstecken müssten. Simon war davon wegen des Risikos, dass die Gastgeberfamilien eingehen mussten, nicht angetan. Aber Overduin überzeugte ihn, und wir stellten die Bedingung, dass in jedem Fall unser Baby sicher untergebracht sein müsse. Am 2. Dezember 1942 holte Corry Overduin das Baby ab, und einige Tage später brachte Overduin es selbst per Zug nach Leeuwarden zum Haus von Pastor Bijlsma. Das Baby blieb da ein halbes Jahr und wurde dann zu einer anderen Familie in Bolsward gebracht, wo es wie ein eigenes Kind versorgt wurde, bis ich es nach Kriegsende abholen konnte.

In der Zwischenzeit wurde die Lage immer bedrohlicher. Mitte Dezember sagte Overduin zu Simon, dass wir sofort verschwinden müssten. In jener Nacht kam er zusammen mit einem anderen Mitglied der Untergrundbewegung, seiner rechten Hand, dem Bauern Roerink. Sie kamen auf dem Fahrrad, und sie hatten beide noch ein zusätzliches Fahrrad bei sich. Wir verließen unser Haus, und sie brachten uns zu der Familie Oskamp in Boekelo. Diese Menschen nahmen uns mit Liebe auf, unter diesen Umständen ging es überhaupt nicht besser. Wir blieben dort anderthalb Jahre. Pastor Overduin besuchte uns mehrere Male und Roerink auch. Sie brachten uns Lebensmittelmarken, Zigaretten, Tabak und das Wichtigste: Neuigkeiten von draußen. Die Besuche halfen uns, den Mut nicht zu verlieren. Gegen Ende dieser Periode machte Overduin für mich eine besondere, sehr gefährliche Reise nach Bolsward, um mir ein aktuelles Foto meines Kindes zu besorgen. Ich kann nicht beschreiben, was das für uns bedeutete. Ich erzähle Ihnen das, um Ihnen deutlich zu machen, wieviel Verständnis er für uns hatte und welches Risiko er auf sich nahm. Er hielt es für ganz selbstverständlich, Menschen in Not zu helfen. Ich erinnere mich, dass er uns an dem Abend des Tages besuchen kam, an dem er aus dem Gefängnis entlassen worden war. Das erste, was er wissen wollte, war, ob sich jeder in Sicherheit befand. Im Mai 1944 fand eine Hausdurchsuchung statt, aber dank unseres perfekten Verstecks wurden wir nicht entdeckt. Nichtsdestoweniger mussten wir diese wunderbaren Menschen verlassen (die übrigens einige Monate später erneut Juden aufnahmen). Einen Tag und eine Nacht blieben wir in den Wäldern; danach wurden wir zu Roerinks Bauernhof gebracht, und am nächsten Tag regelte Corry Overduin dann unseren Transport zu einem anderen Ort . . .“

Die Yad-Vashem-Medaille wurde im Juli 1973 auf Grund der von J. N. Menko gesammelten Zeugnisse zuerkannt, aber nicht übergeben. Overduin war von der Verleihung nicht begeistert.

Yad Vashem, „Ewiger Name“. Der Name des Instituts wurde hier schon einige Male erwähnt. Der Name ist einem Text aus dem Buch des Propheten Jesaja entlehnt, Jes. 56,5: „Ihnen will ich in meinem Hause und in meinen Mauern ein Denkmal und einen Namen geben; das ist besser als Söhne und Töchter. Einen ewigen Namen will ich ihnen geben, der nicht vergehen soll.“

Das israelische Parlament verabschiedete am 19. August 1953 ein Gesetz über das Gedenken der Märtyrer und Helden. Die Erinnerung an das, was später als Holocaust bezeichnet wurde, sollte wach gehalten werden. In Artikel 9 des Gesetzes ist bestimmt, dass „ein ewiger Name“ Christen zuerkannt werden soll, die sich bemüht haben, unter Gefahr für ihr eigenes Leben, Juden zu retten. Der Titel für solche mutigen Menschen lautet „Hasidei Ummot Ha-Olam“, wörtlich: „Die Gerechten unter den Völkern“. Für diesen Titel kommen diejenigen nicht in Frage, die lediglich Sympathie bezeugt oder Erklärungen abgegeben ha-

OSKAM ARIE & ELISABETH	F
OSKAM BERNARD & MIEN	P
OTTEN SEINE & JANS	P
OUWERSLOOT CORNELIS	P
OVERDUIN LEENDERT & SISTERS MARIETJE & CORRIE	P
OVERSLOOT JACOB & JELTJE	P
OVINK WILLEM & GERARDINA	P
PAASSCHEN VAN HENK & PIA	P
PARREREN VAN WILHELM & SARA	P
PAULISSEN JOHANNES & ANNA	P

MOOR-POLAK EDWINA LOUISE
MOOR DE WOUTER & LIESSBETH
MOOREN HARRY
MOOY-VISSER ANNA
MOOY DE LIJSBERTUS & HENRICA
MOULIJN JACOB & LOUISE & CHILDREN PETRONELLA & TAMMO
MOURIK VAN DIRK & WILHELMINA
MOURIK VAN GERT & MARRIGJE & DAUGHTER KLAZIEN
MUIS HENDRIK & ANNA CATHARINA
MULDER JAN & TJITSKE
MULDER DE GERARDUS & ANNA
MULDERS CHRISTIAAN & HENDRIKJE
MÜLLER PIETER & ADRIANA
MUSCHENBROEK VAN SAMUEL
MUSSERT MARINUS & ALIDA
MUURLING-BRUIJNE JOHANNA
NABER ZWIER & DERKJE & CHILDREN JAAP HERMA & KLARINA
NAEIJE GELEIJN W. & MARIE
NAGEL VAN DER ABRAHAM & MARGARETHA & DAUGHTER META
NAGTEGAAL ARIE & JOHANNA & DAUGHTER MARTHA
NAGTEGAAL PIET & TEUNI
NAP JAN & JANNETJE
NAUTA WATTE & UILKJE
NAWIJN SISTERS: AKKE, FOKKE & DIEN
NAWIJN JAN & LOLKJE
NEERVORT KLAAS & ARENDJE
NEUBERG-ZIJLSTRA GEERTJE
NICLAES-GROEN MARIA JOSEPHINA
NIEMEIJER JOHANNA THEODORA
NIEMEIJER JAN & MARTHA
NIESTEN CHARLES
NIEUWBOER SISTERS TJITS & RIEK
NIEUWENHUIS-BRUSSE GEESJE
NIEUWENHUIS-SCHILPZAND JOHANNA REGINA
NIEUWKOOP VAN PIETER & ALBERTHA
NIJENHUIS WOLTER & ANNE
NIJENHUIS TE TJALLE & SOPHIA
NIJGH IJSBRAND
NIJHUIS EVERT & JOHANNA & CHILDREN JOHAN & HANNA
NOBELS HENDRIK & MARIA
NOOIJER DE LEENDERT & CORNELIA
NOORDA VAN DER JAN & MARIA
NOORDA VAN DER WILLEM & ANNA

NOORDEWIER-DHONT WILLEMINA
NOORLAG WILCO & JOHANNA & DAUGHTER GEESIEN
NUMANS S.R. & GERRY
NUVER-KNETEMAN ELISABETH
NYHOFF GERRIT & JOHANNA & SON WILLEM
NYMEYER GEORGE
OERLEMANS ARNOLD & BERTHA
OEVER VAN 'T GERRIT & NIESJE
OEVEREN VAN JAN & CATHARINA
OEVERING SAKE & MAAIKE
OLDENBURGER AALTJE
OLINK GERRIT & ANNA
OLOFSEN GERRIT & JOHANNA & DAUGHTER BERNARDINA
ONDERWEEGS DIRK
OOLBEKKING HENDRICUS & JAANTJE
OORDT VAN ADA
OORSCHOT VAN JOHAN & MINA & CHILDREN JAN, WILLEM, ANNA & THEODORA
OORTMAN BEREND & DIRKJE
OOSTEN VAN JOHANNES & WILHELMINA
OOSTEN VAN-VAN BREUGEL DINI
OOSTERGO G. & REINA
OOSTERLEE ANNA ELIZABETH
OOSTEROM VAN LAURENT
OOSTERVEEN JAN & GRIETJE
OOSTERVELD AREND & SIENA
ORMEL GERRIT JAN & ANKELIEN
ORRIENS HERMANUS & WIFE
OSKAM ARIE & ELISABETH
OTTEN SEINE & JANS
OUWERSLOOT CORNELIS
OVERDUIN LEENDERT & SISTERS MARIETJE & CORRIE
OVERSLOOT JACOB & JELTJE
OVINK WILLEM & GERARDINA
PAASSCHEN VAN HENK & PIA
PARREREN VAN WILHELM & SARA
PAULISSEN JOHANNES & ANNA
PAULUS PAUL & ALICE
PEEREBOOM-HARMSEN HENDRIKA
PEETERS JACOBUS & MOTHER JACOBA
PELSER HENK
PENNINGS GERRIT & JOHANNA
PENNINGS JAN & JOHANNA
PEPPELMAN HERMAN & PETRONELLA
PETERS CASPER & VROUWTJE
PETERS VAN NIJENHOF LUCAS & CORNELIA
PETTER LAMBERTUS & HINKE & DAUGHTERS HENDRIKA & DINA

PEYPERS GERARD & RIE
PFANN ABRAHAM & GERRITJE
PHILIPS FREDERIK
PICAULY-VAN DER WAL HENDRIKE
PIEPER FRANCISCUS & CORNELIA
PIETERSEN-VAN NIEL BERNARDINA
PIJLMAN GEERT & MARTHA
PINXTEREN GOVARDUS & ELIZABETH
PLAAT GERRIT & FREDERIKJE
PLATTEEL JAN & CATHRIEN
PLIESTER MATTHIAS & GIJSJE
PLOEG VAN DER CATHARINA
PLOEG VAN DER-IJSSELSTEIN JELTJE
PLOEGMAN SISTERS JEANNE, BETSY & MARIE
POEL VAN DER HENDRIK & ADRIANA & DAUGHTER WILHELMINA
POEL VAN DER LEENDERT & ALIDA
POEL VAN DER WOUTER & CLASINE
POL ALBERT & FEMMIGJE
POL VAN DER ELIZABARTH & CORNELIA
POLAK LIDA
POLMAN HENDRIK & HENDRIKA
POMPEN JOHANNES & DAUGHTER GEERTRUIDA
PONSTEEN ANDRIES & DIEUWKE
POONS-MOLL MARIA
POORTS MARTINUS
POPPING ALBERT & TALJE
POST BARTEL
POST KLAAS & ROEFINA
POST MARINUS
POST WIGGELE & LIPKJE
POST VAN DER JAAP & ANNIE
POSTEMA MARIAN
POSTHUMUS AREND & JANTINA
POSTMA KLAAS & BERBER
POTHARST DIEDERICH & MINA
PRAAG ALIDA & TOM
PRAAG VAN-TACONIS TRIJNTJE
PRAAGH VAN FRANK & BEP
PRAAGH VAN-LABORDUS ANNIE
PRINS ADRIAAN & CATHARINA & CHILDREN MELGERDINA, CORNELIA, ADRIANA, ADA & ARIA
PRONK KAREL & JOHANNA
PROTZMAN JAN & FEM
FRUDON GIJSBERTUS & GUILLEMINE
PUTT VAN DER KAREL & ADRIANA
QUASTEN SERVAAS & MARIA
RAN JAN & WILHELMINA
RAVEN WIJTZE
RAVENSBERGEN CHILDREN: JAN, JACOBA, JANNA & WILHELMINA

Yad Vashem in Jerusalem. Die Namen der Overduins in Stein gemeißelt. (Seltsames Missverständnis: Die älteste der beiden Schwestern hieß Maartje und nicht Marietje; Marietje war einer der Tarnnamen ihrer Schwester.

ben, sondern nur diejenigen, die sich aktiv eingesetzt haben. Ein ewiger Name für eine Tat, das ist orthodox jüdisch.

Im Buch Exodus, dem 2. Buch Mose der Bibel kommt ein bedeutender Pharao vor, ein mächtiger Herrscher, der den Befehl erteilt: „Alle Knaben, die den Hebräern geboren werden, werft in den Nil!"

Der Name des Pharao kommt in der Erzählung nicht vor. Niemand weiß, wie er hieß. Wohl werden die beiden ägyptischen Hebammen mit Namen und Vornamen genannt, die den Befehl nicht ausführen wollten, Sifra und Pua. Diese beiden sind die ersten, denen sozusagen von himmlischer Stelle die Yad-Vashem-Auszeichnung zuerkannt wurde.

Eine zeitgenössische Parallele zu diesem Ereignis. Dieser Tage war in einer kleinen Ecke der Zeitung ein Bericht über eine Schuluntersuchung in Japan zu lesen. Sekundarschülern wurden u. a. die Fragen gestellt: Wer war Adolf Hitler und wer war Anne Frank? Wie sich herausstellte, hatte kein einziger Schüler die erste Frage gut beantwortet, aber alle wussten, wer Anne Frank war. Ein Flüchtling aus Deutschland, aufgewachsen in Amsterdam, hat einen Namen erworben, der nicht vergehen soll.

OOSTERVELD AREND & SIENA
ORMEL GERRIT JAN & ANKELIEN
ORRIENS HERMANUS & WIFE
OSKAM ARIE & ELISABETH
OSKAM BERNARD & MIEN
OTTEN SEINE & JANS
OUWERSLOOT CORNELIS
OVERDUIN LEENDERT & SISTERS
    MARIETJE & CORRIE
OVERSLOOT JACOB & JELTJE
OVINK WILLEM & GERARDINA
PAASSCHEN VAN HENK & PIA
PARREREN VAN WILHELM & SARA
PAULISSEN JOHANNES & ANNA

Zum Institut Yad Vashem, auf einem der Hügel von Jerusalem, gehören ein Museum, eine Gedenkhalle, eine Synagoge. In der Halle der Erinnerung, einem rechteckigen Bau ohne Fenster, sind auf Steinen, die in den Boden eingelassen wurden, die Namen von 22 Konzentrationslagern aus dem Zweiten Weltkrieg zu lesen. Jeder, der sie liest, schaudert. Ferner gibt es eine Halle der Namen, deren Register noch täglich zunimmt. Und man gibt nicht auf. Denn die Anzahl von rund sechs Millionen Juden ist noch längst nicht dokumentiert.

Die Kommission, die über die Aufnahme in den Kreis der „Gerechten" urteilt, handelt nach strengen Regeln. Drei Würdigungen sind möglich. Die erste ist eine schriftliche Würdigung. Die zweite besteht darin, dass ein „Gerechter" das Recht verliehen bekommt, auf dem Yad-Vashem-Hügel eigenhändig einen Baum zu pflanzen, mit dem der Name des Pflanzenden verbunden bleibt. Die Allee der Gerechten ist inzwischen zu einem üppigen Wald herangewachsen. Die dritte Möglichkeit ist die Verleihung der Medaille, die höchste Auszeichnung des Staates Israel überhaupt. Auf dem Rand der Medaille steht

ein Spruch aus dem Talmud: „Wenn es einem Menschen gelingt, ein Leben zu retten, ist es, als hätte er die ganze Welt gerettet."

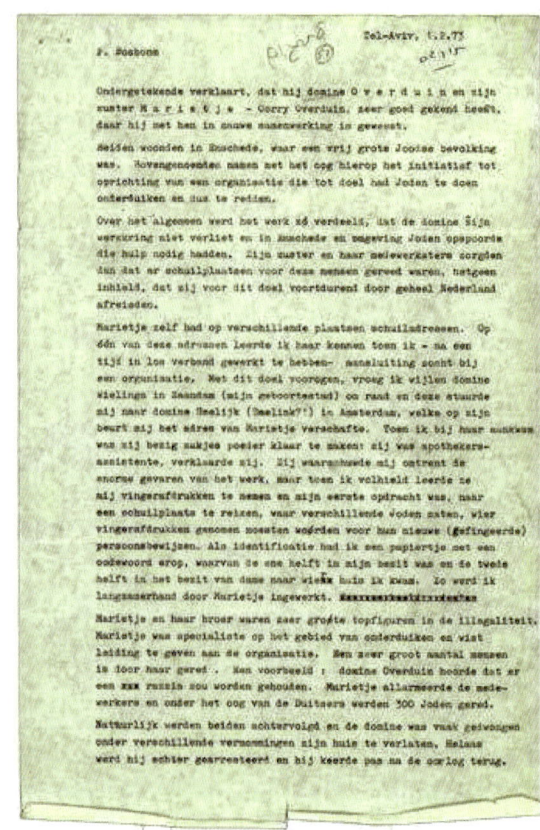

Dossier Overduin Yad Vashem

P. Bosboom   Tel-Aviv 1.2. 73

Untergezeichneter erklärt, dass er Pastor Overduin und seine Schwester Marietje – Corry Overduin, sehr gut gekannt hat, da er mit ihnen eng zusammengearbeitet hat.
Beide wohnten in Enschede, wo es eine ziemlich große jüdische Gemeinde gab. Mit Blick hierauf, ergriffen die Obengenannten die In-

itiative zur Errichtung einer Organisation, die zum Ziel hatte, Juden untertauchen zu lassen und auf diese Weise zu retten.

Im Allgemeinen wurde die Arbeit so verteilt, dass der Pastor seinen Arbeitsbereich nicht verließ und in Enschede und Umgebung Juden aufspürte, die Hilfe nötig hatten. Seine Schwester und ihre Mitarbeiter sorgten dann dafür, dass Verstecke für diese Menschen bereit standen, was bedeutete, dass sie zu diesem Zweck fortwährend überall in den Niederlanden herumreisten.

Marietje besaß auch für sich selbst an verschiedenen Orten Untertauchadressen. Unter einer dieser Adressen lernte ich sie kennen, als ich – nachdem ich eine Zeitlang in loser Verbindung tätig gewesen war – Anschluss an eine Organisation suchte. Mit diesem Ziel vor Augen, fragte ich den (inzwischen) verstorbenen Pastor Wielinga in Zandem (meiner Geburtsstadt) um Rat und der schickte mich zu Pastor Smelijk (Smelink?) in Amsterdam, welcher mir seinerseits die Adresse von Marietje verschaffte. Als ich bei ihr ankam, war sie gerade dabei, Beutel mit Pulver zu füllen. Sie sei Assistentin in einer Apotheke, erklärte sie. Sie warnte mich vor den enormen Gefahren der Arbeit. Als ich nicht nachgab, lehrte sie mich, Fingerabdrücke zu nehmen; und mein erster Auftrag bestand darin, zu einer Untertauchadresse zu fahren, wo verschiedene Juden untergebracht waren, deren Fingerabdrücke für ihre neuen (gefälschten) Personalausweise genommen werden mussten. Zur Identifikation hatte ich ein Papier mit einem Codewort darauf, von dem sich die eine Hälfte in meinem Besitz befand, während die andere Hälfte sich im Besitz der Frau befand, zu deren Haus ich kam. Auf solche Weise wurde ich nach und nach durch Marietje eingearbeitet.

Marietje und ihr Bruder waren sehr bedeutende Persönlichkeiten der Illegalität Marietje war eine Spezialistin auf dem Gebiet des Untertauchens und verstand es, die Organisation zu führen. Eine sehr große Anzahl Menschen ist durch sie gerettet worden. Ein Beispiel: Pastor Overduin hörte, dass eine Razzia durchgeführt werden sollte. Marietje alarmierte die Mitarbeiter und unter den Augen der Deutschen konnten 300 Juden in Sicherheit gebracht werden.

Natürlich wurden die beiden verfolgt und der Pastor konnte sein Haus schon bald nur noch in verschiedenen Verkleidungen verlassen. Leider wurde er dennoch verhaftet und kehrte (erst) kurz nach dem Kieg zurück.

Zum Abschluss noch eine kurze Episode, die Marietje charakterisiert. Man entdeckte in Enschede einen Verräter, „de schrik van Enschede" (der Schrecken von Enschede) genannt. Er stand bei uns auf der schwarzen Liste, um füsiliert zu werden. Aber Marietje ist sehr religiös und sie und ihre Mitarbeiterin Nelly ten Boom (Tochter des verstorbenen Pastors Ten Boom aus Soestdijk bei Utrecht), waren dagegen, einen Menschen „einfach so mal" zu erschießen. Sie sprachen sich dafür aus, ihn in einem Gespräch davon zu überzeugen, dass er auf dem falschen Weg sei. Obwohl das natürlich ungeheuer gefährlich

war, wurde mit ihm gesprochen – allerdings ohne Ergebnis, und so wurde der Mann durch ein Mitglied unserer Organisation erschossen.

Man kann getrost sagen – Marietje ist eine legendäre Figur.

P. Bosboom

Die Namen derjenigen, die die Medaille bekommen haben, sind in die Mauer der Gerechten eingraviert. Bis zum Ende des 20. Jahrhunderts wurde die Medaille an 11.000 Personen verliehen, darunter 4.200 Niederländer.

Gesuch Dr. Menko an das Yad Vashem Zentrum: Overduin als „Gerechter der Völker" (August 1972)

Mit meiner Mutter, die gleichzeitig las und strickte,
Und meinem Vater, der sechs Stunden am Tag Piano spiel-
te,
Hab ich jahrelang geredet, gelacht und gestritten,
Bis sie eingereiht wurden in die legendären 6 Millionen.
Eine Zahl, über die nach über einem halben Jahrhundert
noch stets
Diskussionen geführt werden.

Ihre Gesichter beginnen zu verschwimmen,
Der Klang ihrer Stimmen ist
Schon fast verblasst. Bald
Bin ich auch nicht mehr. Dann
Wird es sein, als hätte es uns drei
Niemals gegeben.

(Hanny Michaelis)

Overduin hat Jerusalem im April 1951 besucht. Der
Staat Israel existierte damals gerade einmal drei Jahre. Overduin konnte diese Reise dank eines Dankes-
beweises der jüdischen Gemeinde Enschede unternehmen. Diesen Dankesbeweis hat er angenommen.

J. N. Menko in seinem früher bereits herangezogenen
Brief an Yad Vashem:
„Die Mitglieder der Gemeinde (Kehilla) wussten seine aufopfernde Arbeit dadurch zu würdigen, dass sie
ihren Dank und ihre Bewunderung und ihre Erkenntlichkeit zum Ausdruck brachten, indem sie Overduin
eine Reise nach Erez Israel anboten. Über diese Reise
hat er eines Abends in unserem Gemeindesaal einen
Vortrag gehalten."
Overduin bekam eine Reise für zwei Personen geschenkt. Maartje, seine Schwester und Hausgenossin,
fehlte der Sinn dafür. Overduin bat deshalb seinen
Freund Kleys Kroon, ihn zu begleiten.
Der war gern dazu bereit. Für Kroon war es die erste
von vielen Reisen, die er nach Israel machen sollte.

Über seine Erlebnisse hat Overduin einige lockere
Aufzeichnungen in einem Notizbuch festgehalten.
Per Zug nach Marseille und von dort weiter mit dem
Schiff, bei häufig unruhigem Wetter. Eine Stunde

*Jerusalem 1951, ein Touristenfoto, aufgenommen von Leendert
Overduin.*

lang spazieren gehen in Neapel und auf der Insel
Kreta. Kroon und er sind die einzigen Nichtjuden an
Bord.
„Der Montagmorgen war eindrucksvoll. Viele waren
schon um vier Uhr aufgestanden, um als erste das
Festland am Horizont auftauchen zu sehen, dieses Er-
be von Abraham und Jakob. Gegen sechs Uhr war der
erste Punkt zu sehen. Immer deutlicher tauchte der
Karmel aus dem Meer auf. Wie an den Boden festge-
nagelt standen viele Juden da und schauten, kreisch-
ten vor Rührung, selbst großen Männern standen Tränen in den Augen. Prächtiger Blick auf das Karmel-
gebirge, Elias Zuflucht, und auf den wunderschönen
Hafen von Haifa. Langsam fährt das Boot an einem
großen Hangar entlang, auf dem steht: Beroechiem

Habaim, das heißt: Gesegnet seien, die hereinkommen.

Die Ausschiffung sollte fünf Stunden dauern, aber wir durften so von Bord, unsere beiden Namen wurden ausgerufen. Wir mussten das wohl oder übel so hinnehmen. Wir wurden nämlich von dem Beamten eines Ministeriums abgeholt, der uns in jeder nur erdenklichen Weise half."

Es wurden Touren gemacht – Tel Aviv, Jerusalem, Jericho, Galiläa, Negev –, Besuche bei bekannten und weniger bekannten jüdischen Familien abgewickelt. Treffen mit Abel Herzberg, Martin Buber und Professor H. Beek; dieser war vormals Pastor in Enschede. Vom Botschafter Karnebeek königlich und luxuriös empfangen. (Es ist durchaus typisch für Overduin, dass er dazu notiert: Zigarren Smit und ten Hoven zu 60 Cent).

Vor einer Gruppe von Landsleuten im Haus von Dr. Weinberg hält Kroon einen Vortrag. Bei einer anderen Gelegenheit trägt Professor Beek vor. Nach einer Rundreise von vier Wochen via Marseille wieder zurück.

Nach seiner Rückkehr schreibt Overduin eine Reihe von Artikeln über seine Reiseerfahrungen im „Enschedese Kerkbode" (Enscheder Kirchenbote). Die Begeisterung strahlt deutlich daraus hervor, aber er verzichtet auf einen Bericht über persönliche Erlebnisse. Er erzählt von der kooperativen Landwirtschaft in Israel, von den politischen Verhältnissen, von der gesellschaftlichen und religiösen Lage. Die Serie wird abgeschlossen mit den Worten: „Die jüngsten Ereignisse im Zusammenhang mit Israel sind für mich ein erneutes Zeichen, dass alle Verheißungen Gottes in Christus Ja und Amen sind, auch und zuallererst für dieses Volk. Ein Zeichen, dass Gott, so wie er seine Heilsgeschichte mit der Welt mit diesem Volk anfing, sie auch in und mit diesem Volk abschließen wird."

Kroon publizierte in dem Blatt „Kerk en Israel" (Kirche und Israel) im Juni 1951 ebenfalls eine Serie von Artikeln über die Reise, auch ohne persönliche Bemerkungen. Und ähnlich wie Overduin unter dem Eindruck des Aufbaus des neuen Staates; seine Artikel besitzen jedoch einen stärkeren theologischen Tenor. Er berichtet über das Wunder der neuen alten Sprache, das Ivrit, und über das Vorkommen von dreißig Formen des Christentums in der Stadt Jerusalem. „Es kam uns so vor, als ob die Zersplitterung und Verwirrung der Kirche, wie sie sich hier in Jerusalem vor den Augen der Juden in einer solch beklemmenden Vielfalt von Konfessionen und Missionen zeigt, uns zu einem Zeichen göttlicher Kritik an Stelle göttlichen Segens wurde."

In den Nachkriegsjahren war Kroon zusammen mit Theologen wie Miskotte, Beek und Breukelman einer der Wegbereiter einer neuen Orientierung, einer Neuausrichtung des christlichen Glaubens auf der Grundlage seiner jüdischen Wurzeln. Möglich wurde das im Rahmen eines niederländischen Beitrages zum Glauben an die Weltkirche. Unter anderem durch Kroon trat die Vorstellung der Kirche als Nachfolgerin Israels einschließlich der „Mission unter den Juden" vollständig in den Hintergrund. Overduin konnte sich mit der Neuausrichtung zwar abfinden, sprach auch wohl davon, war aber nicht so begeistert. Geschult durch Calvin wagte er auch nicht eine so scharfe Kehre zu machen wie einige andere.

Wir kehren in die unmittelbare Nachkriegszeit zurück, genauer gesagt in die Zeit nach dem Ende der Kämpfe im April und Mai 1945. Die jüdischen Flüchtlinge, die Überlebenden der Lager und die ins Ausland Abgezogenen kehrten zurück. Während andere ihre Toten zählten, zählten sie die noch Lebenden.

Was sollten sie einander erzählen, was konnten sie ihren Kindern erzählen? Es schien das Beste zu sein,

darüber zu schweigen und wieder an die Arbeit zu
gehen.

„‚Wie geht es dir?‘
‚Gut‘, sagte ich.
‚Du hast den Krieg überlebt?‘
‚Das siehst du ja.‘
‚Dein Bruder und deine Schwester?‘
‚Nein.‘
‚Und deine Eltern?‘
‚Auch nicht.‘
Sie sah mich eine Zeitlang schweigend an. Das Lächeln
um ihren Mund wurde zu einem krampfhaften Zug. Sie
beugte sich zu mir hinüber, ihre Hand noch immer auf mei-
nem Arm.
‚Dann darfst du von Glück sagen.‘
Sie lachte jetzt breit und erleichtert, kniff mich in den Arm,
und danach sagten wir einander guten Tag.“

(Marga Minco)

Max Weyl in einem Interview in „Tubantia“, 1997:
„Nein, der Empfang der zurückgekehrten Juden nach
der Befreiung war in Enschede nicht sehr freundlich,
erinnert sich Weyl ein halbes Jahrhundert später. Was
will man verlangen? Die Juden kamen, um ihre Sachen wieder zurückzuholen. Und man konnte merken, dass da von den fünf Jahren Nazi-Propaganda
doch was hängen geblieben war. Die jüdische Gemeinschaft befand sich 1945 in einem Zustand totaler
Verzweiflung. Der eine hatte seinen Vater und seine
Mutter verloren, der andere seine Kinder. Und wieder
ein anderer hoffte, dass sie vielleicht doch noch zurückkehren würden. Kürzlich fand ich noch ein Foto
der jüdischen Jugendvereinigung von kurz vor dem
Krieg. Ich habe sie gezählt. Von der ganzen Gruppe
haben gerade einmal sieben überlebt.“ Dass von der
Nazi-Propaganda etwas hängen geblieben war, wurde
auch in der Presse thematisiert.
Der Kommentar des Chefredakteurs der regionalen
Ausgabe von „Het Parool“ mit Sitz in Enschede beschäftigte sich am 4. August 1944 damit. Der Haupt-

redakteur Gerard J. M. van het Reve hatte seinen
Platz für ein Mal an seinen Sohn, den 22jährigen Gerard van het Reve Jr., abgetreten, den später so berühmten „Volksschreiber“ Gerard Reve, der zu jener
Zeit mit der jüdischen Schriftstellerin Hanny Michaelis verheiratet war. Gerard Jr. schrieb auf seine später
so bekannte Reviansche Weise:
„Jeder, der noch nicht wusste, was Antisemitismus
war, der noch nicht ahnen konnte, dass er allem Dum-
men, Barbarischen und Verbrecherischen zu Grunde
liegt, hat jetzt reichlich Gelegenheit, es in Erfahrung
zu bringen.
Wir wissen sehr wohl, dass es ein hoher Preis ist,
wenn sich erweist, dass der jüdische Nachbar gegen alle Gesetze vernünftiger Erwartung den Öfen
von Ausschwitz entkommen ist und man die Tassen
zurückgeben muss und gleichzeitig auch die Chance auf die Schlafzimmereinrichtung vertan ist. Ist es
deswegen aber richtig, jedem einen Freibrief zu gewähren, antisemitische Äußerungen zu lancieren und
diese dann mit allen Mitteln in die Presse zu bekommen. Was macht man da? Unserer Meinung nach
muss man denen, die diesen faschistischen Wahnsinn
öffentlich verteidigen, an den Kragen gehen. Wenn
Äußerungen dieser Art im Einkaufsviertel gemacht
werden, pflegt von zweien unserer Freunde einer die
betreffende Person gegen das Schienbein zu treten,
während der andere für gewöhnlich verschwenderisch Ohrfeigen hinzufügt. Ein derartiges Verhalten
soll nicht in großem Stil propagiert werden, aber es
ist eine gute Illustration für die Einstellung, die wir
hier an den Tag legen sollten. Man diskutiert nicht
mit Faschisten, man macht sie unschädlich.“

Die Schwierigkeiten in der jüdischen Gemeinschaft
waren vielgestaltig. Manchmal gab es Schwierigkeiten mit den eigenen Kindern beziehungsweise damit,
die Kinder, die zur Familie nach Hause gehörten, zu-
rückzubekommen. Wenn das gut gelang, wie in den

meisten Fällen, dann waren die Kinder häufig ihrer jüdischen Umgebung entfremdet.

Ihre Häuser waren verwüstet, geplündert oder sie wurden von anderen bewohnt. Es war nicht einfach, wieder Zugriff auf den eigenen Betrieb zu bekommen oder geeignete Arbeit zu finden. Aktien und Kostbarkeiten waren verschwunden. Und es gab diejenigen, die sich schuldig fühlten, weil sie überlebt hatten. Sie hätten sich eigentlich glücklich schätzen können, aber das taten sie nicht.

Dr. Evers-Emden spricht 1996 in ihrem Buch, das auch so betitelt ist, von einer geschundenen Existenz (Geschonden bestaan), der Existenz von Eltern und Kindern, die während des Krieges erzwungenermaßen voneinander getrennt waren. Einer der Gefragten sagt: „Warum haben wir mit den Kindern nicht darüber gesprochen, und warum haben die Kinder nicht miteinander darüber gesprochen, über das Leben im Versteck, über den verlorenen Opa und die verlorene Oma, über die verlorenen Onkel und Tanten? Man kommt da nicht raus. Man hält es weg von den Kindern. Und jetzt erfährt man, was für eine Last sie damit gehabt haben und immer noch haben. Vielleicht ist die Zeit jetzt endlich dafür gekommen."

Professor A. Heertje berichtet erst ein halbes Jahrhundert nach dem Krieg in einem Interview zum ersten Mal in der Öffentlichkeit über seine Kriegserfahrungen („Tubantia", 27. November 1999):

„Erst nach ungefähr 50 Jahren wagte ich die Konfrontation mit meiner Vergangenheit anzugehen. Ich wollte kartieren, wo ich überall gewesen war. Seit ich den Film zurückspulte, hat er einen festen Platz in meinem Leben bekommen ... ich bin von meinem achten bis zu meinem elften Jahr unter verschiedenen Adressen im Versteck gewesen. Meine Eltern wussten nicht, wo ich war. Die Familie fand wieder zueinander. Über den Krieg, die Erfahrungen und das Grauen wurde nicht geredet."

So sind wir jetzt, und ach, es darf nicht stören.
Wir sagen: Was geschehen ist, ist geschehen.
Das mit den Juden und all den Kindern
Darüber wurde inzwischen genug getrauert."

(Annie M. G. Schmidt)

Mehr als ein halbes Jahrhundert nach Kriegsende haben wir bewegenden Diskussionen über die Ausplünderung der Juden, über das Stehlen von Policen und Anteilen folgen können, auf die unmittelbar nach dem Krieg keinerlei ernsthafte Aufmerksamkeit gerichtet worden war. Unter starkem politischem Druck sprach der Ministerpräsident Wim Kok im Januar des Jahres 2000 Worte des Bedauerns:

„Wir müssen offen bekennen, dass der Empfang der Juden frostig und formal war. Es sind damals auch von Beamten politische Fehler gemacht worden. Aber auch von Börsen und Banken. Eine Entschuldigung dafür ist angebracht. Ohne die damalige Regierung falscher Absichten zu bezichtigen."

Am Ende seines Buches „De Ondergang" (Der Untergang) schreibt Presser 1965:

„Man hat nach der Befreiung wohl mal ausgesprochen, dass es jedermanns Pflicht gewesen wäre, illegal zu sein. Ist es verwunderlich, dass so viele, die bei dieser Pflicht versagt hatten, sich an denjenigen rächten, die sie an dieses Versagen auf so peinliche Weise erinnerten: Die überlebenden Juden? Generalisierende Diffamierung war die böse Seite der Medaille, die auf der anderen Seite das Gold echten Mitgefühls mit den Mitmenschen zeigte. Diffamierung und Mitleid waren komplementär. Beide rührten aus der gleichen Situation her und wurden bisweilen im gleichen Menschenherzen angetroffen."

Für Aufnahme, Erholung und Wiederaufbau brauchten die jüdischen Bürger nach der Befreiung nicht an Nichtjuden zu appellieren, so wie sie das fünf Jahre lang hatten tun müssen. Sie konnten sich untereinander helfen. Verdruss und Frustration hielt man soweit wie möglich in den eigenen Reihen. Eine Joodse Opbouw Commissie (jüdische Aufbau-Kommission) wurde ins Leben gerufen, die bis November 1947 die Aufnahme von zurückkehrenden Juden zu regeln versuchte.

Gelegentlich wurde Overduin in solche Angelegenheiten einbezogen. Riwka Cohen kennt eine entsprechende Episode.

„Overduin hat meine Mutter auf die Fährte gesetzt. Er sagte: Irgendwo hast Du noch Sachen liegen. Wir werden die Adressen heraussuchen. Und als meine Mutter wusste, wo es war, ist sie hingegangen. Und da haben sie zu ihr gesagt: Goh, wie schade, dass du zurückgekommen bist. Und die Sachen sind ganz sicher nicht von dir. Die haben wir von deiner Schwester bekommen. Nun, daraufhin hat sie die Polizei dazu geholt. Sie hat alles ausgewiesen und die Sachen bekommen. Sie hat sie mitnehmen dürfen."

Der Krieg dauert lange. Der Krieg ist einzig und allein für die Toten vorbei. Die Kinder und Enkelkinder haben davon immer noch schlaflose Nächte.

Riwka Cohen: „Ich habe lebenslänglich. Ich habe wirklich lebenslänglich. Nicht jeden Tag, nicht jede Stunde. Ich weiß, dass ich den Krieg mein Leben lang mit mir herumschleppen muss. Ich leide darunter. Hin und wieder gibt er mich frei, aber es braucht bloß irgendwas zu sein und pats, sitze ich wieder mitten drin."

Vom Tag
Der Geburt bis zum Tod
Auf was zu hoffen?
Morgens versorgst du deine Wunden
Und abends kratzt du sie wieder auf.

(Judith Herzberg)

Kapitel VIII: Historische Einordnungen

Ein Historiker ist ein Wissenschaftler, ein Geschichtsschreiber, jemand, der die Geschichte schildert. Wenn von einem Ereignis gesagt wird: „Es ist historisch", dann will man damit ausdrücken: So ist es tatsächlich geschehen, es ist nicht einfach bloß eine Erzählung.

Historiker beschäftigen sich mit der großen Geschichte, mit dem Geschick von Königen und Anführern, mit großen Schlachten und Katastrophen. So wie mit dem Zweiten Weltkrieg, mit den Entscheidungen von Churchill und Hitler, den großen Bombardierungen und der Judenverfolgung. Seit einigen Jahrzehnten richten die Historiker ihr Augenmerk aber auch mit mehr Aufmerksamkeit als zuvor auf die Erlebnisse ganz gewöhnlicher Männer und Frauen, auf die kleinen Leute, die bisweilen große Dramen erleben. Und die Ansammlung dieser persönlichen Erlebnisse ordnen sie dann in das große Ganze der Geschichte ein.

Zu der Angabe „Es ist historisch" lassen sich fraglos Anmerkungen machen. Die Aussage „Es ist wirklich passiert" ist trügerisch, da das wissenschaftliche Bild auf einer Auswahl von Fakten und Meinungen beruht.

Die literarische Gestaltung der Wirklichkeit, wie beispielsweise Harry Mulisch sie in seinem Buch „De Aanslag" (Das Attentat) durchführt, gibt ebenso sehr ein authentisches Bild der Kriegszeit in Haarlem wieder wie das Standardwerk von de Jong über die Ereignisse, die für Mulisch der Anlass waren, sein Buch zu schreiben.

Es gibt bezüglich der Vergangenheit immer Fakten, die verloren gegangen sind, in Vergessenheit geraten oder vorsätzlich verborgen gehalten werden. Es kommt häufig vor, dass eine als historisch präsentierte Darstellung später überarbeitet werden muss, weil neue Informationen aufgetaucht sind. Es ist anzunehmen, dass über den Achtzigjährigen Krieg keine neuen Informationen mehr auftauchen werden, und dennoch bleiben eine neue Auswahl der Fakten und eine vollkommen neue Interpretation stets möglich. Jede Generation sieht die Fakten mit anderen Augen. „Geschichtsschreiber", so Willem Wilmink, „machen immer dasselbe, stets ein neues Heute auf das alte legen."

Geschichte ist keine Quantenmechanik; wir bleiben ständig damit beschäftigt. Mit dem Bild des Zweiten Weltkriegs sind wir noch nicht fertig. Dieser Krieg dauert lange, auch für Historiker.

Wir werden der unergründlichen Übel
Dieses Jahrhunderts nicht müde
Und haben uns auch selbst als fähig erwiesen
Zu Schurkenstreichen und Verrat.

Es hat keinen Sinn und ist zu spät,
Den Stab über einander zu brechen.
Und dann, was ist das alles schon im Vergleich zu dem,
Was noch vor uns liegt?

Aber, Waisenkinder der Zeit,
Werden wir niemals die Sehnsucht nach dem
Geheimen Sinn der Dinge los,

Den man früher in allem sah,
Als all die Toten in der Erde
Noch warteten auf den jüngsten Tag.

(Jean Pierre Rawie)

Geschichte wird nicht allein in Büchern festgehalten. Auch bildende Künstler liefern ihre Beiträge. Im Volkspark in Enschede wurde durch Mari Andriessen eine markante Skulpturengruppe aufgestellt. Sie ist zum Treffpunkt für die jährliche Totenehrung im Mai geworden. Eine Untergruppe dieser Skulpturengruppe bildet die jüdische Frau mit Kind. Auch Gedenken ist eine Form der Geschichtsschreibung.

„Er wurde ungewollt und unbeabsichtigt wieder sehr lebendig, der Tag der Befreiung, als wir am Morgen der Befreiung, dem 5. Mai, auf dem Markt den gemeinsamen Gottesdienst mitmachten. Der Umstand, dass der jüdische Kantor hier gesprochen hat, verlieh der Gedenkfeier einen besonderen Akzent. Sein Erscheinen auf der Kanzel der Großen Kirche war bereits ein Zeugnis von all dem Grauen, der düsteren Gewalt, unter der wir gelitten haben, aber zugleich auch eine Verkündigung, dass die böse Macht letztendlich nicht triumphiert hat. Niemals können wir dankbar genug dafür sein, dass diese finstere Macht all ihre Gräuel und Ungerechtigkeiten nicht mit ihrem Siegeswahn hat zudecken können, sondern dass durch ihren Sturz all die Bosheit und Gemeinheit ans Licht gekommen ist.
Es war eine gediegene Ansprache des jüdischen Vorsängers mit positiver Ausrichtung. Sie lief darauf hinaus, dass wir durch die Befreiung aufgerufen worden sind, unsere Freiheit zu realisieren und wahr werden zu lassen sowohl im Kleinen als auch im großen Leben der Gemeinschaft.
Nach zwanzig Jahren ist es selbst für Ältere, die die Befreiung miterlebt haben, manchmal schwer zu begreifen, was die Monate April und Mai 1945 bedeuten. Dieser kurze und kräftige Gottesdienst wird das

schwelende Feuer in vielen Herzen wieder zu einer lodernden Flamme entfacht haben. Mögen die Jüngeren unter uns auch etwas davon abbekommen haben." (Artikel von L. Overduin in „De Kerkbode", Mai 1965)

„De Nieuwe Orde marscheert!" Der kleine Mann an fünfter Stelle ist Anton Mussert, der NSB-Führer. Zeichnung von L. Jordaan.

Wir sind in der Lebensgeschichte von Leendert Overduin an der Stelle angelangt, an der es darum geht, zu sehen, welchen Platz dieser Mann in den Werken der Historiker gefunden hat. Namentlich seine Rolle in der Kriegszeit. Zwar handelt es sich dabei nur um ein kleines Stück von Overduins Leben, er war danach immerhin noch drei Jahrzehnte als Pastor der Hervormde Gemeente tätig, als solcher wird er jedoch wohl kaum die Aufmerksamkeit der Historiker auf sich ziehen. Die Bürgerschaft Enschedes möchte Overduins Werk jedoch als Ganzes in Ehren halten und ebenso natürlich die Kirche, die einige nicht-periphere Ergänzungen ihrer Chroniken zweifellos gut gebrauchen kann.

Abel Herzberg, J. Presser und L. de Jong haben unter der Schirmherrschaft der Regierung die Ereignisse der Periode zwischen 1940–1945 gesammelt, ausgewertet und ihre Befunde in imposanten, zuverlässigen Büchern untergebracht.

L. de Jong über den gesamten Komplex „Het Koninkrijk der Nederlanden in de Tweede Wereldoorlog" (Das Königreich der Niederlande im Zweiten Weltkrieg), Abel Herzberg und J. Presser speziell über die Judenverfolgung „Kroniek" (Chronik) und „De Ondergang" (Der Untergang). Drei jüdische von den Ereignissen persönlich betroffene Historiker, die ihren Hintergrund nicht verleugnen: Ein Journalist, ein Rechtsanwalt und ein Schriftsteller.

Es wird berichtet, dass sowohl de Jong als auch Presser ein Gespräch mit Overduin wünschten, dass dieser das jedoch ablehnte. Die Weigerung passt durchaus in das Bild, das wir uns mittlerweile von Overduin gemacht haben. Und aus den Abhandlungen der genannten Historiker geht auch deutlich hervor, dass sie keinen Kontakt mit Overduin selber hatten.

In Teil 6 von de Jongs Werk kommt die erste Verhaftung Overduins im November 1942 zur Sprache. De Jong weist überzeugend nach, dass Overduin in dem Spiel, das hier gespielt wurde, eine Figur war und kein Mitspieler. Die beiden anderen Verhaftungen bleiben in de Jongs Werk unerwähnt.

In dem Kapitel „Hulp aan joden" (Hilfe für Juden) kommt die Rolle Overduins drei Mal zur Sprache. „Viele jüdische Kinder landeten in Friesland, aber auch Erwachsene aus dem Westen des Landes, aus Groningen, aus Nord-Brabant und zu allererst aus Twente. Pastor Overduin aus Enschede war einer, der seine untergetauchten Juden vor allem in Friesland unterzubringen versuchte, außerdem, und zwar mit Erfolg, bei einigen ihm gut bekannten NSBern in Twente."

Seit dem Erscheinen von de Jongs Werk sind viele Jahre vergangen. Neue Tatsachen und weiterführende Erkenntnisse sind aufgetaucht. Aufgrund dessen darf in aller Bescheidenheit angemerkt werden, dass die obigen Zeilen im Hinblick auf Overduin ein ungenaues Bild entwerfen.

Overduin brachte untergetauchte Juden nicht „vor allem", sondern „auch" in Friesland unter.

Es ist gerade einmal ein Fall bekannt, in dem Overduin einen untergetauchten Juden bei einem ihm gut bekannten NSBer unterbrachte.

Wenn de Jong sich mit dem Unterbringen jüdischer Kinder aus Amsterdam befasst, kommt Overduin ebenfalls zur Sprache: „Auch Pastor Overduin agierte genauso wie de Bogaards auf eigene Faust. Er brachte viele jüdische Kinder aus Twente in Friesland unter."
Zum Schluss speziell über die Stadt Enschede: „Es gab nur eine ziemlich große Gruppe, aus der relativ viele gerettet wurden: Die Juden von Enschede. Das ist das Verdienst der örtlichen Vertretung des Judenrates (S. N. Menko, I. van Dam und C. B. Sanders), die in Abweichung von der durch Amsterdam ausgegebenen Verhaltensrichtlinie das Untertauchen kräftig propagierte und förderte. Die Gruppierung arbeitete eng mit Pastor Overduin zusammen. Der Verlauf der Dinge in Enschede zeigt deutlich, dass eine kampfbereite Führung, ein mutiges Vorbild, offenbar einen Großteil der Gruppe zu einer Widerstandshaltung inspirieren konnte. Denn wer untertauchte, leistete Widerstand."
Auch zu diesen Zitaten zwei Bemerkungen. Es gab eine Organisation Overduin. Und die Rolle des Judenrates wird zweifellos etwas übertrieben dargestellt.

De Jong verfügte offensichtlich über mehr Material zu Hannes Bogaard (Haarlemmermeer) und Joop Westerweel (Rotterdam), die unter anderem durch seine Darlegungen zu exemplarischen „Judenrettern" geworden sind.

Die Aufzeichnungen J. Pressers sind ebenfalls nüchtern und liegen in etwa auf der gleichen Linie. (Pressers Buch erschien früher als Teil 6 von de Jongs Werk.) In Bezug auf Enschede schreibt Presser: „Es gibt nur wenige jüdische Gemeinden, die den Krieg so gut überstanden haben, mit ungefähr 500 Überlebenden. Wie ist das zu erklären? Ein Mitglied der Gemeinde schrieb das der anständigen Haltung der Polizei zu, die vor gefährlichen Razzien gewarnt habe. Von anderer Seite bedenkt man die Mitglieder des dortigen Judenrates mit Lob, die im Gegensatz zu anderen, so unsere Quelle, gerade das Untertauchen propagiert und die finanzielle Unterstützung der Untergetauchten zentral gesteuert hätten. Der Enscheder Pastor L. Overduin stand an der Spitze einer Organisation, die Adressen beschaffte, und es heißt, dass es Leute gab, die acht bis zehn Untergetauchte beherbergten. Niemals musste jemand, der untertauchen wollte, sagen: Ich habe dafür kein Geld. Es bereitet dem Schreiber dieses Buches Freude, dies berichten zu können."

Abel Herzberg hat bereits 1950 die Judenverfolgung in einem Buch beschrieben, aber kein Kapitel dem Untertauchen gewidmet, so dass es verständlich ist, dass zwar Miskotte und Koopmans als Verteidiger der Juden genannt werden, nicht aber Overduin.

B. J. Flim hat sich 1996 in seiner Dissertation der Geschichte der organisierten Hilfe für jüdische Kinder in den Niederlanden gewidmet. Namentlich geht es darin um vier Widerstandsgruppen, hauptsächlich rekrutiert in Utrecht und Amsterdam, die den Besatzern Juden entzogen und sie untergebracht und versorgt haben. Schätzungsweise haben diese vier Organisationen durch ihre Arbeit 1.100 Juden das Leben gerettet, in der Mehrzahl Kindern aus Amsterdam. Gelegentlich sind die Mitarbeiter dieser vier Gruppen auch mit Overduin in Kontakt gekommen.

Zitiert wird der Mitarbeiter van Zeytveld, der sagt: „In Twente haben wir außerdem noch mit Overduin zusammengearbeitet, einem Pastor, der in der Gegend lebte. Der hat auch nicht wenige Menschen untergebracht."

„Ankie Stork hat eine (unbekannte) Anzahl Juden von der Organisation Overduin übernommen und in ihrem eigenen Bereich untergebracht. Einer ihrer Schützlinge, Leo Pommeranz, mag dafür als Beispiel dienen. Yehudi Lindeman kommt wahrscheinlich ebenfalls daher. Ankie selbst steht das Ganze nicht mehr so deutlich vor Augen: Ich bin zwar in Enschede gewesen. Overduin! Mit dem hatte ich keinen Kontakt, wohl aber mit den Menschen, die in seiner Organisation mitarbeiteten. Es beschränkte sich auf gelegentliche Einzelfälle."

„Harmen Bockma (Heerlen) kam Ende 1943 oder Anfang 1944 über seine LO-Kontakte mit der Organisation von Leendert Overduin in Enschede in Verbindung. Sein Kontaktmann in Enschede war Overduins Schwager Aukes. Overduin kämpfte mit einem Mangel an Adressen für seine 700 Untergetauchten, genauso wie Ankie Stork es auch schon erlebt hatte. Der Kontakt zwischen Heerlen und Enschede führte dazu, dass das fünfzehn Monate alte Liesje de Leeuw und ihre Eltern von Overduin übernommen und bei der Familie Hellebrand untergebracht wurden. Die ebenfalls aus Enschede stammenden erwachsenen Juden Selien Bromet und Karel Denneboom fanden im Gegenzug anderswo in Heerlen Unterschlupf."

Am Ende ist in diesem Zusammenhang ein seltsamer, kodierter Brief von Aukes an Bockma abgedruckt: „Enschede, 11. Juli 1944

Werter Herr, anbei noch ein paar Kindermarken für Liesje und eine Karte für Karels Freund. Die sind hier versehentlich liegen geblieben. Können Oma und Tante zum Logieren kommen? Teilen Sie uns das doch bitte zügig mit. Oder ist das Sommerhaus inzwischen belegt? Karel muss im Übrigen noch kurz mitteilen, was für eine Art Futter er braucht. Wir haben nämlich abgesprochen, dass Sie die Kaninchen versorgen sollen, solange wir weg sind. Jetzt können wir die erbetenen Tabletten nicht mehr zuschicken: Sie würden Ihnen im Übrigen doch nicht helfen, weil Ihr Klima ein ganz anderes ist. Aber werden Sie trotzdem weiter für sie sorgen? Schreiben Sie bitte?

Herzliche Grüße, Gé"

Anmerkung: Anfang 1944 war Aukes (damals noch nicht mit Overduin verschwägert) die Kontaktperson, weil Leen Overduin in Utrecht im Gefängnis saß.

Erneut zeigt sich, dass untergetauchte Juden an Overduin „übertragen" wurden und dass umgekehrt auch Overduin seinerseits Juden „übertrug". Unmöglich das Ganze zu quantifizieren.

1997 veröffentlichte die Historikerin Nanda van der Zee ihr Buch über die Judenverfolgung. Ein Aufsehen erregendes Werk, weil eigentlich zum ersten Mal sehr kritisch auf einige Mythen des Zweiten Weltkriegs geblickt wurde, wie zum Beispiel auf den Februar-Streik 1941, den Eisenbahnerstreik 1944 und die Rolle von Königin Wilhelmina. Der Name Leendert Overduin kommt in dem Buch nicht vor, wohl aber ein Satz über den Judenrat in Enschede:

„Im Gegensatz dazu hat die Kommission des Judenrates in Enschede, seit S. N. Menko dort 1941 die Leitung übernahm, fast fünfzig Prozent der Angehörigen der jüdischen Gemeinschaft retten können, weil sie sich nahezu ausschließlich der Hilfe beim Untertauchen gewidmet hat."

Es ist bemerkenswert, dass die Historiker kirchlichen Ursprungs, die Forscher, die die kirchlichen Wechselfälle des Krieges beschreiben, allesamt von Leen Overduin nichts wissen.

Pastor H. C. Touw hat bereits 1946 im Auftrag der Synode in einem aus zwei Teilen bestehenden Buch über den Widerstand der niederländischen Hervormde Kerk berichtet. Gut dokumentiert und präzise.

Leen Overduin war während des Krieges noch nicht hervormd und wird vielleicht deshalb in dem Kapitel über die Judenverfolgung nicht erwähnt. Aber Buskes, Kroon und J. Overduin waren ebenfalls nicht hervormd, und die kommen sehr wohl darin vor. (Buskes und Kroon wurden im Verlauf des Krieges hervormd.)

Und in dem Buch der Gereformeerden? Pastor Th. Delleman schrieb 1949 im Auftrag der gereformeerden Synode über den Widerstand der Gereformeerden. In dem Buch befindet sich eine Liste von 51 kirchlichen Gemeinden (gereformeerde), in denen mehr als zehn Juden beherbergt wurden, insgesamt 1.200 Juden. Unter diesen 51 Gemeinden nicht eine aus Twente. (Das muss wohl ein Versehen sein, so wie auch im Hinblick auf die Mauthausen-Razzien des Jahres 1941 zwar die zwei Gemeinden in Nord-Holland genannt werden, die in Twente jedoch nicht.) Im Index kommt Pastor J. Overduin fünfmal vor, Leendert Overduin dagegen nicht. Sicher, Leen Overduin war nicht gereformeerd, sondern gereformeerd in Hersteld Verband. Also nicht wirklich gereformeerd, die Buchstaben H.V. standen in diesen Kreisen für „Hellend Vlak" (Schiefe Ebene).

Dann müssen wir uns wohl der eigenen Geschichtsschreibung des Hersteld Verbandes zuwenden. Es existiert überhaupt nur ein einziges Buch, das Buch von Pastor Herngreen. Es trägt den Untertitel „Ontstaan en geschiedenis van de Gereformeerde Kerken in Nederland in Hersteld Verband (1926–1946) (Entstehung und Geschichte der Gereformeerden Kerken der Niederlande in Hersteld Verband 1926–1946). Über Overduin wird, genauso wie über die meisten seiner Kollegen, lediglich berichtet, wann er studiert hat und wohin er berufen worden ist. Wir begegnen seinem Namen aber auch noch im Zusammenhang mit der Angelegenheit des Pastors van der Marel. Der war zeitweise Pastor in Enschede, „als Pastor

L. Overduin wegen seiner illegalen Tätigkeit untergetaucht war".

Die mutige Haltung der Gemeinde Andijk und einiger friesischer Gemeinden während der Kriegszeit wird mit Respekt vermerkt. Kein Wort dagegen über Enschede und über Leen Overduin.

Wir müssen annehmen, dass der Autor von den Kriegsaktivitäten Overduins nichts gewusst – Overduin selbst gab sich mit Public relations nicht ab – und dass er die Bücher von de Jong und Presser nicht gelesen hat.

Noch befremdlicher wirkt es, dass Pastor J. M. Snoek, der ein Buch speziell über das Thema „De Nederlandse kerken en de Joden" (Die niederländischen Kirchen und die Juden) verfasst hat, Overduin ebenfalls nicht zu kennen scheint.

Er schreibt: „. . . Es gab einige Organisationen, die sich zur Aufgabe gemacht hatten, Juden zu helfen. Unter diesen Gruppen waren vier von einiger Größe, die sich insbesondere mit dem Verstecken jüdischer Kinder befassten." Mit diesen vier Gruppen sind die Gruppen gemeint, die von B. J. Flim porträtiert worden sind. Mehr Gruppen von einiger Größe kennt Snoek nicht.

Bezüglich der Judenverfolgung greifen wir ein Fazit von Snoek auf, weil es so treffend ist: „Die Kirchen haben mehr getan, als man zu glauben geneigt ist, aber alles in allem weniger als man hätte erwarten können."

Über die Rolle der Kirchen schreibt die früher bereits erwähnte Historikerin Nanda van der Zee: „In den Niederlanden war die Kirche eine gesellschaftliche Instanz, die mit gutem Beispiel voranging. Die Kirche warnte, protestierte, war aufmerksam und blieb aufmerksam. In den Gotteshäusern wurden die Leute nicht ermutigt, moralische Grenzen zu ignorieren, um angeblich ‚Schlimmeres zu verhindern', sie wur

den angespornt, gar nicht mitzuwirken und ‚sich an das Gute zu halten'."

1962 erschien die Chronik „Stad en Land van Twente" (Stadt und Land Twente) von L. A. Stroink (gewidmet dem Gedächtnis von Dr. Jan Herman van Heek). In dem Teil über den Krieg kommt Overduin nicht vor, wohl aber ein Bericht über die Familie Roerink in Usselo.

Ungefähr vierzig Jahre nach dem Krieg und zehn Jahre nach seinem Tod wurde der Handel und Wandel Leendert Overduins von regionalen Historikern genauer erforscht und zu Papier gebracht.

Von L. F. van Zuijlen ab 1982 im Zusammenhang mit seiner Untersuchung über die Geschichte der jüdischen Gemeinde in Enschede, 1985 vom Stadtarchivar von Enschede T. Wiegman in seinem Buch über die Kriegsjahre sowie von C. Hilbrink ab 1989 im Zusammenhang seiner Untersuchung über die Illegalität in Twente respektive Enschede.

In dieser Periode schreibt Wiegman einige Artikel über Overduin in der Zeitschrift „'n Sliepsteen" (1985/6). Van Zuijlen bringt einen Artikel über ihn im „Jaarboek van Twente" (1985, S. 21–31) unter, und Hilbrink schreibt eine Kurzbiographie in der Reihe „Overijsselse Biografieen" (Teil 3, S. 72–76). Diese Veröffentlichung ist zugleich die einzige, die auch Overduins Leben nach dem Krieg einige Sätze widmet.

A. H. Bornebroek widmet Overduin einen Paragraphen in seinem Buch über die Illegalität in Twente, das 1985 herauskam. Seine Quellen für dieses Kapitel sind vor allem Gespräche mit Sara Voogd und Friso van Hoorn (Jan Willem). Overduin selbst wollte ihm nicht Rede und Antwort stehen. Mit Blick auf das Nachkriegsgeschehen ist Bornebroek der Meinung, dass Overduin nicht primär damit beschäftigt gewesen sei, die Nazis zu bekämpfen, sondern damit, den Verfolgten zu helfen. Es wird der Anschein erweckt, dass ein Kampf gegen die Nazis ohne Gewehre kein Kampf sei beziehungsweise dass die Naziideologie Overduin nicht besonders interessiert habe. Das ist falsch.

Bornebroek meint, dass es vor den Streiks vom Mai 1943 mit Ausnahme der Gewerkschaften und der Kommunisten keinen organisierten Widerstand in Twente gegeben habe.

Die Aufzählung ist nicht vollständig. Bei Weustink, Kokhuis und anderen wird indirekt und nebenbei ebenfalls von Overduin gesprochen.

Wiegman nennt den Namen von zwei Mitarbeitern Overduins, die bislang unerwähnt geblieben sind.
Frits Buitenbos. Er war eine geräuschlose Spinne im Netz für die Aufnahme und Unterbringung von Juden. Er brachte selbst viele Juden zu ihren Untertauchadressen oder sorgte für Begleiter.
Wieger Mink. Aufgrund seiner Arbeit als Bauunternehmer war er ein Versteckexperte in der Gruppe Overduin. Er war eines der Opfer des Mordanschlags in der Sumatrastraat im Jahr 1945.
Pastor Overduin wird als Herzstück der Organisation bezeichnet.

Hilbrink widmet der Gruppe Overduin in seinem ersten Buch ein gesondertes Kapitel. In seinem zweiten beschäftigt er sich ausführlich mit der fürsorgenden Illegalität und der Judenverfolgung.

Wir entnehmen dem:
„Es brauchte Helfer, aber wo waren die zu finden? In Enschede, wo circa 40 Prozent der jüdischen Bevölkerung die Besatzungszeit überlebte, war für dieses unverhältnismäßig positive Resultat an erster Stelle die aktive Untertauchpolitik (stark durch die Judenrazzia im September 1941 angestachelt) einiger jüdischer Vorsteher verantwortlich. Essentiell war dabei die organisatorische Unterstützung, die sie von Pastor Leendert Overduin und einigen Vertrauten erhielten.

Das gleiche gilt zum Beispiel für den „Noordwesthoek" (die Nordwestecke), wo eine frühe Initiative des Pastors F. W. Tjadens und den Seinen in beträchtlicher Weise dazu beitrug, dass beinahe die Hälfte der Steenwijker Juden gerettet wurde."

Auf vielfältige Weise hat Hilbrink die Zeichnung, die de Jong von der Illegalität gegeben hat, nuanciert. So stellt er fest, dass die Verteilung des Widerstands auf Organisationen mehr eine nachträgliche Konstruktion darstellt. Von illegalen Organisationen und ihren Benennungen hörte man meistens von den in der Illegalität tätig Gewesenen erst nach dem Krieg. Auch kommt er zu dem Schluss, dass die Widerstandsbewegung kaum gesellschaftliche Grenzen überschritten habe. Sie sei stark „versäult" gewesen.
Es stellt sich allerdings die Frage, ob Letzteres auch für die Gruppe Overduin galt. Overduins formaler Kreis war sehr klein, aber sein Bekanntenkreis war groß und seine persönliche Einstellung war nicht „versäult".
Über die Zahl der Enscheder Juden, die die Besatzungszeit überlebten, gehen die Meinungen auseinander.
Man stimmt im Allgemeinen darin überein, dass der landesweite Prozentsatz der Überlebenden bei 20% liegt. Aber ob für Enschede tatsächlich 40% zu veranschlagen sind oder sogar 50%, wird durch van Zuijlen in Zweifel gezogen. Er meint, dass er bei rund 30% liege. Van Zuijlen ist der einzige, der in jüdischen Archiven nachgeforscht und ernsthaft versucht hat, die Anzahl Überlebender, Name für Name, festzustellen. Nichtsdestotrotz bezeichnet er seine eigenen Berechnungen als „anfechtbar".

Wiegman nennt in Bezug auf Enschede folgende Zahlen:
Umgekommen (in verschiedenen Lagern, hauptsächlich Mauthausen, Auschwitz und Sobibor)   630

An einen anderen Ort in den Niederlanden umgezogen   27
In Enschede gestorben   23
Zurückgekommen oder nicht weg gewesen   490
Verwaltungstechnisch verschwunden   198
Total   1.368

Wie viele Juden sind durch Overduin gerettet worden? Das ist eine weitere, ebenso schwer zu beantwortende Frage. Overduin beschäftigte sich stets nicht nur mit Juden aus Enschede, und nicht alle Juden aus Enschede, die überlebten, haben dies Overduin zu verdanken.

Van Zuijlen erhielt von Friso van Hoorn eine detaillierte Versorgungsliste mit 461 Namen. Seither wird in verschiedenen Publikationen berichtet, dass die Gruppe Overduin für 461 Juden sorgte.

Diese Schlussfolgerung ist jedoch nicht richtig. Die Liste von Friso van Hoorn ist zweifelsfrei authentisch, aber es handelt sich um eine Momentaufnahme ohne Datum. Und Friso van Hoorn hatte nicht den Gesamtüberblick über das, was sich insgesamt abspielte.

Es ist aus drei Quellen bekannt, dass Overduin im letzten Kriegsjahr 1.100 bis 1.200 Markenkarten benötigte und von der landesweiten Untertauch-Organisation auch bekam.

– Overduin nennt selbst die Anzahl von 1.200 in seinem „Testimonium" für Nijenhuis (Kapitel V).
– Hilbrink nennt in seinem Buch „De Illegalen" (Die Illegalen) die Instanzen, die von der LO Enschede Markenkarten bekamen. In dieser Liste kommt die Gruppe Overduin mit 1.100 Markenkarten vor.
– Abschließend: Der früher bereits zitierte J. ten Brink schreibt am 3. Mai 1985 an van Zuijlen, dass es nicht richtig sein könne, dass Overduin nur für 461 Juden gesorgt habe.

„Als mein Haus beschlagnahmt wurde, musste Overduin eine andere Unterkunft suchen. Auch die Karten der von ihm versorgten Personen mussten raus aus dem Haus. Die Karten waren in meinem Haus auf dem Dachboden in einem langen, schmalen Kästchen versteckt. Wenn es zu einer Verlegung von Untergetauchten kam, brauchte er die Karten. Seine Rede lautete dann stets: Ich muss noch eben an das Totenkästchen. Ich habe einige Male gezählt, wie viele Karten es da gab und kam ungefähr auf 1.100, also eine ganze Menge mehr als 461. ... Als mein Haus beschlagnahmt wurde, mussten die Karten weg. Zunächst zu einer anderen Adresse, von wo sie später durch einen Polizeibeamten abgeholt wurden. Wo das alles geblieben ist, ist mir unbekannt."

Auch mit dieser Angabe 1.100 bis 1.200 ist die Frage nicht beantwortet, denn Overduin hat Juden auch anderswo einen Unterschlupf besorgt, ohne dass er für Markenkarten zu sorgen brauchte, wie etwa in Friesland und in Süd-Limburg. Das würde die Anzahl noch vergrößern. Aber auf der anderen Seite dürften in der Organsiation auch Karten für die untergetauchten Mitarbeiter verwendet worden sein, denn die mussten ebenfalls essen. Möglicherweise waren auch besondere Belohnungskarten für die Gastgeberfamilien dabei, aber solche Belohnungen gehörten sicher nicht zu den Gepflogenheiten des gewissenhaften Overduin.

Wir müssen es vorläufig bei einem Fazit bewenden lassen, das nicht durch eine exakte Berechnung untermauert werden kann: Overduin hat als Leiter der ersten und der größten Hilfsorganisation für Juden in den Niederlanden während des Zweiten Weltkriegs Hunderten von Juden, vermutlich mehr als tausend, das Leben gerettet.

Wer es besser weiß, möge es sagen.

Noch eine Bemerkung zu diesem Fazit: Was heißt das, „Retten von Juden"? So allgemein gehalten gibt es mehrere Judenretter, die große Zahlen unter ihrem Namen verbuchen können. Der Schweizer Zöllner, der entgegen den geltenden Bestimmungen Hunder-

te von Juden die Grenze passieren ließ und deswegen entlassen wurde. Immerhin bekam er die Yad-Vashem-Medaille. Der Niederländische Konsul in den Baltischen Staaten, der unbefugt Hunderten von Juden ein Visum ausstellte, zu einem Zeitpunkt, als das noch einen freien Abzug bedeutete. Oder der deutsche Offizier Calmeyer, der 3.000 niederländischen Juden einen Personalausweis ohne den Buchstaben J verschaffte, oft aus Gründen, von denen er wusste, dass sie nicht stimmten. Auch Calmeyer bekam 1992 die Yad-Vashem-Medaille. Es gab zahlreiche Menschen, die etwas Mutiges getan haben.
Aber die Aktivitäten Overduins waren von einer anderen Beschaffenheit. Er hat sein Leben während der Kriegsjahre vollständig für die verfolgten und gehetzten Juden eingesetzt.
Wenn man das Wort „Retten" wörtlich nimmt – als eine bestimmte Handlung in einem bestimmten Augenblick –, dann hat Overduin einige Juden wohl fünfmal gerettet.

Was für ein Mann war Overduin in den Augen der Historiker und Chronisten?
Van Zuijlen: „Sein persönlicher Einsatz war groß. Oft ging er selbst auf die Menschen zu, um sie dazu zu bewegen, Untergetauchte aufzunehmen. Alles in allem ist klar, dass dieser manchmal verträumte, manchmal idealistische, oftmals impulsiv reagierende Mann die zentrale Figur, das Herzstück der Organisation gewesen ist."
Hilbrink: „Er betrachtete jeden Menschen in erster Linie als Mitmenschen. Er benutzte nicht die Gabe des Wortes oder brillianter theologischer Darbietungen … Er hat gemeinsam mit seinen Schwestern die effektivste Judenhilfsorganisation der gesamten Niederlande organisiert."

Friso van Hoorn war in den achtziger Jahren der einzige enge Mitarbeiter, der von den Forschenden noch befragt werden konnte. Dieser van Hoorn besaß keinerlei geistige Affinität zu Overduin. Er verstand ihn überhaupt nicht. Dies muss man wohl im Auge behalten, wenn man seine Aussagen in den Interviews zur Kenntnis nimmt.

Bei van Zuijlen: „Overduins Schwestern waren viel praktischer, er war ganz und gar nicht praktisch. Wenn er keine Menschen gehabt hätte, die mit beiden Beinen fest auf dem Boden standen, dann hätten längst nicht so viele Juden untertauchen können."
Bei Hilbrink: „Er brachte jüdische Kinder bevorzugt zu Familien von streng gläubigen Protestanten, wo die Kinder eine vollständig christliche Erziehung bekamen, ohne dass auf ihren jüdischen Hintergrund Rücksicht genommen wurde. So der Mitarbeiter, der Overduins Sorge um sowohl die verfolgten Juden als auch die NSBer durch die Art und Weise seines Sendungseifers und seines tiefen Verlangens, Andersdenkende zum christlichen Glauben zu bringen, miteinander in Einklang zu bringen versuchte. Overduins Aktivitäten als ein Mittel zur Verwirklichung seiner Sendungsideale zu sehen, schließt die Wirksamkeit anderer Triebfedern – wie das Nicht-Ertragen-Können von Unrecht – natürlich nicht aus."

Beide Bemerkungen sind vollkommen daneben: Overduin konnte zwar bisweilen als nicht mit beiden Beinen auf dem Boden stehend, als weltfremd erscheinen. Er hatte eine besonders geartete Vorstellung von „der Welt". Er war aber im gebräuchlichen Sinne des Wortes nicht weltfremd. Er wusste genau, was er wollte. Er ließ andere reden und setzte sich gleichwohl immer durch. Seine beiden Schwestern waren ebenfalls praktisch veranlagte und geistig begabte Personen, aber sie waren voll auf ihren Bruder ausgerichtet, den sie bewunderten und dem sie folgten.
Sendungseifer war Overduin fremd. Es ist kein einziger Fall bekannt, in dem er, geleitet von einem Sen-

Handschrift von Leendert Overduin. (aus einer Predigtniederschrift Ende der vierziger Jahre)

dungsbewusstsein, jüdische Kinder in einer streng protestantischen Familie untergebracht hätte.

Wohl ist ein Fall einer Judentaufe überliefert. Das Ehepaar Sally und Betsy Heymans aus Groenlo, von Overduin während des Krieges zeitweise in seinem Haus untergebracht, später unter einer anderen Adresse, wurde von Overduin in einer Hervormde

Kerk getauft. Aber das fand erst nach dem Krieg statt. Es versteht sich von selbst, dass Overduin in der ersten Phase seiner Aktivitäten Kontakt zu ihm bekannten Personen aus seiner eigenen kleinen Gemeinde aufnahm, aber in dieser Gemeinde war der strenge Protestantismus gerade nicht zu Hause.

In diesem Zusammenhang muss auch noch erwähnt werden, dass Overduin in mehreren Publikationen als ein Pfarrer der Gereformeerde Gemeente bezeichnet wird. Die Gereformeerde Kerk befindet sich insgesamt am äußersten rechten Ende der kirchlichen Parteiungen. Dagegen stehen die Gereformeerde Kerken in Hersteld Verband am äußersten linken Ende der Parteiungen. Durch die falsche Zuordnung der konfessionellen Vereinigung, zu der Overduin bis 1946 gehörte, wird der Leser im Hinblick auf die Atmosphäre, in der Overduin lebte, sofort auf eine falsche Spur gesetzt.

Van Zuijlen weist darauf hin, dass Overduin selbst über seine Kriegserlebnisse nichts schriftlich niedergelegt und sich geweigert habe, mit de Jong und Presser zu sprechen, und dass er auf diese Weise Legendenbildung Vorschub geleistet habe. Wir kennen die Motive nicht, die ihn bewogen haben, über die auch für ihn so unruhige Zeit zu schweigen. Bescheidenheit, Demut?

„Demut ist nicht besser als Hochmut und ebenso wenig eine Tugend. So wie bei den Menschen kein Platz für Hochmut ist, so ist bei den Menschen auch kein Platz dafür, demütig zu sein. Die Demütigkeit eines Menschen entspricht nicht der Wirklichkeit seines Zustandes und ist daher stets noch versteckter Hochmut. Denn der wahre Zustand, die Wirklichkeit des Menschen, ist Gebrochenheit, Verlorenheit, Zerrissenheit. Er kann nicht wahrhaft demütig sein. Nur Gott allein kann demütig sein. Und dass Gott so demütig ist, so klein, dass Er uns ansieht in unserem niedrigen Zustand, damit wir Ihn groß machen, das

ist es, was Maria besingt: Die Demütigkeit Gottes. Wenn die römisch-katholische Kirche die Demütigkeit Marias rühmt, dann ist das ein exegetischer Fehler."
(Predigt L. Overduins, 6. Dezember 1959)

Wahrscheinlich müssen wir eher an Schuldgefühle denken. Jeder, der den Krieg mitgemacht hat und nicht gefühllos geworden ist, weiß ein Lied davon zu singen.

Als alles vorbei war, drängte sich das Bewußtsein an die Oberfläche, überhaupt nichts oder nicht genug gegen das System unternommen zu haben, das uns im Griff hatte. Es gab genug Leute, die sich nach vernünftigem Ermessen nicht zu schämen brauchten, aber es dennoch taten. Hundertausend Landsleute einfach so mal weggebracht und ermordet. „Ich stand daneben und schaute ihnen hinterher."

Erhellend kann sein, was Flim am Schluss seines Buches schreibt:

„Am Ende des Films ‚Schindlers Liste' fragt sich der erschöpfte Oskar Schindler im Hinblick auf das Überleben von Hunderten durch ihn geretteter Juden verzweifelt, ob er nicht ein oder zwei Juden mehr hätte retten können. Dieser Schluss wird von beinahe der ganzen schreibenden Presse als unangemessene Hollywood-Romantik abgetan. Wir sind der Meinung, dass sich mehr Wahrheit in dem Ausschnitt verbirgt, als man auf den ersten Blick vermuten sollte. Die Kinderarbeiter (das sind die Mitarbeiter der vier von Flim beschriebenen Organisationen, also die, die sich um die Kinder kümmerten) betrachteten ihr Engagement im Laufe der Zeit als Arbeit, eine Arbeit, die sie genauso wie jede andere seinerzeit so gut wie möglich auszuführen wünschten. Mit dem Unterschied, dass sie jetzt wissen, dass jeder Fehler verhängnisvolle Konsequenzen hätte haben können.

Jeder Tag Verzögerung, den sie hinnehmen mussten, jeder Fehler, den sie machten, so lautet heute die Einschätzung einer Reihe von Kinderarbeitern, kosteten neuerlich einer Anzahl von Kindern das Leben. Im Rückblick nehmen die Verzögerungen und Fehler an Bedeutungsschwere zu. Wenn ich dann und dann einmal anders gehandelt hätte, hätte das nicht vielleicht ein jüdisches Kind mehr eingebracht?"

Der Historiker Niebaum, Biograph des deutschen Offiziers Hans Calmeyer (1903–1972), erzählt, dass dieser Calmeyer nach dem Krieg nicht bereit gewesen sei, Informationen zu liefern, sondern entrüstet darüber war, dass de Jong und Presser an seine Aktivitäten erinnerten. In einem Brief an Presser schrieb er darüber: „Zu wenig wurde getan, zu wenig, viel zu wenig."

Leendert Overduin äußerte sich 1967 gegenüber einem Journalisten: „Wir haben zu wenig getan. Wir hätten mehr Menschen retten können."

Sie sind niemals weg, sie sehen mich täglich an:
Das Eichhörnchen, in die stählerne Klammer eingeklemmt,
Der gekrümmte Hirsch, neben dem die Jäger stehn,
Das Kind, das sein verzweifeltes Heimweh für sich behält,
Das so arglos war und gequält wurde
Und mit den Augen flehte, doch noch zu entkommen.

(Ida M. Gerhardt)

Kapitel IX: Die NSBer

An der Straßenecke
Steht ein Pharisäer,
Es ist kein Mann, es ist keine Frau,
Es ist ein NSBer.
Mit der Zeitung in der Hand
Steht er Handel treibend da.
Er verkauft sein Vaterland
Für lockere fünf Cent.

(„Geuzenliedje" aus der Kriegszeit)

Ein Mittelständler in Enschede wurde kurz vor dem Krieg Mitglied der NSB. Er arbeitete Tag und Nacht für sein Geschäft, konnte sich aber in der Zeit der ökonomischen Krise und des Aufkommens der Großmärkte kaum über Wasser halten. Er sah etwas in den Gedanken Anton Musserts (des Vorsitzenden der NSB) und seiner Parteigenossen: Ordnung im Zusammenleben, Aufräumen mit den Dutzenden von Parteien, das Großkapital bändigen.

Am Anfang des Krieges bemerkte er auf einmal seinen Fehler und kündigte seine Mitgliedschaft auf. Aber im Hinblick auf seinen Platz in der Gesellschaft war es schon zu spät. Wer wollte noch Notiz von seiner Mitteilung nehmen: Ich bin kein Mitglied der NSB mehr? Der Mann war einfach „falsch".

„Gut" war während des Krieges jeder, zu dem man auf der Straße sagen konnte: „Hast du schon gehört, die Engländer haben Tobruk erobert." „Falsch" war derjenige, zu dem man das besser nicht sagte. Weil man nie wissen konnte. Die Unterscheidung gut/falsch war steinhart. Sie wurde nicht korrigiert, selbst Jahrzente nach dem Krieg nicht. Es war ein Sicherheitscode und kein moralischer Code, wie in den Betrachtungen aus der Nachkriegszeit häufig unterstellt wird.

Rachetag

Der Mittelständler schuftete während der gesamten Kriegszeit weiter. Infolge der sich nicht mehr verändernden Geschäftslage und infolge des Verteilungssystems standen oft lange Schlangen in seinem Laden. Die Kunden blieben nicht weg. Aber er war völlig isoliert. Eines Tages erzählte er im Angesicht der langen Reihe von Wartenden einen Witz: „Haben Sie schon gehört, dass Deutschland eine neue Flagge hat? Ein weißes Tuch!" Hahaha. ... Der einzige, der lachte, war er selbst. Die Kunden schauten strikt vor sich hin, niemand reagierte.

NSB-Plakat Volkseinheit (ca. 1942)

Jagd auf NSBer

Ostersonntag 1945. Am Morgen fuhren die ersten Gefechtsfahrzeuge der Befreier in die Stadt. Am Mittag wurde an der Tür des Mittelständlers geklingelt. Da stand eine Gruppe Männer in Overalls mit orangenen Armstreifen, alle mit einer Feuerwaffe in den ausgestreckten Händen. Sie waren gekommen, um ihn zu holen. Auf der Straße standen die Nachbarn und schauten zu, der eine schweigend, der andere schimpfend und scheltend. Er wurde durch das Spalier der Umstehenden zum Fabrikgebäude der Firma J. F. Scholten an der Haaksbergerstraat gebracht. Dort wurden Hunderte von NSBern, NSB-Sympathisanten, SSlern und Landwächtern interniert, auf einem Fabrikgelände, auf dem jegliche Vorrichtung fehlte. Sie mussten auf dem Betonfußboden schlafen.

Seine Frau brauchte nicht mitzukommen. Sie blieb mit drei kleinen Kindern zurück. An jenem Tag und auch an den folgenden blieben zeitweilig Menschen vor ihrem Fenster stehen und schauten hinein. Sie wagte die Kinder nicht mehr nach draußen gehen zu lassen. Sie fürchtete, dass sie draußen beworfen wür-

den, weshalb die Kinder die Vorderseite des Hauses meiden sollten. Aber es passierte nichts. Es wurde nicht mehr an der Tür geklingelt. Es wurde still, ganz still. Drei Tage später wurde zum ersten Mal wieder an der Tür geläutet. Sie ging nach oben, um von ihrem Schlafzimmerfenster aus zu sehen, wer da vor der Tür stand. Da stand ein Mann in einem normalen Anzug. Sie dirigierte die Kinder nach oben und öffnete dann erst die Tür einen Spalt breit. Sie ließ sie angelehnt. Der Mann sagte: „Ich habe Nachricht von Ihrem Mann. Ich bin Pastor Overduin. Darf ich eintreten?"

Zwei Wochen später kam der Mittelständler wieder nach Hause. Er war ohne Prozess freigelassen worden. Er eröffnete das Geschäft wieder und schuftete weiter. Aber es lief nicht gut, und einige Jahre später gab er auf.

Vierzig Jahre später sitzt ein verbitterter Mann in seinem Zimmer im Seniorenheim. Auf einmal fängt er an: „Ich bin niemals wieder von irgendwas Mitglied geworden, nicht einmal von einer Kanarienvogelvereinigung."

Overduin hilft Familien inhaftierter NSBer

Längst nicht alle NSBer, SSler und Landwächter waren so leichtgläubig wie dieser Mittelständler.

Was waren das im Durchschnitt für Menschen? J. B. Charles (Pseudonym des Kriminologen Nagel) liefert die folgende Beschreibung: „Es waren Menschen, die der Bewegung nicht wegen der Ideen beitraten, von den wenigen Intellektuellen vielleicht abgesehen, sondern wegen der Stiefel, der Karrieren, um zu kommandieren oder kommandiert zu werden, um zu prügeln, aus Freude am Leid der anderen."

In den Monaten April und Mai des Jahres 1945 wurden im ganzen Land zwischen 130 000 und 175 000 Menschen, Männer und Frauen, durch die Mitglieder der Binnenlandse Strijdtkrachten (Inlands-Streitkräfte), den BS, festgenommen.

Dass die Zahl nicht genau bekannt ist, ist bezeichnend. Aber im August 1945 war doch schon eine gewisse Sortierung erfolgt. Damals befanden sich noch 90.000 politische Straftäter in Gewahrsam. Im Juni 1946 waren es 70.000, im Oktober 1946 noch 50.000.

Das Militair Gezag (MG) (die Militärbehörde) unter Leitung von General Kruls überließ die Verhaftungen den Binnenlandse Strijdkrachten (BS), obwohl das eigentlich nicht deren Aufgabe war. Aber dass die zahlenmäßig plötzlich so vergrößerten Binnenlandse Strijdkrachten sich damit befassten und nicht mit einem politischen Umsturz, bedeutete für die Militärbehörde eine Erleichterung, man hatte nämlich das Schlimmste befürchtet.

Es geschah nicht grundlos, dass das Militair Gezag (MG), das mit Geld nur so um sich warf, den Beinamen „Circus Kruls" bekam, während die Binnenlandse Strijdkrachten mit „De Oranjedieven" (die Oranje-Diebe) betitelt wurden. Das Eigentum der Landesverräter wurde nämlich in großem Maßstab gestohlen und nicht dem Beheersinstituut (Verwaltungsinstitut) ausgeliefert, das dafür eigentlich vorgesehen war.

Im Übrigen hatte die Justiz später auch mit dem Beheersinstituut noch alle Hände voll zu tun. Die Wörter „dekorieren", „organisieren" und „beiseite schaffen" bekamen eine neue Bedeutung, die sie vor dem Krieg noch nicht besessen hatten.

Gleich nach der Befreiung, am 4. April 1945, fand im Rathaus von Enschede eine Beratung von Vertretern der Binnenlandse Strijdkrachten und des Militair Gezag unter Leitung des MG-Vertreters Dr. W. J. Oosterkamp statt. Die Mitglieder zweier Beratungsgremien wurden ernannt:

A. Commissie van de Illegaliteit (Kommission der Illegalität).

Mitglieder: Die Damen Ina Blijdenstein und Alie Wissink, die Herren Bootsma, Lansink, Straatman, Prins, van Hoorn, B. ter Kuile, Kaplan van de Brink, Pastor Overduin.

B. Advies-commissie Militair Gezag op politiek gebied (beratende Kommission für die Militärbehörde im politischen Bereich).

Mitglieder: Die Herren Mulder und Breteler (LO), Kaplan van de Brink (RK), Wissink (CPN), Prins (Eisenbahn), Overduin (Juden), Vunderink (Verteilung), N. H. ter Kuile (BS) und B. ter Kuile (NSG – het niet strijdend gedeelte van de Binnenlandse Strijdkrachten, der nichtkämpfende Teil der Binnenlandse Strijdkrachten).

Drei Personen wurden demnach für beide Gremien benannt: B. ter Kuile, Kaplan van de Brink und Pastor Overduin. Die Zusammensetzung des zweiten Gremiums ist unverständlich. Der Kaplan vertritt darin die römischen Katholiken; und wer vertritt die Protestanten? Die linken Parteien sind berücksichtigt, aber die rechten nicht. Und man möchte auch gerne wissen, warum hinter Overduins Name „Juden" steht. Die Berufungen wurden nicht publiziert. Aufgabenbeschreibung und Protokoll existieren genauso wenig. Wahrscheinlich ist bei der Arbeit dieser überhastet geschaffenen Gremien nichts herausgekommen.

Den verwirrenden Tagen rund um die Befreiung von Enschede widmet der Chronist L. A. Stroink eine kryptische Passage:
„In der Zwischenzeit wurde, nicht ohne Probleme, geplant, wie die Zivilverwaltung funktionieren sollte, wenn die Deutschen erst einmal vertrieben wären. Mühselige Verhandlungen wurden darauf verwendet. Geklärt wurde die Frage erst, als Enschede bereits befreit war, um genau zu sein, eine Stunde nach der vollständigen Befreiung der Stadt. Aber bevor in Enschede die Flaggen gehisst werden konnten, musste noch eine schwierige, gefährliche und nervenaufreibende Arbeit geleistet werden. Denn noch einmal tauchten im eigenen Kreis Figuren auf, denen man nicht das volle Vertrauen schenken konnte, Figuren, die Furcht und Schrecken verbreiteten und Illegale wieder in ihre Verstecke zurücktrieben. Es erfolgten sogar Deportationen von Illegalen, andere wurden kaltgestellt."
Hat noch nie jemand Fragen zu dieser Passage gestellt?

Das Militair Gezag (s.o. Militärbehörde) behält die Zügel in der Hand, bis 1946 nach den Wahlen die demokratische Ordnung wiederhergestellt ist. Im Juni 1945 gibt das MG eine Broschüre mit einem vollständigen Organisationsschema für die ganze Provinz heraus. Die Zuständigkeiten sind in 14 Sektoren eingeteilt, mit hauptsächlich bürgerlichen Honoratioren, aber nur wenigen Widerstandskämpfern an der Spitze.

Der Rechtsanwalt Noyon (aus dem Lager Buchenwald zurückgekommen) betreut die beiden wichtigsten Sektoren, innere Angelegenheiten und Rechtsangelegenheiten. Kurz darauf wird er Vorsitzender einer der beiden Tribunaal-Kammern in der Stadt.

Der Kopf von Sektor 13 ist Zwaan ter Heege (1913–1978), eine Sozialarbeiterin, die wir später noch genauer kennen lernen werden.

Pastor Overduin kommt in dem Schema nicht vor. Er war mittlerweile in die Bijzondere Rechtspleging (außerordentliche Rechtsprechung) involviert. Wie seine doppelte Ernennung unmittelbar nach der Befreiung vermuten lässt, besaß er ein beträchtliches Ansehen. In den ersten Monaten des Jahres 1946 scheint das sogar in ganz besonderer Weise der Fall gewesen zu sein. In dieser Phase berät der Not-Stadtrat gemeinsam mit einem Wahlkollegium über die Ernennung eines Bürgermeisters von Enschede. Bürgermeister Rückert hatte sich während des Krieges krank gemeldet und kehrte nicht zurück. Als geschäftsführender Bürgermeister fungierte G. J. van Hattum, der aus dem Rathaus heraus viele illegale Tätigkeiten bekämpfte. Wir wissen nicht, was hinter den Kulissen besprochen wurde, wir gewinnen jedoch den Eindruck, dass insbesondere die Vertreter der Untergrundbewegung und die Binnenlandse Strijdkrachten mit dem Verlauf der Verhandlungen nicht einverstanden gewesen sind. Die Sondierungen liefen wieder an den alten parteipolitischen Linien der Vorkriegszeit entlang, und das wollten die ehemaligen Widerstandskämpfer nun gerade nicht. Sie gingen davon aus, die Königin wünsche das ganz bestimmt ebenfalls nicht. Und so verhielt es sich wohl auch.
Sie schicken eine Delegation zum Rechtsanwalt J. van der Sijs und veranlassen ihn, eine Petition an Ihre Majestät aufzusetzen, Pastor Leendert Overduin zum Bürgermeister von Enschede zu berufen.
Am 6. Februar 1946 empfängt das Kabinett von der Königin einen Antrag des Inhalts, Leendert Overduin zum Bürgermeister von Enschede zu ernennen. Der Antrag ist von G. ter Borg und A. W. Wesselius unterzeichnet, dem Vorsitzenden und dem Sekretär der landesweiten Organisation ehemaliger illegaler Kämpfer in Enschede. (Keiner von beiden unter-

hielt Verbindungen zur Kirche.) Der Antrag der Organisation wird dem Innenminister „zur Prüfung und Beratung" zugeschickt.

Der Minister erhält unter dem gleichen Datum noch einen anderen Antrag. Den Antrag von Edo Bergsma aus Arnheim (ehemals Bürgermeister von Enschede), Herrn van Hattum, den geschäftsführenden Bürgermeister von Enschede, definitiv zu ernennen.

Overduin wird nicht ernannt. Es ist auch zu bezweifeln, ob er die Ernennung angenommen hätte. Er wäre sicher ein brillianter Bürgervater gewesen. Ernannt wurde im April 1946 der patriarchale Groninger Sozialist Meine van Veen.

Im Januar 1947 bringt Königin Wilhelmina dem verantwortlichen Minister Dr. Beel gegenüber ihre Unzufriedenheit über das Berufungsverfahren im Allgemeinen zum Ausdruck. Seine Antwort: „Die Tatsache, dass jemand ein Held des Widerstands gewesen ist, qualifiziert ihn noch nicht automatisch für das Amt des Bürgermeisters."

Der Tag der Befreiung war als „Bijltjesdag", als Tag der Rache, vorgesehen. Aus London war über das Radio beständig in diesem Sinne gesendet worden, und die Königin hatte erklärt, dass nach der Befreiung für die Landesverräter in unserem Land kein Platz mehr sein sollte. Aber es wurde kein echter Bijltjesdag. Eine gute Seite an der Verhaftungswelle bestand darin, dass keine Lynchjustiz stattfand. Die Kollaborateure kamen beinahe sofort in „Sicherheitsverwahrung". Es sind allerdings einige Dutzend Häftlinge, niemand weiß genau, wieviele, in der Sicherheitsverwahrung durch Gewalt ums Leben gekommen. Denn vor allem in den ersten Monaten waren die Verpflegung und die Unterbringung, wie die Behandlung überhaupt, sehr schlecht. Die Lagerkommandanten waren für ihre Aufgabe nicht geschaffen.

Die Anspannung der Kriegsjahre entlud sich auf die Köpfe der Landesverräter und der vermeintlichen Landesverräter. Vor allem in den westlichen Hungergebieten war der Rachedurst groß.
Genau richtig?

„Ein Christ, der in diesen Tagen frohlockt, in die Hände klatscht ohne eine Träne der Kümmernis, macht gemeinsame Sache mit der Welt, deren letzte Freude darin besteht, dass Gott totgeschwiegen wird. Ich habe es gesehen, dass auch Christen das Lachen der Welt lachten. Ich habe gesehen, dass auch Christen mit der Welt mitjauchzten und vor Vergnügen mitquietschten, ohne eine Träne von Kümmernis in ihrem Lachen, als die NSBer zur Schau gestellt und kahl geschoren wurden: Vorwurf, menschlichen Gelüsten gefrönt zu haben. Aber ich habe gleichzeitig gesehen, dass Menschen, die sich nicht als Christen bezeichneten, mit einem schmerzhaften Zug auf dem Gesicht den Kopf abwandten. Ich habe auch miterlebt, wie im Gebäude des Sicherheitsdienstes in Arnheim, wo man dabei war, mit großer Schadenfreude Juden zu ärgern und zu misshandeln, einer der SD-Männer mir gegenüber den Kopf schüttelte und sich empört zurückzog."
(Predigt von Overduin, 1946)

Overduin ging es immer um „Das in die stählerne Klammer eingeklemmte Eichhörnchen", um die Augen verzweifelter Menschen, die Hilfe suchten, egal ob es sich um Juden handelte oder um NSBer. Zwar wusste auch er, dass man nicht alles Leid verhindern kann, aber man braucht doch nicht mit einer kreischenden Menge mitzujauchzen.
Bestand denn kein Unterschied, kein wesentlicher Unterschied zwischen dem Leid, das Juden angetan wurde und dem, das Landesverrätern widerfuhr? Jemand hat versucht, den Unterschied in die Worte zu fassen: Die Juden eine arterielle Blutung, die NSBer eine Schramme.

Die Absicht ist gut, aber der Vergleich misslungen. Überhaupt muss hier jeder Vergleich misslingen, ist doch noch keine Methode gefunden worden, Kummer zu messen.

In Enschede macht es wie ein Feuer die Runde: Overduin besucht die Familien der NSBer.
Eine Nachricht, die zunächst befremdlich ankommt, genauso befremdlich wie die Nachricht angekommen wäre: Prinz Bernhard ist Mitglied von „Kerk en Vrede" geworden oder General Kruls ist in einen Klosterorden eingetreten.
Overduin ist doch ein Führer und Inspirator der Untergrundbewegung gewesen, ein Judenhelfer! Warum macht er das?
Aber trotz allen Geredes über die Angelegenheit und trotz allen Erstaunens kann man sich letztendlich doch auch in den Kreisen der Widerstandsbewegung und in denen der Juden damit abfinden. Denn natürlich, Mitleid selbst mit Gesindel sollte man eigentlich von einem Pastor erwarten. Man muss das respektieren.
Im Kreis von Overduins Bekannten kann die Sache eigentlich kein Erstaunen erregt haben. Wir haben gesehen, dass alle, die sich während seines Prozesses vor dem Landesgericht für ihn einsetzten, seinerzeit auch vorbrachten: „Overduin mag wohl Juden geholfen haben, aber er würde auch Deutschen in Not helfen." Das stand damals zwar nicht zur Debatte, aber sie sahen die Aussage als für Overduin passend, als charakteristisch für ihn an.
Aber eigentlich hätte es auch ganz grundsätzlich kein Erstaunen hervorrufen dürfen. Die Kirchen hatten bereits während des Krieges vor Rachsucht gewarnt.
Bekannte Wortführer hatten Position bezogen. So zum Beispiel Pastor Rutgers aus Rotterdam, der im Sommer 1940 in einem Artikel geschrieben hatte: „Verteufelt eure Gegner nicht, sondern zeigt, dass der christliche Grundgedanke wahrhaftig die Kraft besitzt, das Leben unseres Volkes neu zu gestalten."

In Amsterdam war es Pastor Buskes, der gemeinsam mit Pastor Koningsberger regelmäßig gegen die Behandlung der NSBer und ihrer Mitläufer Protest erhob. Die drei Genannten hatten keine Mitläufer-Vergangenheit. Rutgers wurde in Dachau ermordet, Buskes wurde inhaftiert und Koningsberger hatte gerade seinen Sohn verloren, von den Deutschen fusiliert.

Die Aktivität Overduins erregte die Aufmerksamkeit nicht so sehr deshalb, weil er sie verrichtete, sondern wegen der Art und Weise, in der er es tat. Von niemandem beauftragt, machte er sich sofort nach den verwirrenden Ereignissen in der Stadt rund um die Befreiung ans Werk, und zwar mit seinem ganzen Herzen, seiner ganzen Seele und seinem ganzen Verstand.
Er achtete auf die Augen von Menschen in Not. Er zögerte auch nicht, er war einfach mit Leib und Seele ein Pimpernel. Der Unterschied zu den vorhergehenden Jahren bestand allerdings darin, dass er sich jetzt nicht mehr vorsichtig umzugucken brauchte, ob er vielleicht verfolgt würde, und dass er sich nicht mehr zu verkleiden brauchte.

Seine Freunde blinzelten vermutlich einen Augenblick mit den Augen, als sie realisierten, was das hieß: Mitgefühl mit den NSBern.
Zur Familie A. Holl kam er mit zwei Kindern des berüchtigten NSBers B. Mann und Frau waren festgenommen und die Kinder einfach so bei den Nachbarn abgegeben worden. Overduin wurde angerufen, und der holte sie ab. Die Familie Holl tat sich jedoch schwer damit, die zeitweilige Versorgung der beiden Kinder auf sich zu nehmen. Die Einwände der Familie kamen vor allem von ihren eigenen Kindern, die im Alter von Sekundarschülern standen. Denn die wurden auf dem Schulhof spöttisch und herablassend darauf angesprochen.

Overduin im Gespräch mit Sohn eines inhaftierten NSBers

Genauso wie zuvor stand Overduin aber auch selbst wieder bereit. Es gab in der Stadt einen Reichsdeutschen, der eine Stellung bei der Ortskommandantur innegehabt hatte. Der Mann wurde festgenommen und nach Scheveningen gebracht. Seine Familie erhielt die Möglichkeit, in der Umgebung von Scheveningen eine Wohnung zu beziehen. Die älteste Tochter stand jedoch zwei Monate vor dem Abschlussexamen des MULO. Die Lösung war schnell gefunden. Das Mädchen konnte bei Overduin so lange wohnen, wie es im Hinblick auf das Examen nötig war.

Rudy mit Bruder Follie und Schwester Marleen, genannt nach Maartje und Leen Overduin

„Wir haben hinsichtlich einer bestimmten Gruppe Richterchen gespielt und haben uns alle an der Beurteilung und Verurteilung dieser Menschen beteiligt, und dieses Volksgericht wird noch stets abgehalten, wann immer es passend erscheint. Ihr werdet sagen: Das ist notwendig! Das ist nicht anders als recht!

Ich will das nicht bestreiten. Aber wir sind voreilig, wenn wir uns nicht besinnen auf unser Gewissen vor Gott. Welches moralische Recht haben wir, uns selbst als Richter aufzuspielen? Sind wir solche Prachtmenschen gewesen? So prinzipientreu im Krieg, als es darauf ankam. Sind wir so unerschrocken gewesen? Haben wir getan, was wir tun mussten?"
(Predigt von Overduin über Johannes 8; 1954)

Die Regierung in London hatte nicht bedacht, dass 100 000 Beschuldigte erst einmal verhaftet, untergebracht, verhört und vorgeladen werden mussten, bevor ihnen der Prozess gemacht werden konnte. Ein weitreichendes Problem, mit dem die Regierung noch viel zu schaffen bekommen sollte. Dabei hatte man schon so viel mit anderen dringenden Angelegenheiten zu tun wie z. B. mit dem Wiederaufbau und der Beziehung zu Niederländisch-Indien (Indonesien).

In London hatte man bereits die Rechtsgrundlage für die Verfahren gegen diejenigen gelegt, die sich unpatriotisch verhalten hatten. Das Dekret über das außerordentliche Strafrecht (Besluit Buitengewoon Strafrecht) 1943, das Dekret über die Tribunale (Tribunaalbesluit) 1944, ergänzt durch das Dekret über politische Straftäter (Besluit Politieke Delinquenten) 1945.
Im Zusammenhang mit dem außerordentlichen Strafrecht (Bijzondere Rechtspleging) wurden fünf Gerichtshöfe und 19 Tribunaale geschaffen, für die östlichen Landesteile in Arnheim bzw. Almelo.

In Enschede wurden unter Leitung der Herren Noyon und Barnasconi zwei Kammern eingerichtet.
Die außerordentliche Rechtsprechung (Bijzonder Rechtspleging) folgte dem Modell der alten Schöffengerichtsbarkeit mit Laienrichtern. Der Staatsanwalt hieß an diesen Gerichtshöfen Procureur Fiscaal. Er wurde von einem oder mehreren Officieren Fiscaal (Schöffen oder Laienrichtern) unterstützt. Mit einigen Ausnahmen handelte es sich dabei um Juristen.

Die Funktion des Officier Fiscaal wurde im November 1945 geschaffen, um die Procureurs Fiscaal zu entlasten. Ihre Aufgabe bestand ausschließlich darin, sich um bedingte Freilassungen und um endgültige Freilassungen zu kümmern.

Der Gerichtshof hatte den schweren Fällen nachzugehen. Es war Aufgabe des Procureur Fiscaal und seiner Assistenten, Sachen mit Unterstützung des Opsporingsdienst voor Politieke Delinquenten (Emittlungsdienst für politische Straftäter) an ein Tribunaal zu überweisen.

Jedes Tribunaal hatte einen juristisch geschulten Vorsitzenden und Sekretär, die Mitglieder waren zumeist Laien. In Enschede wurden folgende Personen zu Mitgliedern ernannt:

Die Herren Siegenthaler, Bommel van Vloten, Arend Overduin (der Ladenbesitzer), Jouwsma, van Hoorn, Vunderink, van Asselt, Borg, Langeveld und Ebbinge. (Die Hälfte der Laienrichter waren vormals Kontaktpersonen der Organisation Overduin.)

Das Tribunaal in Enschede trat zum ersten Mal im Januar 1946 zusammen. Ab 1948 nahm dann die normale Rechtsprechung wieder ihren Lauf.

Das Tribunaal war berechtigt, Strafen von bis zu zehn Jahren Internierungshaft auszusprechen, Beschlagnahmungen von Gütern zu verhängen und bürgerliche Rechte, wie zum Beispiel das Wahlrecht, abzuerkennen.

Die Zeitungen berichteten über jeden einzelnen Fall, meistens mit Angabe von Namen und Adresse des Beschuldigten. In Enschede wurden im ersten Jahr bereits 700 Urteile gesprochen, die höchste Strafe lag bei fünf Jahren Haft.

Es kam zu heftigen Kontroversen über die Urteilsfindung. Die NSBer waren im Allgemeinen verbittert und fühlten sich zurückgesetzt. Für eine verlorene und ungerechte Sache gestritten zu haben, stimmt allzeit bitter. Sie waren der Meinung, dass sie für Din-

ge bestraft würden, die zu dem Zeitpunkt, als sie begangen wurden, nicht strafbar waren, und dass sich inzwischen gezeigt hätte, dass sie mit ihrer Kommunistenfurcht recht gehabt hätten.

Die Öffentlichkeit war in zwei Lager gespalten: Sie werden viel zu leicht bestraft. Sie werden viel zu schwer bestraft. Von allen Seiten wurde die Bijsondere Rechtspleging kritisiert.

Ein Vierteljahrhundert nach dem Krieg schreibt Professor Belinfante sein Standardwerk „In plaats van bijltjesdag" (Statt eines Rachetages). Darin äußert er Kritik an der Art und Weise, in der Begnadigungen ausgesprochen wurden. Auch er prangert die Behandlung der NSBer an. Ihm zufolge stand diese Behandlung oft im Widerspruch zu den Menschenrechten.

Der jüdische Hochschullehrer van Oven schreibt 1947: „Mit dieser improvisierten Rechtsprechung wird dem Rechtstaat gedient, so gut wie das unter den so ungemein schwierigen Umständen möglich ist ... Die Urteile kommen uns eher milde als zu streng vor."

N. van Veen, seiner Zeit stellvertretender Sekretär des Tribunaals in Hengelo, ist der Ansicht, dass fair vorgegangen wurde, allerdings habe das Ganze geradezu einer Fließbandarbeit geglichen. „Viele sind verurteilt worden, viele nicht. Im Laufe der Zeit wurden immer mehr Anklagen für verfallen erklärt. Das Motto lautete: Wir müssen damit fertig werden, wir können damit nicht ewig zugange bleiben. Damit stimmte ich überein. Die Politik traf jedoch eine andere Entscheidung." (Interview 1995, „Tubantia")

Warum entschied die Politik anders?
Zunächst einmal wurden Skandale über die Verhältnisse in den Internierungslagern publik.
Der Bericht eines Geistlichen aus De Harskamp:
„Wächter: Nehm ich diese Baracke, dann nimmst du jene Baracke. Wir werden sie mal springen las-

sen. (Sie schießen mit ihren Maschinenpistolen in die Runde. Am Abend gibt es ein Opfer, den Bergarbeiter Geurts. Der Geistliche wird zu dem sterbenden Mann gerufen.)

Der Krankenpfleger: Ich finde es eine Schande, dass solche Menschen geistlichen Beistand erhalten.

Der Geistliche: Man hat mich gerufen; und es ist meine Aufgabe, jedem beizustehen, so wie es Ihre Aufgabe ist, jeden zu pflegen.

Der Krankenpfleger: Unsere Jungs in Deutschland haben den Beistand nicht gehabt. ... lass den Kerl mal schön schreien.

Der Geistliche: Sie sollten nochmals sorgfältig die Bibel lesen."

Von allen Berichten über Missstände in den Lagern war der Rapport von Dr. van der Vaart Smit, Ex-Pastor und NSBer, der aufsehenerregendste. Der Rapport wurde im Mai 1948 der Parlamentarischen Enquetekommission ausgehändigt und einige Monate später veröffentlicht. Die Kommission erteilte einem Procureur Fiscaal den Auftrag, die berichteten Tatsachen zu überprüfen. In weiten Teilen schien van der Vaart Smit Recht zu haben.

Der Justizminister erklärte vor der Parlamentarischen Enquetekommission: „Auf die Frage: Wurde gegen NSBer mit Nazimethoden vorgegangen?, kann die Antwort nur ja lauten. Als einzige Verteidigung kann gelten, dass es nicht vorsätzlich und systematisch und aus ideologischen Gründen geschehen ist. Allerdings muss zugegeben werden, dass gegenüber denjenigen, die misshandelt haben, im Vergleich zur Schwere der Taten zimperlich vorgegangen worden ist. Sofern das vorgekommen ist, so geschah es auch deshalb, weil das Klima nicht danach war, die Misshandlungen von NSBern streng zu bestrafen."

Die ersten Veröffentlichungen bereits im Jahr 1945 und die Tatsache, dass da noch so viele vergleichsweise Unschuldige gefangen saßen, setzten die Regierung unter Druck. Aber das war es nicht allein. Es

waren circa 40.000 Mann mit der Verwaltung und Bewachung der Lager beschäftigt. Und eben diese Männer wurden für den Wiederaufbau und die Armee in Indonesien (Niederländisch-Indien) benötigt.

Auch blickte man dem Winter sorgenvoll entgegen. In den meisten Lagern gab es keine Beheizung, und es fehlten die Mittel, etwas dagegen zu tun. Außerdem war auch noch die teure Versorgung von rund 20.000 Kindern in Auffangheimen zu regeln. Nach einem halben Jahr hatte man mit dieser Auffangaktion begonnen. Die Betreuung dieser Kinder war übrigens unterdurchschnittlich.

Der Justizminister empfing die Procureurs Fiscaal in Audienz und gab ihnen den Auftrag, fortan mehr Aufmerksamkeit auf die schweren Fälle zu richten und so viele Menschen wie möglich von den leichten Fällen nach Hause zu schicken, gegebenenfalls unter Vorbehalt. Das nannte man von der Zeit an die Politik der Barmherzigkeit. Mit veschleiernden Formulierungen wurde dieses Konzept Ende Dezember 1945 in der Regierungserklärung dargelegt.

Noch bevor der Winter ausbrach, kamen 20.000 Straftäter auf freien Fuß. Und jetzt kam es in der Presse zu einem neuem Streit zwischen zwei Literaten. Für oder gegen die Politik der Barmherzigkeit.

Der Schriftsteller A. Den Doolard war dafür, der Schriftsteller J. B. Charles dagegen:

„Der größte Löffel, mit dem die Niederlande das kostbare und einst gut gefüllte Fass der Demokratie ausgehöhlt haben, heißt Bijzondere Rechtspleging (Außerordentliche Rechtsprechung)." (Den Doolard)

„Als Krieg herrschte, gab es freundliche Patrioten wie Den Doolard, die sich ein paar Stunden am Tag vor uns über das englische Radio aufregten. Jetzt stellt sich heraus, auf unsere Kosten. Wir unterstützten die königlichen Worte, denen gemäß in den befreiten Niederlanden für die Handlanger des Feindes kein Platz mehr sein sollte. Das half ein wenig. Wir konnten es aushalten, weil wir an eine künftige Verurteilung glaubten. Als die Lager sich füllten, gab es einige Zehntausend Wachleute ohne Ausbildung. Wie besiegte Todfeinde zu behandeln waren, wussten sie nicht besser, als es ihnen selbst von den Deutschen und den Landwächtern beigebracht worden war. Die Delinquenten laufen übrigens zu einem großen Teil schon lange wieder auf der Straße herum, und niemand soll denken, dass ich etwas dagegen habe, sofern sie ihre Schuld eingesehen haben. Ich habe wohl aber etwas dagegen, dass sie wieder in den Zeitungen schreiben dürfen.

Ist dieses Land noch demokratisch? Ich will es nicht zu sehr rühmen, aber es geht schon noch, Herr Den Doolaard, wenn wir es mit Spanien oder Russland vergleichen. Uns wird auf eine raffinierte Weise eine moralische Übereinstimmung mit unseren faschistischen Feinden angedichtet, die wir von der Hand weisen müssen…" (J. B. Charles, in „Volg het spoor terug", Folge der Spur zurück)

Auch in Twente wurden forciert und ohne Prozess Hunderte von Delinquenten freigelassen. Und hier machte man den regionalen Officier Fiscaal dafür verantwortlich. Der Officier Fiscaal aber war niemand anderes als Leendert Overduin. Einer der wenigen Nichtjuristen, die für diese Funktion ausgesucht worden waren, in diesem Fall, um dem Procureur Fiscaal von Arnheim zu unterstützen. Er hatte sein Büro zusammen mit seinen Kollegen in Arnheim und bei sich zu Hause.

Auch bei dieser für einen Pastor so fremden Beschäftigung störte Overduin sich nicht an formalen Grenzen. Sein Bruder Gerrit in Leiden bat ihn um Hilfe. Er hatte einen guten Bekannten, der zumindest nach Gerrits Meinung unschuldig in einem Internierungslager in Leiden festgehalten wurde. Overduin fuhr nach Leiden. Gefahren wurde er von Koopmans ju-

nior aus der Familie, bei der die Organisation sich während des Krieges treffen konnte. Koopmans hatte es verstanden, während des Krieges sein großes Auto zu verstecken, so dass er jetzt damit herumfahren konnte. Overduin hätten sie überallhin gebracht. Koopmans junior fuhr auch wohl mal ohne Passagier nach Leiden, ging er doch einige Zeit später die Ehe mit der Tochter von Gerrit Overduin ein.

Leendert Overduin suchte also zusammen mit seinem Bruder Gerrit die in Leiden führenden Personen auf und schaffte es, Gerrits Bekannten frei zu bekommen. Als Pastor und Officier Fiscaal machte er dort großen Eindruck. Aber war das korrekt? „Ach", hätte Overduin gesagt, „auch in Leiden liegt ihnen der Auftrag, die Zahl der Gefangenen drastisch zu vermindern, schwer im Magen. Und ich verschaffe ihnen für diesen Fall ein Argument. Sie können es auf mich schieben."

In der kommunistischen Tageszeitung „De Waarheid" (Die Wahrheit) hatte man im Jahr zuvor eine Hetzkampagne gegen ihn gestartet. In „De Vrije Twentsche Courant" (die Regionalausgabe von „Het Parool", Hauptredakteur G. J. M. van der Reve) greift man sie auf und setzt sich für Overduin ein:

„In unserem Volk herrscht allgemein das Gefühl vor, dass schneller Recht gesprochen werden muss, dass zumindest die leichteren Fälle vor Ungerechtigkeiten bewahrt werden müssen. In diesem Sinne hat die Regierung gehandelt, als sie besondere Bevollmächtigte berief und mit Befugnissen ausstattete, um korrigierend einzugreifen. In Enschede agiert als solcher Pastor Overduin, und es ist seinem Eingreifen zu verdanken, dass in jüngster Zeit eine Reihe von NSBern freigelassen worden ist. Wir glauben, dass es keinerlei Grund gibt, sich hierüber zu entrüsten. Uns ist aufgefallen, dass es in unserer Region eine gewisse Reibung zwischen den Instanzen und Pastor Overduin gibt. Wir legen Wert darauf zu erklären, dass man sich täuscht, wenn man meint, auf dem Rücken des Vrije Twentse Courant diese dem Landesinteresse schadenden Meinungsverschiedenheiten ausfechten zu können."

Noyon, der Vorsitzende des Tribunaals, wollte sich damit nicht zufrieden geben und schickte einen eingeschriebenen Brief:

„... Wenn Sie fragen: Was stimmt da nicht, wenn Sie in Frageform und auf gut Glück jemandem die Schuld anhängen, dann widerspricht das den ersten Begriffen journalistischen Anstands. Sie geben die Schuld nicht demjenigen, den diese Schuld allein trifft, nämlich den bei seiner Ernennung von Ihnen so sehr in Schutz genommenen Officier Fiscaal. Diesen und niemand anderen trifft die Schuld. Seine Person ist zwar über jeden Verdacht erhaben, aber er ist keineswegs der Mann, diese Materie zu beherrschen. Auch das ist Handwerk, das nun einmal nicht auf seiner Linie liegt. Wenn Sie wissen, dass mehr als zwanzig Freilassungen zustande gekommen sind, ohne dass auch nur Einsicht in die Akten genommen worden ist, dann braucht nicht weiter erklärt zu werden, was für ein großes Ausmaß an Unvorsichtigkeit an den Tag gelegt worden ist. Wenn Sie dann auch noch von schreiender Ungerechtigkeit reden, dann wissen Sie jetzt, an wen Sie ihren Vorwurf richten müssen, an ihren eigenen Protegé, den obengenannten Overduin. Die Freigelassenen sind übrigens auf Bewährung freigelassen. Das Tribunaal lässt dabei eine vorher schon durch den Officier Fiscaal bewerkstelligte Freilassung unberücksichtigt."

Und daraufhin wiederum Reve senior:

„Wir glauben gerne, dass Pastor Overduin nicht über die Routine des Fachmanns verfügt, die das Vorrecht von Herrn Noyon ist. Aber der Wert von Expertentum darf unter den heutigen Verhältnissen nicht überschätzt werden. Die Routine des Fachmanns kann auch in Paragraphenhörigkeit ausarten. Das zeigt der Vorwurf von Herrn Noyon an die Adresse von Pastor Overduin deutlich, der die Akten angeblich nicht

eingesehen hat. Aber Pastor Overduin konnte die Akten gar nicht einsehen, weil sie noch gar nicht fertig waren. Er meinte, darauf nicht monatelang warten zu können, und es hätte unserer Meinung nach auch in Widerspruch zu seinem Auftrag und seiner Pflicht gestanden."

Overduin, erstmals öffentlich zur Rechenschaft gezogen, fühlt sich veranlasst, ebenfalls einen Brief in der Zeitung unterzubringen.

„... Von Herrn Noyon werden alle Vorwürfe gegen meine Person gebilligt. Obwohl es sich von selbst versteht, dass ich die volle Verantwortung für die von mir veranlassten Freilassungen und Außer-Verfolgung-Stellungen übernehme und ich meiner Meinung nach auch in der Lage bin, verschiedene Unrichtigkeiten in den Veröffentlichungen nachzuweisen und zu entkräften, bin ich doch der Ansicht, dass es nicht richtig ist, dass in den Tageszeitungen eine Auseinandersetzung zwischen den betroffenen Instanzen ausgetragen wird.

Angesichts dessen, dass es mir jedoch gleichwohl wünschenswert erscheint, dass diese wichtige Angelegenheit auf eine für die Öffentlichkeit befriedigende Weise aufgeklärt wird und alle Zweifel bereinigt werden, werde ich die betreffenden Artikel dem Justizminister zusenden mit der Bitte, im öffentlichen Interesse eine Untersuchung durchführen zu lassen, an der ich in jeder nur erdenklichen Weise mitwirken werde."

Der Minister hat es offenbar nicht im öffentlichen Interesse gefunden, dieser Sache weitere Beachtung zu schenken. In der Öffentlichkeit ist darüber jedenfalls weiter nichts bekannt geworden.

Ministerpräsiden Beel erklärt im Juli 1946: „Man spürt, dass nunmehr die Stunde gekommen ist, in der Barmherzigkeit in großem Maßstab einsetzen muss."

Overduin wird im September 1946 vom Hervormde Kerkenraad gebeten, einen Vortrag über das Problem

Sprechstunden des Officier Fiscal Leendert Overduin: Montag und Donnerstag 7–8 Uhr

der politischen Delinquenten zu halten. Er vertritt die Ansicht, dass in den Lagern viel Sadismus nach deutschem Vorbild vorgekommen sei und dass die Regierung deshalb eingegriffen habe. Aber diese Politik der Barmherzigkeit sei zugleich auch eine Politik der Ohnmacht und der Verlegenheit. Für den ausgetriebenen Dämon seien in moralischer Hinsicht sieben neue an die Stelle gerückt. Im Oktober würden allein in Enschede 200 Menschen auf freien Fuß gesetzt. Es sei der Auftrag der Kirche, Menschen zu „beschützen". Diese Menschen müssten wieder irgendwo untergebracht werden und arbeiten können. Wir stünden vor einer dreiarmigen Weggabelung: Kommunismus, Nihilismus, Christentum.
(Die Wiedergabe des Vortrags stammt nicht von Overduin, sondern vom Protokollanten.)

In der Versammlung werden viele Bedenken laut: Haben diese Menschen wirklich etwas gelernt, haben sie ihre Schuld bekannt? Ist es nicht heikel, solche Leute in ein festes Arbeitsverhältnis zu bringen? Könnte man ihnen nicht besser in einer anderen Stadt Unterkunft und Arbeit besorgen? Geht es der Regierung nicht in erster Linie um Kostenersparnis? Overduin wird gebeten, einen Informationsartikel für die Kirchenzeitung zu verfassen.

Mit der Tätigkeit Overduins als Gemeindepfarrer war es im ersten Jahr nach der Befreiung nicht weit her, zumindest nicht mit der regulären Tätigkeit für die Hersteld Verband Gemeinde zu Enschede.
Das wog allerdings nicht schwer, weil sein Vertreter, Pastor van der Marel, noch einige Zeit tätig blieb und mit seiner Familie auch in Overduins Wohnung wohnte. Overduin selbst biwakierte in der ersten Zeit nach der Befreiung bei einer seiner Untertauchadressen, bei der Familie Dijks an der Javastraat 125. Sein Vertreter zog Ende August weg. Overduin kehrte jedoch nicht wieder in die Potgieterstraat zurück. Im Oktober 1945 konnte er ein geräumiges Bürgerhaus im gleichen Viertel beziehen, Lasondersingel 138. Er musste es in der ersten Zeit allerdings mit dem Deutschen Konsul jüdischer Herkunft Dr. Simon teilen. Damit kam er nicht besonders gut zurecht.

Lasondersingel 138, Overduins Wohnung von 1945 bis 1955. (Foto 2000)

Lasondersingel 138 war ein Gebäude mit einer bewegten Vergangenheit. Es war das Haus der jüdischen Familie Hedeman, Hugo Hedeman, Direktor der Spinnerei Roombeek. Der hatte das Haus zu Beginn des Krieges verlassen und war ins Ausland geflüchtet. Die Hedemans, Vater, Mutter, Sohn und Tochter wurden gefasst und erlitten das gleiche Schicksal so vieler Juden: Sie wurden ermordet. 1942/43 war in dem Gebäude das jüdische Lyzeum untergebracht. Jüdische Kinder durften keine anderen Schulen mehr als diese besuchen, und jüdische Lehrkräfte durften allein noch an solchen Schulen unterrichten. (Sie mussten stets zu Fuß kommen, denn Juden durften kein Fahrrad mehr fahren.) Als die Schule

Im Garten der Wohnung Lasondersingel 138 im Jahr 1942.
Schüler, Dozenten und Verwaltungsangestellte des jüdischen
Lyceums, alle markiert mit dem Davidstern

wegen Mangels an Schülern und Lehrern aufgehoben wurde, wurde es zur Wohnung eines bekannten NSBers, Hasperhoven. Overduin bekam die heruntergekommene und leergeplünderte Wohnung im Oktober 1945 zugewiesen. Und jetzt konnte endlich auch seine Schwester Maartje aus Zeist zurückkommen und ihren Platz als Frau des Hauses wieder einnehmen. Vater Overduin war am 28. August 1944 in Zeist gestorben.

In der Wohnung herrschte immer Hochbetrieb. Wenn er Sprechstunde hielt, als Pastor und als Officier Fiscaal, dann standen die Menschen aufgereiht vor seiner Tür, dann war die Treppe voll besetzt mit wartenden Menschen, die immer, wenn jemand wegging, eine Stufe aufrücken konnten. Er hatte sogar als Beschäftigungstherapie für die Betroffene eine Rezeptionistin eingestellt. Es handelte sich um die Mutter von Rudy.

Rudy hörte als Kind, wie sie ihn hinter seinem Rücken „SS-Junge" nannten. Er begriff zunächst nicht, was das bedeutete, denn er wurde erst 1941 geboren. Sein Vormund Overduin konnte es ihm erklären. Der Vormund war schon viele Jahre mit Rudys Mutter und seiner Oma bekannt.

Die Oma stammte aus Drente. Sie bildete mit ihrer Familie einen Teil der großen Gruppe der Drentenaren, die in den zwanziger und dreißiger Jahren nach Enschede gekommen waren, um Arbeit zu finden. Sie wohnte in einem kleinen Haus und hatte 17 Kinder, von denen 14 am Leben blieben.

Schon vor dem Krieg kam Overduin hin und wieder bei ihr vorbei, hintenrum und nicht durch die Vordertür, um mit ihr zu reden. Sie war Mitglied der Hervormde Gemeente, war besonders intensiv vom Glauben angesprochen, und sie war übersinnlich begabt. Eine ihrer Töchter wurde Rezeptionistin/Telefonistin in Almelo, hatte dort Verkehr und heiratete. Rudy, 1941 geboren, war ihr erstes Kind. Sie konnten eine Wohnung in Den Haag bekommen, weil der Mann, wie sich hinterher herausstellte, sich zur SS, dem niederländischen Kontingent für den Krieg in Russland, gemeldet hatte. Infolge eines Kontakts zu einer jüdischen Familie wurde die junge Frau festgenommen und in Scheveningen inhaftiert. Sie war vermutlich aufgrund einer postnatalen Depression und aufgrund von Eheproblemen ohnehin sensibel, aber durch die Misshandlung im Gefängnis wurde sie vollkommen verstört und schließlich in einer einschlägigen Einrichtung aufgenommen. In der Zwischenzeit hatte sie noch ein zweites Kind bekommen, während der Mann, von dem sie de facto geschieden war, sich noch in Russland befand. Wenigstens einmal, vermutlich jedoch häufiger hat Overduin sie auf Bitten von Oma in Den Haag besucht, um zu sehen, wie er helfen könnte. Möglicherweise hat er die Adresse gelegentlich auch als Untertauchadresse genutzt.

Nach einiger Zeit schaffte man es, die Frau in einer Einrichtung unterzubringen, so dass die Familie ihr beistehen konnte. Rudy wurde, solange das erforderlich war, von Overduin und seiner Schwester aufgenommen. Das zweite Kind war krank und konnte erst 1947 nach Enschede gebracht werden. Die junge Mutter kam 1950 wieder nach Enschede zurück und heiratete ein zweites Mal.

Das Kind aus dieser Ehe wurde Marleen genannt, nach Leen und Maartje Overduin. Die Ehe ging im Übrigen ebenfalls schief. Die Frau wurde ihr Leben lang durch die Traumata des Krieges verfolgt und ihr Leben lang auf die politische Vergangenheit ihres Mannes angesprochen. In den vierziger Jahren wohnte sie regelmäßig bei Overduin; auch die Kinder hielten sich oftmals dort bei Onkel Leen und Tante Maartje auf. Die Vormundschaft Overduins über diese Kinder, wie auch über andere Kinder und Erwachsene, ergab sich aus der Arbeit für die Stichting Toezicht Politieke Delinquenten (Stiftung zur Überwachung politischer Straftäter). Dabei handelte es sich um eine Art Resozialisierungshilfe für die freigelassenen politischen Straftäter und deren Familien. 1948 standen 40.000 Personen unter einer solchen Aufsicht. 1950 wurde die STPD aufgehoben.

Allerdings hätte es auch im Jahr 1950 noch genug Arbeit für eine solche Stiftung gegeben. Durch die massenhaften Verhaftungen hatten viele Familien keinerlei Einkünfte, und von der Armenunterstützung allein konnten sie nicht leben. Die Kommunalverwaltungen räumten dieser Kategorie von Hilfsbedürftigen ganz gewiss keinen Vorrang ein.

Es herrschte große Wohnungsnot: Die Opfer der Bombardierungen, die ehemals Untergetauchten und die Rückkehrer aus deutschen oder japanischen Internierungslagern hatten Vorrang. Ex-Delinquenten, vor allem wenn sie als Ehepaar festgenommen worden waren, hatten keine Wohnungen mehr und ihre Besitztümer waren verschwunden. Und wenn sie Wohnraum hatten, dann fehlte es an Betten, Decken, Schuhen, Winterkleidung und an vielen anderen Dingen.

Für diejenigen, die arbeiten konnten, war es von Vorteil, dass es überall genug zu tun gab, so dass sie wieder „mitmachen" konnten. Für die Kinder war es schwierig in den Schulen. Auch die Reintegration in den Kirchen war nicht leicht. Die Ex-Delinquenten hatten einzig und allein Vertrauen zu Overduin.

Sie haben lange darunter leiden müssen, die meisten ihr Leben lang. Die Ehefrau eines NSB-Bürgermeisters wohnte in den achtziger Jahren in einem Altersheim. Eines Tages wollte sie mal wieder an einer kirchlichen Sonntagsfeier teilnehmen. Sie war an dem Abend schon ein bisschen nervös. Sie hatte sich kaum hingesetzt, und schon vernahm sie hinter sich deutlich eine laute Stimme, die sagte: „Was macht die hier?" Sie blieb diesmal sitzen, kam anschließend aber niemals wieder.

Ungemach wegen eines Krieges währt lange, so lange, dass die Kinder das Leid ebenfalls abbekommen und weitertragen müssen. Im Prophetenbuch Ezechiel findet sich ein Text, der da lautet: „Die Väter haben saure Trauben gegessen, aber den Kindern sind die Zähne davon stumpf geworden."

Um genau so etwas muss es sich wohl handeln.

Kinder jüdischer Kriegsopfer sind nicht damit fertig geworden und Kinder von Widerstandskämpfern genauso wenig. Die Kinder molukkischer Soldaten müssen sich ebenso für ihre Eltern verteidigen wie die Kinder niederländischer Soldaten, die in Indonesien gekämpft haben.

Die Erfahrungen der japanischen Lager, der deutschen Lager, der NSB-Internierungslager, sie kommen bei den Älteren wieder hoch, nachdem sie be-

reits dachten, sie los zu sein. Selbst ein Vierteljahrhundert nach dem Krieg führte die mögliche Freilassung der „drie van Breda" (drei deutschen Kriegs-
verbrechern) noch zu einer gewaltigen gesellschaftlichen Unruhe.

Und ein halbes Jahrhundert nach dem Krieg hat der
Ministerpräsident Wim Kok alle Hände voll damit zu
tun, Entschuldigungen abzugeben: Bei den Juden, die
1945 zurückgekehrt sind, bei den Indonesiern, die in
jener Zeit um ihre Unabhängigkeit kämpften. Die in-
dischen Niederländer streiten über die Frage, ob die
Entschuldigungen Japans wohl angemessen formuliert seien, und in Deutschland wird im Jahr 2000
noch heftig über die noch auszuzahlenden Wieder-
gutmachungen für Kriegsopfer beraten.
Und noch immer ist „NSBer" das schlimmste und
gemeinste Schimpfwort, das unsere Sprache kennt,
so Herman Vuijsje in seinem aktuellen Buch darüber, was typisch niederländisch sei. Der Krieg ist
erst dann wirklich vorbei, so Harry Mulisch, „wenn
niederländische Eltern ihr Kind wieder Adolf zu nennen wagen".
Wieviel Friedenszeit, Friede als vollendete Gerechtigkeit verstanden, braucht es nach einem Krieg, um
zu einem abgeklärten Urteil, zu Versöhnung und See-
lenruhe zu gelangen?

Friede bedeutet: nicht beständig hoffen zu müssen. Das Radio
Vergessen. Und wenn du jemanden in Uniform siehst,
Es dennoch zu wagen weiterzugehen.
Friede ist dann, wenn du anfängst, Frieden normal zu finden
Und nicht mehr als etwas zwischen den Kriegen.

Wir werfen Brot in die Luft, als Vogelfutter
Und geraten in einen Aufruhr der Seele.

(Judith Herzberg)

Kapitel X: Der Fall Lasonder

Overduin hält Sprechstunde am Lasondersingel (Enschede)

Im Mai des Jahres 1953 hält Oveduin eine Predigt über ein Gleichnis aus Lukas 11, das Gleichnis über einen Mann, der hilfesuchend einen Freund bedenkenlos mitten in der Nacht aufweckt.

„Wenn ein Mensch wirklich Angst hat, Angst um sich selbst oder um andere, dann dringt er, wenn nötig, in das Zimmer eines Ministers ein oder steigt die Treppen eines Palastes empor. Angst macht unverschämt.

… zuverlässig im Einsatz für Gerechtigkeit

Mir ist es passiert, dass ich mitten in der Nacht mein Bett verlassen musste, weil ein Mann an die Tür hämmerte. Am nächsten Morgen fragte mich ein Kollege, der in der Nachbarschaft wohnt, ob der Gast mich haben wollte oder die ganze Nachbarschaft zusammentrommeln. Als ich hinauskam, packte der Mann mich ohne jede Entschuldigung und zwang mich mitzukommen. Als ich hörte, wohin und wofür, lag mir auf der Zunge zu sagen, dass es, ohne der Sache zu schaden, ebenso gut am nächsten Morgen hätte passieren können. Aber dieser Mann in Angst um seinen Sohn belegte mich so unverschämt mit Beschlag, dass ich gar nicht die Chance hatte, den Satz auszusprechen.

Anständige, zivilisierte Menschen wie wir begreifen das manchmal nicht, bis wir eines Tages selbst in Not geraten.

So verhält sich der Mensch in Not auch gegenüber Gott; in einem ungünstigen Moment, eine Ewigkeit zu spät. Bitten aus Not ist stets schamloses Bitten. Gott ist uns in seiner Güte und Gnade eine Ewigkeit voraus.

Unsere Haltung gegenüber dem Nächsten ist erst dann eine christliche Haltung, wenn sie ein Abbild dessen ist, was sich zwischen dir und Gott, zwischen Gott und dir abspielt."

Zweifellos ist die Geschichte von dem Mann, der Overduin mitten in der Nacht weckte, wirklich passiert; aber die Aussagen über das Eindringen in das Zimmer eines Ministers und das unerbetene Hochsteigen der Treppe eines Palastes, das klingt doch sehr nach einer literarischen Ausschmückung der Geschichte.

Freilich nicht für Overduin. Er meinte es tatsächlich wörtlich. Zwar hatte er es bisher noch niemals gemacht. Aber er war dazu imstande, und als er es später um der Gerechtigkeit willen für nötig erachtete, tat er es auch. Er ging in den sechziger Jahren zu außerparlamentarischen Maßnahmen über, noch bevor Studenten es wagten, solche Maßnahmen anzuwenden. Dabei ging es um den Rechtsherstel (die Wiedergutmachung) für eine Witwe, Frau A. C. Lasonder-Bauer. Er schaltete sogar die Presse ein (mit innerlichem Widerwillen) und plante, alle Kirchen des Landes zu Aktionen aufzurufen, bis er schließlich im Frühling 1969 das Ziel erreicht hatte.

Es handelte sich um die aufsehenerregende Angelegenheit Lasonder. (Eine Angelegenheit, die thematisch, aber nicht chronologisch an das vorhergehende Kapitel über die NSBer anschließt.)

Laurens Lasonder (1843–1900), ein Enscheder Großgrundbesitzer, Mitglied der Provinciale Staten (des Provinzparlaments), war verheiratet mit Geertruida Aleida Elderink (1855–1938). Ihr einziges Kind war Gerrit Albertus Lasonder (1882–1944), ein Jurist und

Doktor der Staatswissenschaften (Mitglied der Provinciale Staten) und von 1913 bis 1919 Stadtrat in Enschede. Vater und Sohn spendeten über die Jahre hinweg große Geldbeträge für allerlei gesellschaftliche und geistliche Zwecke. So bekamen zum Beispiel die beiden Krankenhäuser der Stadt große Beträge.

Das alte und das neue Enschede. Die Wohnung der Familie Lasonder, Marktstraat 13, das Gebäude rechts an der Ecke. Und anno 2000 an derselben Stelle die Buchhandlung de Slegte

Ein Teil des Straßenrings um die Stadt wurde Lasondersingel genannt. Aber das geschah schon früher und hatte damit zu tun, dass die Nachbarschaft be-

reits so hieß, und nicht damit, dass auf die großzügigen Spender verwiesen werden sollte. Das erste große Hervormde Kirchengebäude, nach der historischen Kirche auf dem Markt, erhielt den Namen Lasonderkerk; G. A. Lasonder hatte die Baukosten großenteils bezahlt. Und als 1938 im Stadtteil Stadsveld eine Kapelle für die Hervormde Gemeente von Usselo errichtet wurde, übernahm Lasonder dafür ebenfalls die Kosten.

In den Jahren vor dem Krieg wohnte er zusammen mit seiner Mutter in einem großen Haus an der Marktstraat, sommertags auf ihrem zwischen Enschede und Hengelo gelegenen Landgut Drienerlo. In Usselo gehörten ihm zehn Bauernhöfe. Die Bauern, die dort wohnten, waren seine Pächter.

Der Bürgermeister liest vor dem Eingang des Rathauses die Artikel der Verfassungsänderung vor, im Jahr 1917. Dritter von links Ratsherr Lasonder

Er war ein merkwürdiger Stubengelehrter, der niemals etwas veröffentlichte und trotz seiner öffentlichen Funktionen sehr isoliert lebte. Ganz im Bann seiner Mutter, die sein Leben bestimmte, selbst noch in den Jahren, in denen sie anfing senil zu werden. Er studierte in Groningen, durfte dort aber wegen seiner Mutter kein Zimmer nehmen, weil sie schlechte

Einflüsse befürchtete. Und so fuhr er mit der Eisenbahn nach Groningen, morgens hin und abends wieder zurück, jeden Tag eine Fahrt von zweimal drei Stunden.

1913 lernte er ein Mädchen kennen, Anne Christine Bauer (geboren 1892). Sie verlobten sich, aber er durfte sie nicht heiraten, weil seine Mutter es nicht wünschte. Als die Mutter 1938 starb, heirateten sie auch noch nicht sofort, weil Lasonder eine Augenkrankheit bekam, die drohte, ihn erblinden zu lassen. Erst als die Gefährdung seines Sehvermögens ausgestanden war, heirateten sie im Februar 1941 doch noch. Die Ehe wurde in Gildehaus geschlossen, kurz hinter der Grenze bei Oldenzaal, wo der Vater von Frau Bauer eine kleine Textilfabrik besaß. In den Ring der Braut war ein Datum eingraviert: 3.7.1913.

Lasonder war ein überzeugter NSBer, weil er ein radikaler Anitikommunist war. Er betrachtete den Kommunismus als Gefahr für jede Gesellschaft. Seiner Meinung nach war allein Hitler in der Lage, diese Gefahr zu bannen. Es kamen bei ihm viele Fabrikanten zu Besuch, die die Kommunistenfurcht mit ihm teilten. Jan van Heek gehörte ebenfalls dazu, nur sah der seinen Irrtum schnell ein. Im Krieg wurde eben dieser van Heek der Finanzorganisator der Gruppe Overduin.

Im Salon von Lasonders Landgut Drienerlo trafen sich regelmäßig führende Köpfe der NSB, Mussert und van Geelkerken. Dieser van Geelkerken äußerte gegenüber den versammelten Twenteschen Honoratioren einmal: „Meine Herren, wenn Sie den Stiefelabsatz des Kommunismus auf ihrer Kehle spüren, dann werden Sie bittend und flehend nach dem Nationalsozialismus verlangen."

Und Lasonder sagte: „Die Deutschen erweisen uns einen schlechten Dienst mit ihrer Invasion, aber wir bleiben der Sache der NSB treu."

Als für die Haushaltsführung zuständiges Ehepaar wohnten seit dem Beginn der dreißiger Jahre Jenny

Eröffnung der Handwerkerschule 1923. Bürgermeister Edo Bergsma, im Vordergrund links, rechts der Direktor der Schule. In der Mitte G. A. Lasonder

und Roelof Bras in dem Haus von Lasonder und seiner Mutter. Jenny, von einfacher Herkunft („Ich wurde in einer Grashütte geboren ... "), war eine echte Dame, freundlich und hilfsbereit. Ihr wurde die Fürsorge für die alte Herrin des Hauses anvertraut.

Als Jenny sich mit Roelof verheiratete, bekam das Ehepaar ein Schlafzimmer unmittelbar neben dem der alten Dame zugewiesen. Die Tür musste offen bleiben, so das Mevrouw in jedem beliebigen Augenblick über Jennys Dienste verfügen konnte. Roelof, Butler-Chauffeur, wurde Mitglied der NSB und lief den ganzen Tag in Uniform herum. So erwarb er sich die Gunst seines Arbeitgebers, der auch gern in der Weise von seinen Diensten Gebrauch machte, dass er ihn als Berichterstatter einsetzte. Lasonder hatte nämlich sein Haus in der Stadt der NSB als Treffpunkt zur Verfügung gestellt. Er nahm aber selbst niemals an den Versammlungen teil, sondern schickte Roelof, der ihm Bericht erstattete und dabei zugleich auch die kostbare Einrichtung des Gebäudes im Auge behalten konnte.

Overduin wird einem Journalisten später erzählen: „Ich habe Lasonder gut gekannt, und ich habe ihn mehrmals gefragt, warum er bloß Mitglied der Partei Musserts geworden sei. Ich kann es nur mit einer übertriebenen Angst vor dem Kommunismus erklären. Seine Einstellung war eigentlich kaum anders als die vieler anderer hier in Enschede, insbesondere was die großen Fabrikanten betrifft, aber die sind nicht Mitglied geworden. Lasonder war ein naiver Mann, ein Sonderling, irgendwie unsozial. Ich habe ihn mal gefragt, wie er sich denn den Idealismus, den er hinter dem Nationalsozialismus zu erkennen glaubte, mit der Vernichtung der Juden zusammenreimen könne. Daraufhin sagte er: Die Französische Revolution hat auch viele Opfer gefordert und sieh nur, was wir dank der Revolution erreicht haben …

Bei Lasonders Pächtern gelang es mir immer, Juden unterzubringen. Und er wusste davon. Er hätte mich und so viele andere anzeigen können, wenn er es gewollt hätte. Er hat es nicht getan. Ich besaß bei G. J. Roerink in Usselo eine Untertauchadresse für verschiedene Juden. Das Ehepaar Lasonder-Bauer hat mich da mehrfach gesehen und gesprochen. Obwohl ich vom SD gesucht wurde, hatte ich keinerlei Angst vor Lasonder und seiner Frau. Seine Frau war wegen ihrer Hilfsbereitschaft und Mildherzigkeit bekannt. Sie hatte keine Feinde. Er hat sich geirrt, er stand auf der falschen Seite, aber er hat keine falschen Dinge getan."

In den Kriegstagen kommt Lasonders Name in der Beziehung zwischen dem Bürgermeister von Enschede und dem Kommissar der Provinz einmal zur Sprache. Dem Povinzkommissar ist es ein Dorn im Auge, dass im Gremium von B&W (Burgermeister en

Wethouders, Bürgermeister und Beigeordneten) in Enschede die NSB nicht vertreten ist. Deshalb ersucht er den Bürgermeister von Enschede, den ehemaligen Stadtverordneten Dr. Lasonder erneut zum Ratsherrn zu berufen. Bürgermeister Rückert weigert sich und bleibt auch dabei.

1944 wird wegen Erkrankung Rückerts ein NSBer als Vertreter ernannt.

Aus den Protokollen des Centralen Kerkenraad der Hervormde Gemeente Enschede, Sitzung vom 29. Dezember 1941: „Herr Dr. Lasonder teilt mit, dass er das Band mit der Kirche zum 1. Januar 1942 löst. Zur Kenntnisnahme angenommen."

Am 4. Dezember 1944 stirbt Lasonder an den Folgen einer Nierenvergiftung. Seine Witwe zieht nach Gildehaus, um ihren bettlägerigen, hochbetagten Vater zu versorgen.

Am Tag der Befreiung, dem 1. April 1945, trifft die Führung der Binnenlandse Strijdkrachten in dem Versammlungshaus der NSB, dem Stadthaus von Lasonder an der Marktstraat 13, niemanden mehr an. Das Haus wird sofort zum Mannschaftsquartier der Binnenlandse Strijdkrachten umgewandelt. Das Inventar wird innerhalb weniger Tage nahezu vollständig gestohlen.

Auf Drienerlo wird derweil der Diener Roelof Bras festgenommen; seine Frau will bei ihm bleiben und geht freiwillig mit zur Fabrik van Scholten, der Sammelstelle. Nachdem beide mehrere Monate in verschiedenen Lagern verbracht haben, kommen sie mit den Kleidern, die sie auf dem Leibe tragen, als einzigem Besitz wieder frei. Anderswo im Land kommen sie erneut als Dienerehepaar für reiche Familien unter. Ein bisschen Taschengeld, Kost und Logis, pausenlos arbeiten und viele Demütigungen.

Auf ihre alten Tage sagt Frau Bras: „Roelof ist gerade gestorben. Ich vermisse ihn fürchterlich. Hier im Seniorenheim ist bekannt geworden, dass wir zur NSB gehörten. Allzeit waren wir ein so nettes Ehepaar, allzeit standen wir bereit für Menschen, die dankbar Gebrauch davon machten. Jetzt passiert es mir manchmal, dass jemand nicht mit NSBern in einem Taxi sitzen möchte. Wie soll ich es verstehen, wenn Menschen so reagieren? Ich will die Sache nicht schönreden, das tu ich nicht." („Vrij Nederland", 8.2.86)

Alle Besitzungen von Lasonder werden beschlagnahmt und unter Aufsicht des Beheersinstituut gestellt. Am 3. Januar beantragt der Gemeinderat von Enschede beim Beheersinstituut das Vorkaufsrecht auf das Landgut Drienerlo, weil es Pläne gibt, dort eine neue Bildungseinrichtung zu schaffen, eine Einrichtung, die am Ende doch nicht in Twente errichtet werden wird, sondern in Breukelen, die Akademie Nijenrode. An diesem Antrag der Gemeinde wird es aber wohl gelegen haben, dass nur einen Monat, nachdem das Tribunaal seine Arbeit aufgenommen hat, die Sache Lasonder bereits auf seiner Agenda steht.

Unter Vorsitz von P. S. Noyon hält die erste Kammer des Tribunaal von Enschede am 3. Februar 1946 ihre wöchentliche Sitzung ab. R. C. Schlingemann ist der Sekretär und als Beisitzer fungieren J. C. Langeveld und J. Vunderink. Die Anklage lautet dahingehend, dass der verstorbene Lasonder während des Krieges Mitglied mehrerer deutschfreundlicher Organisationen gewesen sei: Von der Vierschaar Twente, der Germaanse SS, dem Nederlandse Volksdienst, der Rechtsfront und dem Nederlandse Landstand. Schenkungen habe er an das Deutsche Rote Kreuz, an die Germaanse SS, die Frontzorg (Frontpflege), den NVD, den NSVO, den WA, den Nationale Jeugdstorm und an die Nederlands-Duitse Kultuurgemeenschap getätigt.

„Die Frage besteht jetzt darin, ob die Hinterlassenschaft feindliches Vermögen ist oder ob die Ehepartnerin als einzige Erbin ihre Rechte darauf geltend machen kann. Frau Lasonder ist Deutsche von Ge-

burt, erhielt aber durch ihre Heirat mit dem verstorbenen Lasonder die niederländische Staatsbürgerschaft. Ein königlicher Beschluss machte diese Frau jedoch, wie so viele andere, staatenlos."

Im Rahmen der Bijzondere Rechtspleging (Außerordentlichen Rechtsprechung) gab es einen königlichen Beschluss, durch den deutsche Frauen, die sich während des Krieges mit Niederländern verheiratet hatten, für staatenlos erklärt wurden.

Frau Lasonder verlor ihre niederländische Staatsbürgerschaft am 18. November 1945. Sie wurde nicht vorgeladen, weil sie geflüchtet war. Der ehemalige Buchhalter von Lasonder, der vom Tribunaal vernommen wurde, wusste jedoch von ihrer Situation und kannte auch ihren Aufenthaltsort, zwanzig Kilometer von der Stadt entfernt. Und all ihre Bekannten wussten ebenfalls, aus welchen Gründen sie sich in Gildehaus aufhielt. Ein Rechtsanwalt wurde in der Angelegenheit nicht eingeschaltet.

Im Tribunaal-Bericht wird als Vermögen von Lasonder ein Betrag von 2,3 Millionen Gulden genannt. Das ist wahrscheinlich noch niedrig taxiert. Es handelt sich um 200 Hektar Grund und Boden, von denen Drienerlo 80 bis 90 Hektar umfasst. Mehrere Wohnhäuser und Bauernhöfe sowie ein ansehnlicher Umfang an Wertpapieren gehörten dazu. In den Zeitungsberichten der sechziger Jahre ist von einem Vermögen von 20 Millionen Gulden die Rede, und das dürfte der Wahrheit näher kommen. Das gesamte Vermögen wird in der Sitzung vom 17. Februar 1947 vom Tribunaal für verfallen erklärt. Bereits kurz vorher hat das Beheersinstituut die Gemeinde Enschede aufgefordert, sich mit der Taxierung einverstanden zu erklären: Der geschätzte Wert von Drienerlo liegt bei f 183 690.

Hätte die Heirat der Lasonders ein Jahr früher stattgefunden, wäre die Verfallserklärung nicht möglich gewesen, und wenn Lasonder ein Jahr später gestorben wäre, genauso wenig. Dann hätte er wahrscheinlich eine Geldstrafe auferlegt bekommen, die, wenn man zum Vergleich analoge Fälle heranzieht, nicht mehr als f 10.000 bis f 15.000 betragen hätte.

Der Testamentsvollstrecker J. G. Roobol legt Berufung gegen das Urteil ein: Wenn Frau Lasonder denn für das Tribunaal nicht existiert – sie gilt als staatenlos und geflüchtet –, dann ist der zweite Erbberechtigte Jan van Heek, ebenfalls ein in Twente bekannter Mäzen; außerdem muss in jedem Fall ein Viertel des Vermögens von der Verfallserklärung ausgenommen bleiben.

Nur im letzten Punkt bekommt Roobol vorläufig Recht. Ein Viertel muss zunächst unter Aufsicht des Beheersinstituut bleiben. Die Provinz bekommt Zweifel und vertagt die Entscheidung. Die Übertragung von Drienerlo an die Stadt Enschede geht letzten Endes doch über die Bühne. Für den Kaufbetrag von f 100 000 wird das Landgut der Stadt am 24. September 1948 übertragen. Einige Jahre später wird Enschede Drienerlo dem Land für den symbolischen Betrag von f 1,- zur Verfügung stellen, um dort die Technische Hochschule Twente, später die Universität Twente errichten zu können.

Eigentlich geben die Politiker Deventer den Vorzug für die Einrichtung der dritten Technischen Hochschule des Landes, aber wegen der Verfügbarkeit des Terrains von Drienerlo entscheidet sich der Minister schließlich für Twente. 1964 wird die Technische Hochschule, später Universität Twente, offiziell in Anwesenheit von Königin Juliana eröffnet.

Auf Grund des großen Umfangs von Lasonders Besitzungen kam es zu noch mehr Verwicklungen als bloß die um Drienerlo. Um wenigstens noch ein Beispiel anzuführen: 1928 hatte Lasonder auf einem ihm gehörigen Terrain am Wilgenweg auf eigene Kosten ein Tier-Asyl bauen lassen und das Ganze zu einem niedrigen Betrag an den Tierschutzverein vermietet. Durch das Urteil des Tribunaal fiel es dem Beheers-

institut zu, und das übertrug es zu einem Preis von f 12.000 endgültig dem Tierschutzverein. 1957 übernahm die Stadt Enschede das Asyl mit allen Vor- und Nachteilen.

Frau Lasonder war keine „Deutsche von Geburt". Ihr Vater, ihre Großeltern, mehrere Neffen und Nichten waren Niederländer. Ihr Vater siedelte aus geschäftlichen Gründen nach Gildehaus um und beantragte die deutsche Staatsbürgerschaft zu einer Zeit, als seine Tochter noch minderjährig war. Von einem Hitler-Regime war damals noch nicht die Rede.

1948, nachdem ihr Vater 93jährig gestorben ist, will Frau Lasonder nach Holland zurück, aber das wird ihr nicht gestattet. Es wird ein Verfahren gegen sie eröffnet, weil sie angeblich Mitglied des Nederlandse Volksdienst gewesen ist. Der Vorwurf ist falsch. Am 12. September 1948 wird sie vom Tribunaal in Enschede in Abwesenheit freigesprochen. Ihr Antrag, erneut die niederländische Staatsbürgerschaft zuerkannt zu bekommen, wird jedoch auf die lange Bank geschoben. 1956 beauftragt der Gerichtshof in Arnheim die Rijksrecherche mit einer Untersuchung ihres Handels und Wandels während des Krieges. Da der Bericht keine belastenden Indizien liefert, erhält Frau Lasonder die niederländische Staatsbürgerschaft zurück. Sie darf ins Land zurückkehren. Die Gemeinde Enschede weist ihr eine kleine Wohnung im Bruggenmorsweg 95 zu. Von diesem Haus aus kann sie das Hochhaus der Technischen Hochschule entstehen sehen. Ein Einkommen hat sie nicht. Sie hat kein Geld von ihrem mittellosen Vater, und für AOW kommt sie erst in Frage, wenn sie fünf Jahre ununterbrochen in unserem Land gelebt hat. Die Zeitspanne wird durch Sozialleistungen überbrückt. Mit Hilfe von Freunden und Bekannten sowie der Diakonie gelingt es ihr, das Haus einzurichten und über die Runden zu kommen. In dieser Periode kommt sie zum ersten Mal nach dem Krieg wieder mit Overduin in Kontakt, und möglicherweise über ihn mit dem ehemaligen Parlamentsabgeordneten, dem Rechtsanwalt. E. G. M. Roolvink aus Almelo. Die Bemühungen Roolvinks, die Verfallserklärung widerrufen zu lassen, waren angesichts der großen Interessen, die mit der Angelegenheit verbunden waren, gescheitert. Overduin aber wird sich – mit Roolvinks Unterstützung – mit Leib und Seele für sie einsetzen und dabei zeigen, dass er nicht nur aus dem Stegreif allerlei soziale Probleme angehen kann, sondern dass er auch großen, beinahe nicht zu greifenden Opponenten nicht ausweicht und an seinem Ziel festhält, selbst wenn sich die Sache über Jahre hinzieht. Und diese Sache wird sich über zwölf Jahre hinziehen.

Overduin beginnt mit einer Petition an den Justizminister, die nur von ihm selbst unterzeichnet ist und in der er um die teilweise Rückgabe des Vermögens an Frau Lasonder nachsucht. Nach langem Drängen wird er vom Justizminister empfangen, der ihm erklärt, dass die Angelegenheit seine Aufmerksamkeit habe. Bei einer weiteren Gelegenheit geht Overduin unaufgefordert in das Büro des Ministers. Die Sache scheint noch immer seine Aufmerksamkeit zu haben. Wieder einige Zeit später heißt es, dass dem Finanzminister eine Stellungnahme zugeschickt worden sei. Dann wieder zu einem anderen Justizminister, weil es zwischendurch einen Kabinettswechsel gegeben hat. Und abermals ein Kabinettswechsel. Overduin setzt sich vor das Büro eines Ministers und schließlich und endlich sogar auf die Treppe des Wohnhauses von Ministerpräsident Zijlstra.

Letzteres ist der Presse nicht entgangen. Das Bild mit Overduin auf der Treppe erscheint auf der Titelseite des „Algemeen Dagblad".
Overduin hat die Presse selbst eingeschaltet. Nun empfing er einen Journalisten nach dem anderen. Die landesweit erscheinenden Blätter schrieben zwischen 1967 und 1968 alle über den Fall.

Und obwohl Overduin sich dagegen zu wehren versuchte, waren die Journalisten an seiner bis dahin noch nahezu unbekannten Kriegsgeschichte genauso stark interessiert wie an dem Schicksal der Frau Lasonder. Zum ersten Mal äußerte sich Overduin über seine Hilfe für Juden.

Die Situation von Frau Lasonder gab Veranlassung zu großen „Schlagzeilen":
„Millionenerbin in hilfsbedürftigen Umständen"
„Millionärin muss von AOW leben"
„Am Boden der THT klebt ein Schandfleck"
„Judenretter kämpft für NSB-Frau"
„Frau im Sanatorium kämpft um ihr Recht"
„Frau Lasonder klagt nicht über das Vermögen, das ihr abgenommen wurde"
„Ex-Widerstandskämpfer kämpft 22 Jahre für die Witwe eines NSBers"

Pastor Jacobus (Koos) Overduin, „bekannt durch Radio und Fernsehen", kam wegen einer anderen Angelegenheit zu einer Audienz bei einem Minister. Als er sich vorstellte, sagte der Amtsdiener: „Sind Sie ein Bruder von Pastor Overduin aus Enschede? Na, das ist vielleicht ein aparter Bursche. Der kündigt sich nicht an. Der geht einfach rein ins Büro."

Von Anfang an haben sowohl Overduin als auch Frau Lasonder erklärt, dass sie keine Revision des Urteils anstrebten, sondern lediglich eine gerechte Behandlung und eine Rehabilitation.
Overduin: „Die Frau ist hilfsbedürftig. Sie muss mit Gaben und Geschenken über die Runden kommen. Sie freut sich über die Technische Hochschule, so wie sich ihr Mann ebenfalls darüber gefreut hätte. Die Aktion ist nicht darauf angelegt, den Besitz zurückzuerhalten. Was ich will, ist, dass sie ihre alten Tage auf ruhige Art und Weise verbringen kann. Um nichts anderes geht es."
Nach ihrem sechzigsten Geburtstag bekam Frau Lasonder zweimal einen Herzinfarkt und wurde zwei-

mal auf Betreiben und auf Kosten ihrer Freunde einen Winter lang in einer Rehabilitationseinrichtung der Herrnhuter in Bad Boll versorgt. Aus der Rehabilitationseinrichtung in Bad Boll schreibt Frau Lasonder im Oktober 1967 an das Ehepaar Overduin:

„In großer Dankbarkeit denke ich an Ihrer beider Hilfe, Pastor Overduin und Frau Overduin, die beinahe ins Übermenschliche angewachsen ist. Ihre Christine Lasonder-Bauer."

Die Gewährung einer Leibrente an diese inzwischen bejahrte und kränkelnde Frau hätte wahrscheinlich kein großes Kapital erfordert, aber die Regierenden fürchteten wohl, dass das Lösen eines Steinchens Juristen den Anlass geben könnte, das ganze Gebäude zusammenbrechen zu lassen. Der Schadensersatz, der dann eventuell hätte bezahlt werden müssen, wenn das Urteil als unrechtmäßig erwiesen worden wäre, hätte sich wahrscheinlich auf Dutzende von Millionen Gulden belaufen. Die Gefahr, dass die öffentliche Meinung wegen der Angelegenheiten der Witwe eines verstorbenen NSB-Millionärs in Unruhe versetzt werden könnte, war dagegen nicht allzu groß. Trotzdem wurden im Rathaus von Enschede dann und wann administrative Memos gewechselt, die einen nervösen Charakter trugen.

Rehabilitation von Lasonder und seiner Frau, dazu ist es nicht gekommen. Aber letztendlich gab das Finanzministerium dem Druck zumindest insoweit nach, als es Frau Lasonder im März 1969 eine Leibrente zuerkannte.

Voraus ging dem im Oktober 1967 eine von Roolvink verfasste Petion an die Generalstände.

„Lasonder hat dem Feind keine aktive Unterstützung gewährt und sich nicht einer gegen das Vaterland gerichteten Tat schuldig gemacht. Er hat niemals jemanden verraten, sondern sogar bei der Verheimlichung der Tatsache mitgeholfen, dass jüdische Landsleute

und Widerstandskämpfer bei den Bauern auf seinem Grund und Boden untergetaucht waren.

Nicht mehr am Leben, wurde ihm nach der Befreiung vom Tribunaal der Prozess gemacht, durch niemanden verteidigt und unter Abwesenheit seiner Witwe, die nicht geladen worden war und die erst hinterher erfuhr, dass ihr verstorbener Mann zur Rechenschaft gezogen und sein gesamtes Vermögen als verfallen erklärt worden war.

Der Prozess, der gegen ihren verstorbenen Mann geführt worden ist, weist Mängel solcher Art auf, dass sie zu seiner Nichtigkeitserklärung hätten führen müssen. Ein Rechtsverfahren gegen einen Toten ist in der Rechtspflege zivilisierter Staaten etwas höchst Außergewöhnliches. Es ist klar, dass dabei auch nicht dem üblichen Rechtsgang gefolgt werden kann. Der Richter kann nicht mit gleichmütigem Gesicht erklären, dass der Verblichene es unterlassen hat zu erscheinen, und gegen ihn ein Versäumnisurteil erlassen. Die Abänderung pflegt dann darin zu bestehen, dass an seiner Stelle der Ehepartner oder einer der nächsten Verwandten geladen wird, um vorzutragen, was zu seiner Verteidigung gesagt werden kann. Der Tribunaal-Beschluss, der das Verfahren gegen einen Toten einführt, bestimmt, dass für diesen ein Vertreter benannt werden muss und außerdem, dass der Ehepartner des Verstorbenen schriftlich oder durch richterliche Anordnung vorgeladen werden muss. Beiden Bestimmungen ist nicht nachgekommen worden.

Die Bittende möchte ihren Eindruck äußern, dass es Menschen gab, die Interesse an falschem Gerede hatten und daran, sie aus Enschede fernzuhalten. In der Stadt gab es im April 1945 keine Unordnung durch Gefechte, aber ihr Haus stand offen und buchstäblich alles ist daraus entwendet worden.

Das Bild der Schenkungen ihres Mannes ist nicht vollständig, hat er doch während des Krieges höhere Summen auch noch an andere Einrichtungen verschenkt; außerdem trat er 1942 aus der Rechtsfront aus ...

Die Entscheidung des Tribunaal von 1947 steht im Widerstreit zum Gesetz. Die Konfiszierung ist unrechtmäßig, die Strafe ist der Schuld nicht angemessen ... "

Im Juni 1968 findet eine Sitzung des Petitionsausschusses der Ersten Kammer statt. Sowohl Roolvink als auch Overduin bekommen die Gelegenheit, die Petition zu erläutern.

Die amtlichen Mühlen mahlen jedoch langsam, und Overduin verliert die Geduld. Erneut verfasst er einen Brief, datiert auf den August 1968, wiederum an die Generalstände. Darin bringt er seine tiefe Besorgnis über das Ausbleiben einer gerechten Entscheidung zum Ausdruck:

„Durch dieses Urteil und die Art und Weise, wie es zustande gekommen ist, ist ihm (Lasonder) nach seinem Tod nicht nur sein Besitz entzogen worden, sondern auch seine Menschenwürde und seine Ehre. Das Urteil schließt ein, dass seine Frau unversorgt der Armut preisgegeben und bleibend geschädigt wurde. Und darin besteht wohl die schwerste Strafe und die entehrendste, die einem Menschen angetan werden kann, dessen Leben für die Not anderer offen war, der niemals zurücksteckte, wenn Geld für die Versorgung der Bevölkerung Enschedes gebraucht wurde und der das kulturelle Leben stets unterstützt und gefördert hat.

Durch dieses Urteil ist das Odium der Missetäterschaft auf jemanden gelegt worden, der auch in seiner politischen Verblendung ein unbeugbarer und respektabler Mann blieb. Dies bekümmert uns. Am THT bleibt unserer Ansicht nach ein nicht wegzuwischender Schandfleck kleben, solange die Witwe diesen entwürdigenden Umständen preisgegeben bleibt. Wir verlangen Rehabilitierung des verstorbenen Lasonder in der Form, dass das Kränkendste, das ihm angetan worden ist, beseitigt wird, indem seiner Frau eine sor-

genfreie Existenz ermöglicht wird, solange sie lebt. Es ist nicht unsere Absicht noch die von Frau Lasonder, auf irgendeine Weise Rückgabe des Vermögens zu verlangen. Sie selbst könnte sich keine bessere Bestimmung für das ehemalige Landgut vorstellen, als es bekommen hat ... "

Die Eingabe dieser Petition hat den Druck dadurch erhöht, dass Overduin sie von Geistlichen aller Kirchen des Landes mitunterzeichnen ließ. In einem Interview erzählt er, dass er, wenn diese Petition wieder zu keinem Ergebnis geführt hätte, alle Kirchen des Landes aufgefordert hätte, seine Aktion zu unterstützen.

Von allen Zeitungsartikeln aus dieser Periode ist der bemerkenswerteste der Artikel in „De Telegraaf" vom 20. Oktober 1967. Der Berichterstatter Martin Deelen hat mit zwei Personen des Lasonder-Dramas gesprochen, mit Noyon und mit Pastor Overduin.

„Auf der einen Seite der 66jährige Pastor Overduin, ehemaliger Widerstandskämpfer und Judenhelfer. Ein schmächtiger, in sich gekehrter Mann, der aussieht wie ein Jungfünziger. Seit mehr als zwanzig Jahren kämpft er, ein sich festgebissen habender Foxterrier, gegen das, was er als ein großes Unrecht ansieht. Er war die Triebfeder hinter der Petition an die Generalstände. Während des Krieges setzte er sich für die Menschen ein, die damals in Not waren, unsere jüdischen Landsleute. Aber wenn nach dem Krieg seiner Meinung nach anderen Unrecht zugefügt wurde, dann zog er auf seine eigenartige, schüchterne, aber auch verbissene Art und Weise auch für diese in den Kampf. Niemand kann ihm übrigens Halbherzigkeit oder falsche Mentalität vorwerfen; er ist dreimal in Haft gewesen. ... Overduin sagt: ,Ich gebe niemals auf, wenn ich weiß, dass da ein Unrecht geschehen ist.' Ich glaube ihm unwiderruflich."

Auf Bitten des Journalisten macht Overduin in der Folgezeit eine Anzahl Aussagen über den Krieg, Aussagen, die in diesem Buch früher bereits zitiert worden sind.

„Auf der anderen Seite der 79jährige Rechtsanwalt im Ruhestand Herr Noyon. Ebenfalls ein Mann mit einer fleckenlosen Kriegsvergangenheit. Der Rechtsanwalt und der Pastor bekamen kurz nach dem Krieg wiederholt Krach miteinander. Die beiden Charaktere mussten wohl aneinandergeraten ... Soweit es die Petition an die Generalstände betrifft, sagt Noyon, der sehr krasse Churchillianische Jurist: ‚Blödsinn! Was zum Kukkuck will sie damit erreichen? Eine Leibrente? Der Staat müsste ja verrückt sein. Wenn ich mich richtig erinnere, ging der Prozess überhaupt nicht gegen ihn, sondern gegen sie. Ich bin mir nicht sicher, aber ich glaube, dass sie Mitglied der NSDAP war. Nein, gemeine Dinge haben beide nicht begangen, aber das hatte nichts damit zu tun. Wenn jemand Mitglied der NSB oder der NSDAP war, dann wurden seine Besitztümer als verfallen erklärt, basta ... Ich habe das Urteil nicht allein gefällt. Wir waren zu dritt. Und was den Lasonder betrifft, so war das ein unbedeutender Mann, ein im Nebel Herumstochernder, der die Kurve nicht kriegte. Wir waren keine großen Freunde, aber wir grüßten einander sehr lebhaft und hielten dann und wann auch wohl mal einen Plausch miteinander ... ‘

‚Aber fanden Sie es korrekt, dass da ein Prozess ohne Verteidigung geführt wurde?‘ Noyon schnaubt verächtlich: ‚Dann hätte sie doch kommen sollen. Wir haben sie vorgeladen, aber sie ist nicht erschienen. Wir konnten ja schlecht hingehen und sie holen.‘ An viel mehr kann Noyon sich nicht erinnern. Im weiteren Gespräch zeigt sich, dass die Aversion dieses Kämpfers sich gegen Frau Lasonder richtet. Er betrachtet sie als den bösen Geist im Leben ihres Mannes, den er einen Schlappschwanz nennt. ‚Welcher Niederländer heiratet zu der Zeit eine Deutsche? Ich bin überzeugt, dass sie ihn veranlasst hat, Mitglied der NSB zu werden. Ja, er stand stark unter dem Ein-

fluss der Frau Bauer, die ich übrigens niemals persönlich getroffen habe. ... Ich weiß bis heute nicht, wer mich 1940 verpfiffen hat. Ich würde mich nicht wundern, wenn Frau Lasonder was damit zu tun gehabt hätte, aber das kann ich natürlich nicht beweisen. Lasonder selbst halte ich dafür nicht imstande, dafür war er zu unbedeutend, aber sie ... ‘ Die Bulldogge knurrte, als ob da noch ein Krieg gewonnen werden müsste. ‚Sie nannten einige Male den Namen von Pastor Overduin.‘ ‚Ein nerviger Kerl, der immer mal wieder kam, um zu nörgeln. Einmal hab ich ihn aus meinem Büro rausgeschmissen, weil er mir einfach zum Hals heraushing. Der verstand immer alles und versuchte alles schönzureden. Bah!‘ “

Kurz nach dem Gespräch starb Noyon. Er war Mitglied des Stadtrates und der Generalstände, im Dezember 1963 war er fünfzig Jahre Rechtsanwalt. Er war Dekan der Advokatenvereinigung des Arrondissements Almelo und bekleidete auch außerhalb seines Fachgebiets viele Führungspositionen. Ritter des Ordens Oranje-Nassau.

Frau Lasonder kommt auch selbst zu Wort. Overduin führt den Journalisten zu ihr: „Eine alte Dame, zart wie ein Vögelchen“. Sie sagt: „Ich fürchte mich vor Reportern. Werden die Menschen nicht denken, dass ich geldgierig bin, wenn Sie das alles schreiben? Ich klage nicht. Zunächst bekam ich überhaupt nichts, aber jetzt bedeutet das AOW für mich ein Auskommen. Ich habe stets ein ausgeglichenes Haushaltsbüchlein, ich bin nämlich spartanisch erzogen worden. Sollte ich die Leibrente bekommen, möchte ich etwas für die Menschen tun, die so viel für mich getan haben.“ Ihre erste Sorge scheint die Altersvorsorge zu sein, die ihr Mann Jenny und Roelof Bras zugesichert hatte. Er hatte das Geld dafür wohl zur Seite gelegt, aber auch das ist konfisziert ... „Ganz und gar kein Geld zu haben, ist nicht einfach, aber die ganzen Millionen bringen auch einen Haufen Sorgen mit

Die Zeitung meldet im März 1967, „das Ende einer aufsehenerregenden Sache"

sich … In der Not lernt man so viele gute Menschen kennen.

Ach, Drienerlo, ich bin glücklich, dass da ein so schöner Komplex entstanden ist. Es ist genau das, was mein Mann mit dem Landgut gemacht hätte … "

Der Journalist nimmt sie mit, um sie in Drienerlo für ein Foto posieren zu lassen. Sie ist sehr glücklich über diesen Ausflug, hat sie Drienerlo doch noch nicht wiedergesehen. An der Stelle der Villa war zu diesem Zeitpunkt bereits ein Universitätsgebäude hochgezogen.

Im März 1969 können die Zeitungen berichten, dass Frau Lasonder, mittlerweile 76 Jahre alt, eine Leibrente bekommt, offiziell: „Vorsorgemaßnamen des Reiches, die ihr ein angemessenes Leben ermöglichen". Sie hat sich mit der Auflage einverstanden erklärt, die Sache Lasonder von nun an ruhen zu lassen.

Die Roolvinks laden die Overduins und Frau Lasonder zu einem gemeinsamen Essen in Delden ein, und damit wird die Affäre Lasonder geschlossen.

Frau Lasonder wohnte von Oktober 1956 an drei Monate lang an der Ringovenstraat 10 in Enschede und danach bis zu ihrem Tod am Bruggenmorsweg 95. Sie starb am 28. Februar 1977 im Krankenhaus von Osnabrück.

Wer plötzlich im grellen Scheinwerferlicht der Presse erscheint, der findet Stapel von Briefen in seinem Briefkasten vor. Ermutigungen und Kritik, Schimpfkanonaden und Lobgesänge. Overduin wusste ein Lied davon zu singen. Eine Auswahl:

Eine Deutsch-Niederländerin, selbst Judenhelferin, findet, dass das Tribunaal eine Fortsetzung der Gestapo ist und liefert ausführliche Belege dafür …

Eine anonyme Schreiberin sinniert über 20 Millionen als Beraubung des Volkes. Sie selbst hat auch nur AOW. Und Overduin soll nicht den guten Mann markieren, er will anschließend natürlich auch ein Milliönchen abbekommen.

Eine Frau, ihr Mann war Marineoffizier, ist ganz erzürnt über die Äußerungen von Noyon. Sie waren selbst NSB-Mitglieder und vier Jahre in Gefangenschaft, anschließend Freispruch samt Entschuldigung. Die drei Kinder waren zwischenzeitlich schändlich verwahrlost in einem Kinderheim.

Strengen Sie sich nicht so an, schreibt eine Kriegswitwe. Frau Lasonder hat AOW, mein Mann wurde in Neuengamme ermordet, und ich hab viel weniger als AOW.

Eine Sympthiebezeugung für Overduin und eine Kritik an Noyon. Der Schreiber ist mit 15 Jahren in einem NSB-Lager misshandelt worden. Er will der erste Beitragszahler für einen Unterstützungsfonds für Frau Lasonder sein. [...]

Ein entferntes Familienmitglied von Lasonder berichtet mit Dankbarkeit über die Unterstützung, die es früher empfangen hat.

Der Chef einer Schule, NSBer, kann nicht wieder zum Zuge kommen. Kann Overduin helfen?

Ein Invalide aus Zeeuws-Vlaanderen fragt, ob Overduin Geld für den Pastor in seinem Ort beschaffen kann, der so viel Gutes tut. Das Benzin ist so teuer geworden.

In dem Stapel von Briefen finden sich auch Umschläge, auf denen gar keine Adresse steht, sondern einfach: Pastor L. Overduin, Pfarrer, Enschede.

Der Fall Lasonder zeitigte auch unerwartete Nebenwirkungen. Zum ersten Mal seit dem Krieg wurde ein Dokument geschlossen von allen Kirchengemeinden der Stadt unterzeichnet. Eine Diskussion über ein verdrängtes Thema, die Behandlung der NSBer, geriet in Gang. Und die Amtsträger, die mit dem Ausstellen von Ritterorden betraut waren, gerieten in Verlegenheit.

Im Sommer 1965 verfällt der hervormde presidentkerkvoogd und Direktor der Textilfabrik Oosterveld, H. J. Ledeboer, auf die Idee, Overduin für einen königlichen Orden vorzuschlagen. Der Anlass: Das näherrückende Datum seiner Pensionierung. (Eine Datumsgrenze, die Overduin übrigens geräuschlos verstreichen lässt.) Ledeboer sucht und erhält die Unterstützung des Vorsitzenden der Israelitischen Gemeinde Enschede, des Direktors der Textilfabrik Zwartz zu Oldenzaal, A. Zwartz.

Aus dem Brief des Herrn Zwartz:

„Ich habe als Mitarbeiter des Judenrats seine Arbeit aus der Nähe mitbekommen. Mit unglaublichem Eifer und später, als die deutschen Besatzer Kenntnis von seinen Aktivitäten bekamen, mit ungewöhnlichem Mut, hat er sich zum Beschützer der Juden erhoben. Es ist in der Tat richtig, dass jemand, der sich selbst nicht helfen konnte, durch den Judenrat mit der Organisation in Verbindung gebracht wurde, und diese sorgte dann sowohl für die Adresse als auch für die finanziellen Regelungen. Die Dankbarkeit der Enscheder Juden wurde zum Ausdruck gebracht, indem Overduin eine Reise nach Israel angeboten wurde. An dieser Aktion hat sich jeder Jude in unserer Gemeinde beteiligt. Das war überhaupt die einzige Ehrung, die sich dieser bescheidene Mann gefallen lassen wollte. Er wollte nicht einmal in dem Dankgottesdienst genannt werden, der einige Monate nach der Befreiung in der Synagoge abgehalten wurde.“

Die Initiatoren werden unruhig, als jede Reaktion ausbleibt. Sie wenden sich im Dezember 1965 an den Alt-Bürgermeister M. van Veen. Dieser war nach seiner Pensionierung Staatssekretär im Verteidigungsministerium und wird in den Haagschen Kreisen als jemand geschätzt, der weiß, wo es langgeht. Ledeboer notiert später am Rand seines Briefes: „Die Antwort des Herrn van Veen, bereits am folgenden Abend gegeben, lautete: ,Pastor Overduin kommt für eine Auszeichnung nicht in Betracht. Die Gründe darf ich Ihnen nicht mitteilen, da man mich nur unter dieser Bedingung unterrichtet hat.' Auch Herr van Veen war höchst erstaunt. Persönlich denke ich (Ledeboer), dass Overduin nach der Befreiung in Den Haag etwas zu nachdrücklich Hilfe beim Abhandenkommen von Unterlagen mit Bezug auf NSBer geleistet hat, aber sicher weiß ich das nicht.“

Nachforschungen im Innenministerium im Jahr 1999 haben trotz wohlwollender Unterstützung keine Aufklärung bringen können. Derartige Überlegungen wie sie van Veen andeutet, pflegt man nicht in Dokumenten festzuhalten. Man regelt sie in den Korridoren und in Gesellschaften. Die Gründe, die Ledeboer

unterstellt, finden auch nirgendwo eine Bestätigung.
Wahrscheinlicher ist, dass die Initiatoren schlichtweg
den verkehrten Moment gewählt hatten. Noch war die
Sache Lasonder nicht in die Öffentlichkeit gekommen, aber mehreren hohen Beamten und Ministern
war Overduin schon zur Last gefallen. In den Büros
in Den Haag herrschte Irritation.

Auch wurde der falsche Lobbyist ausgesucht: Meine
van Veen hatte Overduin seinerzeit mehrfach in seiner Sprechstunde, und da dieser sich in unnachgiebi-
ger Weise um Wohnungszuweisungen bemühte, hielt
er ihn, wie er jemandem anvertraute, für eine Nerven-
säge.

Im Übrigen ist anzunehmen, dass Overduin einen Ritterorden gar nicht angenommen hätte.

Overduin in einem Interview im „Algemeen Dagblad", Oktober 1967:

„Ich könnte niemals mit einem Orden auf der Brust
herumlaufen, den ich durch das Elend anderer Menschen bekommen habe."

Oder, in den Worten des Sängers Joop Visser:

„Möge ich niemals so senil werden,
Dass ich stolz auf einen Ritterorden bin."

Kapitel XI: Sozialpfarrer in Enschede

In den zehn Jahren, die auf den Krieg folgen, arbeitet Leendert Overduin als Sozialpfarrer der Hervormde Kerk in der Stadt Enschede. Nicht als Bezirksseelsorger, sondern als diakonischer Seelsorger, vermutlich als erster Sozialpfarrer der Nederlandse Hervormde Kerk überhaupt.

Bereits in den Kriegsjahren wurden Vorbereitungen getroffen, die Gereformeerde Kerken in Hersteld Verband mit der Nederlandse Hervormde Kerk zu vereinigen. Die Pastoren Buskes und Kroon hatten diesen Schritt inzwischen bereits vollzogen. 1946 wird die Vereinigung dann offiziell verwirklicht.

In der Versammlung des Kirchenrats der Hervormde Kerk von Enschede vom 27. Dezember 1945 steht ein Brief der Hersteld Verband Gemeinde der Stadt mit dem Antrag auf Vereinigung auf der Tagesordnung. Die Gemeinde hat 125 Mitglieder, und der neue Kurs der Hervormde Kerk spricht die Gemeinde an. Der Vorsitzende drückt seine Freude über diesen Schritt aus. Man beschließt, eine Kommission zu bilden. Die Kommission erstattet in der Versammlung vom 7. Februar 1946 Bericht. Es ist ersichtlich, dass die Gemeinde als ganze hinüberwechseln möchte, was ganz auf der Linie der synodalen Richtlinien beider Kerken liegt. Pastor Overduin zu übernehmen, ist ein Wunsch, jedoch keine Bedingung. Allerdings, so die Kommission, verstehe sich das von selbst. Schließlich gehe es um einen hochgeschätzten, hervorragenden Mann.

Das Problem besteht freilich darin, dass keine freie Stelle vorhanden ist und der Kirchenvorstand (Kerkvoogdij) seine finanzielle Leistungsgrenze bereits erreicht hat. Die Lösung sieht schließlich so aus, dass er als außerordentlicher Pfarrer für soziale Aufgaben berufen wird, vorläufig für zwei Jahre und auf Rechnung der Diakonie sowie einiger Stiftungen. Overduin arbeitet ja bereits auf diesem Gebiet, und es handelt sich um eine dringend notwendige Tätigkeit. Overduin möchte außerdem nicht an eine der beiden Richtungen (vrijzinnig und rechtzinnig, liberal und rechtgläubig) gebunden sein. Und das begrüßen die Pastoren im Zusammenhang mit dem Gemeindeaufbau und der Erneuerung der Kirche von Herzen. Ein diakonischer Mitarbeiter legt jedoch Beschwerde gegen die Konstruktion ein, unter anderem deshalb, weil der Punkt nicht auf der Tagesordnung gestanden hat. Am 21. Februar steht er dann sehr wohl auf der Agenda, und die aus der HV-Gemeinde Hinüberwechselnden erklären sich grundsätzlich einverstanden. Aber es gibt Fragen hinsichtlich der neuen Position Overduins. Was ist nun der genaue Unterschied zwischen einem Sozialpfarrer und einem Sozialarbeiter. Und wie sieht es mit Overduins Tätigkeit als Officier Fiscaal aus?

Die Versammlung kommt zu dem Schluss, dass sich die Arbeit Overduins tatsächlich nicht ändert und die Regierung diese Arbeit sehr schätzt. Die Funktion des Officier Fiscaal ist zeitlich befristet. Overduin wird berufen, 34 sind dafür, zwei enthalten sich der Stimme. Er wird Mitglied der Kommission Diaconaal Beheer (des diakonischen Verwaltungsausschusses). Anschließend wird für den 12. Juli ein Treffen mit den Mitgliedern der HV-Gemeinde vereinbart.

Ende März hat Overduin bereits zum letzten Mal den Gottesdienst seiner Gemeinde im Gebäude der Volkshochschule geleitet.

Nach zwei Jahren kommt das Problem seiner Anstellung natürlich erneut zur Sprache. Der Diakonie zufolge ist es der Kirche unwürdig, auf die gleiche Weise wie bisher ein Gehalt zusammenzukratzen.

Es gibt einen neuen ambitionierten Kurs der Diakonie, demzufolge die Gehälter eines Sozialarbeiters und eines Familienpflegers aufgebracht werden sollen. Mit allem Respekt vor der Person und dem Werk Overduins wird der Kirchenvorstand (Kerkvoogdij) seine Vergütung übernehmen müssen. Offenbar sind die Pastoren von Overduin und seiner Arbeit sehr angetan. In der nächsten Versammlung wird beschlossen, dass der Kirchenvorstand die Kosten für die nächsten zwei Jahre großenteils tragen wird. Danach soll eine andere Lösung gefunden werden. Mit allerlei Konstruktionen plätschert das bis 1955 so dahin.

Die Mitglieder der ehemaligen HV-Gemeinde sind auf ihre Art aktive Kirchenmitglieder, die schon bald im Gemeindeleben der Hervormde Kerk Führungspositionen einnehmen. Gerrit Holl wird Schriftführer des zentralen Kirchenrats und sein Bruder Arend Vorsitzender der Diakonie. A. Dijks wird ebenfalls Mitglied der Diakonie; Angehörige der folgenden Generation schlagen den gleichen Weg ein.

Die Hervormde Gemeente Enschedes ist in jenen Jahren eine renommierte Gemeinde mit 40.000 Namen im Zettelkasten: Gebürtige Mitglieder, Taufmitglieder und bekennende Mitglieder. Bei der Bestandsaufnahme im Jahr 1947 wird festgestellt, dass 7% der nominellen Mitglieder sonntags zur Kirche gehen (das sind immerhin 2.800 Kirchgänger), dass etwa 3% der Katechese beiwohnen und dass der Neuzuwachs im laufenden Jahr 1% beträgt. Der Kirchenvorstand besitzt lediglich ein Kirchengebäude, die Große Kirche am Markt. Die anderen Gebäude

Hervormde Pastoren von Enschede, Ende der vierziger Jahre. Stehend v. l. n. r. de Wolf, Oosten, Germans, Kater, Overduin, de Haas. Sitzend: Smits

sind Eigentum von Hervormde Stiftungen und Vereinigungen, die oftmals auch eigenständig Pastoren einstellen. Der Elan der ersten Nachkriegsjahre richtet sich darauf, die Gemeinde bezirksweise aufzubauen, und den lähmenden Gegensatz rechtzinnig – vrijzinnig (rechtgläubig – liberal) zu überwinden. Am Gemeindeaufbau wird gearbeitet. In den fünfziger Jahren übertragen die Vereinigungen dem Kirchenvorstand mehr und mehr Gebäude und Besitzungen. Außerdem wird die Gemeinde in Bezirke mit jeweils einem liberalen und einem rechtgläubigen Pastor je Bezirk eingeteilt. Dies alles im Geiste der neuen Kirchenordnung von 1951. Es läuft sehr gemächlich ab, und es gelingt nicht zu 100%. Es muss zum Beispiel sehr viel über die Übernahme des Stadtbezirks der Hervormde Gemeente Usselo beraten werden ebenso wie über die Tatsache, dass das Kirchengebäude Bethel der rechtzinnige vereniging „Christendom" (der rechtgläubigen Vereinigung „Christentum") nicht übertragen worden ist. 1953 gibt es elf Pastoren und drei Hilfspastoren. Sie verrichten sonntags die Gottesdienste in zwölf Kirchengebäuden.

Overduin bekommt ebenfalls einen Platz im Predigt-raster zugewiesen. Durchschnittlich zweimal im Monat hält er den Gottesdienst in einem der Kirchenge-bäude. Er zählt nicht zu den Stars unter den Kanzel-rednern. Er braucht ein andächtiges Ohr von Gläubi-gen, die sich genauso anstrengen, um zum Kern des jeweiligen Bibelwortes vorzudringen, wie er selbst es bei den Vorbereitungen gemacht hat. Er redet mit sanfter Stimme, ohne Stimmmodulationen. Er schaut freundlich lächelnd in die Runde, legt seine Hände auf den Rand der Kanzel und nimmt sie wieder weg, sobald die Predigt zu Ende ist. In seinen Predigten ist ein Ton zu hören, der in Zeeuwschen und südhollän-dischen Gemeinden sofort aufgefallen wäre, Twenter Ohren erweisen sich dafür jedoch im Allgemeinen als nicht empfänglich.

Als die Pastoren einmal miteinander über das sonn-tägliche Predigen sprechen, stellt der damalige Vor-sitzende Pastor J. Dirkse fest: „Leen predigt von uns allen am besten."

Overduin besitzt kein großes liturgisches Interesse. Lieder zu den Predigten sucht er mit einer Vorliebe für die Herrnhuterschen Lieder aus, wie etwa „Ik heb de vaste grond gevonden" (Ich habe niun den Grund gefunden).

Aus der Gruppe der Pastoren versteht er sich mit den liberalen Kollegen Wolf und Oosten am besten. Beide haben mit ihm zusammen die Kriegsjahre in Ensche-de erlebt. Denen braucht er nichts zu erklären. Es sind zwei Menschen, die auf den ersten Blick wenig mit Overduin gemein haben: Der extravagante, die schö-nen Künste liebende Jan de Wolf aus Rotterdam und der idealistische, aber auch starke Dirk Oosten aus Friesland. Vor allem Oosten ist seine Vertrauensper-son. Er wohnt ganz in seiner Nähe, Lasondersingel 127, und häufig sitzen die beiden bis tief in die Nacht hinein zusammen und reden. Die Freundschaft bleibt auch bestehen, als Oosten 1965 nach Utrecht zieht.

Abwechselnd halten die Pastoren am Anfang einer Versammlung des Kirchengemeinderats einen Vor-trag. Wenn Overduin an der Reihe ist, geht es in erster Linie über politische Delinquenten, in zweiter Linie über die Stichting Gezinszorg (Stiftung Familienpfle-ge). Aber danach auch über theologische Themen. Genauso wie bei seinen Kollegen. Der Schriftführer protokolliert jedes Mal die Hauptlinien des Vortrags. Einmal jedoch, als Overduin in der Leidenszeit Chri-sti an der Reihe ist, notiert der Schreiber lediglich: „Pastor Overduin machte uns zu Teilnehmern seiner tiefsinnigen Gedanken über das Leiden."

Er muss auch seinen Anteil an den Hauptartikeln der Kirchenzeitung „Hervormd Enschede" leisten. So im November 1951 unter der Überschrift „Im Strom des Dienens Gottes".

„In der Tiefe unserer Existenz sind wir alle der Kran-ke, der Geprellte, der Verwundete, der um Hilfe ruft. Sind wir alle der Gefesselte, der befreit wer-den möchte, der Niedergedrückte, der getröstet wer-den möchte, der Arme, dem geholfen werden muss. Gottes Dienst an uns Menschen ist echte Hilfe, ein erhebender, ein königlicher Dienst. Bei menschlicher Hilfe ist es oftmals so, dass man gegenüber dem Hel-fer der Empfänger der Hilfe bleibt, der den Dankba-ren spielen muss gegenüber dem Wohltäter. Gottes Dienen demütigt den Menschen nicht. Er zieht den Menschen ganz in seine Nähe. Er lässt uns im Strom Seines göttlichen Dienens stehen … "

Und ein anderes Beispiel, vom August 1962, unter der Überschrift „Gestern, heute und in Ewigkeit":
„Wäre unser zeitliches Dasein begrenzt durch das Nichts, dann wären wir aus dem Abgrund des Nichts aufgestiegen, um wieder hinabzusinken. Dann wä-ren alle Dinge ohne Geheimnis, ohne Wert und oh-ne Sinn. Wer in seiner Einfalt meint, dass hinter und vor und rings um unser begrenztes Dasein das Nichts ist, widerspricht seiner eigenen Wesensart, die wei-

terhin nach dem Geheimnis der Dinge fragt, nach dem Sinn des Lebens, nach dem Wofür und Wozu? An den Grenzen unserer Endlichkeit steht Er, unser ewiger Schöpfer und Gebieter, der unsere Zeit mit seiner Ewigkeit umgibt, von dem alle Dinge ihre Geheimnisse empfangen und der den Sinn unserer Lebenszeit aufhellt. Wir kommen von Gott und wir gehen Ihm entgegen."

1951 wartet eine Gruppe von Gemeindemitgliedern mit einem besonderen Geschenk für ihn auf: Einem Vespa-Roller, in jenen Tagen eine Neuheit unter den Verkehrsmitteln. Sie haben eine schöne Urkunde dazu angefertigt mit einer Zeichnung von J. H. Voogsgeerd: Ein unglücklicher Mann in einer Zelle wird von einem Pastor mit ausgestreckten Händen besucht. Der kalligraphierte Text:
„Sehr geehrter Herr Overduin, die große und schöne Aufgabe, die Sie auf sich genommen haben, durch äußere Umstände in Schwierigkeiten geratenen Personen Unterstützung und Beistand zu gewähren, genießt die Sympathie vieler. Ganz sicher werden Sie bei Ihrer Arbeit viele Enttäuschungen erleben, aber Ihr warmfühlendes Herz kribbelt so lange, bis es geschafft ist. Das Gebiet, über das sich Ihre soziale Fürsorge erstreckt, ist ohne Frage sehr groß. Die in der beigefügten Liste aufgeführten Personen möchten ihre große Sympathie für Sie zum Ausdruck bringen, indem sie Ihnen ein greifbares Zeichen ihrer Solidarität anbieten. Sie haben an ein Mittel gedacht, durch das Sie schnell und leicht von einem Ort zum nächsten kommen können, so dass Ihre Arbeit Ihnen körperlich leichter gemacht wird. Die Wahl ist auf einen Vespa-Motorroller gefallen. Sie hoffen, dass Sie geneigt sind, diesen Beweis der Erkenntlichkeit zu akzeptieren und dass die Wahl gut gewesen und der Motor sich als eine gelungene Konstruktion herausstellen wird, die niemals versagt, wenn Sie ihn gerade mal dringend benötigen."

Overduin besaß keine Fahrerlaubnis. Er verhandelte mit der Polizei über die Sache. Zur Polizei hatte er zweifellos einen guten Draht; und so sagte man zu ihm: „Wenn Sie nicht schnell fahren und nur innerhalb ihrer Gemeinde, dann ist es in Ordnung." Man wusste nicht, dass Overduins Gemeinde weit reichte. Auch fand er nichts dabei, mit dem Roller zu seinem Bruder nach Kampen zu fahren. Und der Roller bewegte sich gelegentlich wohl sogar noch weiter als bis Kampen. Nach einem Jahr erwarb er dann doch seine Fahrerlaubnis. Gleichwohl blieb er jemand, der in seinem Herzen eine gewisse Abneigung gegenüber der Motorisierung hegte.

1951 unterbricht Overduin seine Arbeit wegen einer Israelreise und 1953 notgedrungen aus gesundheitlichen Gründen. Pastor de Wolf schreibt dazu in der Kirchenzeitung:

„Unser Overduin! Ihr habt seinen Kräften zu viel abverlangt. Er ist nun einmal ein Mann, der schwer nein sagen kann. Er ist völlig überarbeitet und genießt jetzt erst nach vielen Jahren einen langen Urlaub in Locarno. Da grünen die Palmen, und da braucht er nicht zu frieren. Wir gönnen ihm seine Ruhe von Herzen, und wir hoffen, dass er vollständig wiederhergestellt in unsere Mitte zurückkehren wird. Aber sollen wir ihn in Zukunft ein bisschen schonen? Seine Arbeit geht natürlich weiter. Und da können sowohl die tapfere Direktorin (der Familienfürsorge), seine Schwester und auch seine Amtsbrüder mitreden. Wetten, dass zahlreiche Mitglieder nicht wissen, was da so alles auf dem Gebiet der sozialen Angelegenheiten auf dem Hervormde Terrain passiert … "
Und einige Wochen später: „Pastor Overduin ist wieder zu Hause. Er ist noch nicht wieder der Alte. Er fährt nicht gern mit halber Kraft. Gönnen Sie ihm etwas Ruhe."

Was macht Overduin, wenn er mit voller Kraft fährt, und was passiert auf dem Hervormde Terrain alles auf sozialem Gebiet?

Um mit dem ersten zu beginnen: Overduin macht in der gleichen Weise weiter wie in den Kriegsjahren, als ein nicht zu fassender Pimpernel, der mittags einer weinenden Arbeiterfrau, nachdem er ihr zugehört hat, in einer kleinen Küche beim Kartoffelschälen hilft, um ihr anschließend auf dem Fahrrad eine Matratze zu besorgen; und der abends perfekt gekleidet einem Gast erklären kann, wie man ein Weinglas halten muss.

Er vergisst keinerlei Absprachen mit Menschen in Not, weil er ihnen in die Augen blickt. Aber er vergisst wohl schon mal das Datum einer Versammlung. Ein Kollege hält es deshalb für eine gute Idee, so jemandem zum Geburtstag statt einer guten Flasche Wein einen Bürokalender zu schenken. Das Geschenk wird mit Dank angenommen. Im Jahr darauf wird Overduin dann von demselben Kollegen erneut mit einem solchen Kalender überrascht. Aber jetzt zeigt sich, dass der Kalender des Vorjahrs noch unangetastet in seinem Büro liegt.

Das Gebäude der Hervormde Gezinszorg (Familienfürsorge), Gronausestraat, heute Espoorstraat. Auf dem Grundstück wurde 1958 das Hervormd Rusthaus (Seniorenheim) de „Espoort" errichtet, im Jahr 2000 abgebrochen.

Die Diakonie ist die helfende Hand der Kirche auf sozialem Gebiet. Diakone – oder vielleicht besser diakonische Mitarbeiter – sind Mitglieder des Kirchengemeinderats, haben aber auch ein eigenes Kollegium und ein eigenes Budget. Das Kollegium der Diakone genießt in einer großen Stadt ein großes Ansehen. Etwas weniger zwar als das Kollegium der Kerkvoogdij (Kirchenvorsteher), bei dem zumeist ein großer Fabrikant den Vorsitz innehat. Aber es bedeutet doch eine große Ehre, in der Diakonie mitzuarbeiten, und es kostet auch viel freie Zeit. Alle Schichten sind im „Kollegium der Diakone" vertreten: Ladenbesitzer und Buchhalter, Ärzte und Arbeiter. Es muss viel beraten werden, häufig genug bis nach Mitternacht in Räumen, die blau sind vom Zigarrenrauch.

Man verfügt über einen besoldeten Administrator/Protokollführer.

Die Diakonie geht es nach dem Krieg ehrgeizig an: Zum Zweck der individuellen Versorgung der weniger Bemittelten sowie der Sterbefürsorge wird die Stichting Gezinszorg (Stiftung Familienfürsorge) gegründet sowie eine eigene Stiftung für die Altersfürsorge – mit wachsender Beteiligung der Regierung. Es gibt zunächst nur Diakonie-Brüder, erst einige Jahrzehnte nach dem Krieg können auch Diakonie-Schwestern mitberaten. Zunächst behilft man sich mit der Einrichtung eines Frauen-Komitees. Die Frauen besitzen zwar kein Stimmrecht; aber man glaubt, dass sie im Hinblick auf individuelle Hilfeleistungen mehr Sachverstand mitbringen und dass sie mehr Zeit für Besuche haben. 1947 sind dies die Damen Broen und van de Broek. Als die Diakonie es für nötig erachtet, eine Sozialarbeiterin einzustellen, die ebenfalls an den Beratungen teilnimmt, zieht sich das Frauen-Komitee, ein wenig auf den Schlips getreten, zurück.

Im November 1951 ist es soweit, dass das Internat der Famlienfürsorge der niederländischen Hervormde Kerk (N. H. Gezinsverzorging) in einem Gebäu-

de der Familie ter Kuile an der Gronausestraat eröffnet werden kann (und zwar dem Teil der Gronausestraat, der jetzt Espoortstraat heißt). Das Gebäude bekommt ebenfalls einen Namen: „Noaberhoes". Zur Leiterin/Direktorin wird Zwaan ter Heege ernannt. Die Eröffnung wird kirchlich mit einem besonderen Nachmittagsgottesdienst in der Großen Kirche gefeiert. Overduin ist einer von zwei Rednern:
„Die Aufmerksamkeit gilt heute der Arbeit, die auf die fundamentalste menschliche Gemeinschaftsform gerichtet ist, auf die Familie. Familienfürsorge ist die wichtigste gesellschaftliche Arbeit überhaupt. Familienfürsorge steht stellvertretend und repräsentativ für die christliche Gemeinde, die Stärkeren helfen den Schwachen, die Gesunden den Kranken. Deshalb passen hier die Worte: Dienst, Berufung, Amt … Gott ruft und in ihm liegt die Kraft, die unsere Schwachheit stählt."

Die Protokolle der Diakonie beschäftigen sich mit allerlei finanziellen und organisatorischen Problemen, aber jedes Mal auch mit zwanzig bis dreißig Einzelfällen, Besonderheiten über Familien mit Problemen.

Dazu hier eine zufallsbestimmte Auswahl aus all den Fällen der Jahre 1945 – 1955, zufallsbestimmt im Hinblick darauf, ob der Name Overduins in dem jeweiligen Bericht erwähnt wird:
B., Gronause Voetpad. Eine unverheiratete Mutter mit Kind, jetzt in die Heldringgestichten (Einrichtung für ledige Mütter, „gefallene Mädchen" etc.) aufgenommen. Pastor Overduin hat diese Aufnahme geregelt und darüber mit der städtischen Armenfürsorge gesprochen, welche ihn wiederum an die Diakonie verwies.
H., Molukkenstraat. Ist sehr verlegen um einen Mantel. Wir müssen die Lieferung von Pastor Overduin abwarten, dann kann sie kommen und schauen.
F., Sterkestraat. Die Stifting Toezicht Politieke Delinquenten (Stiftung zur Überwachung politischer Straf-

täter) fragt, ob wir bereit sind, 10 Gulden für die Anschaffung einiger dringend benötigter Kleidungsstücke zur Verfügung zu stellen.
S., Drukkerstraat. Die Frau bittet um Kleidung, um sonntags in die Kirche gehen zu können. Beschlossen wird, ihr aus dem Vorrat zu helfen.
B., Bandoengstraat. Pastor Overduin hat dafür gesorgt, dass hier wieder Hilfe in den Haushalt gekommen ist. Es wird beschlossen, wiederum f 7,50 pro Woche zu bezahlen.
W., Kneedweg. Frau van der Broek teilt mit, dass von Pastor Overduin und Smits beabsichtigt wird, dem Mann zu einer Hühnerzucht zu verhelfen.
B., Olieslagweg. Die Familie gehört zu dem wohlbekannten NSBern. Overduin und de Wolf haben Hilfe zugesagt. Sie ist vollständig ohne Einkommen und hat überhaupt kein Geld mehr. Sie hat vier Kinder. Der älteste Sohn kann wegen der NSB-Vergangenheit keine Arbeit finden.
P., Lage Bothofstraat. Pastor Overduin hat hier einen Besuch abgestattet und hat einen günstigen Eindruck. Sie wollen der Kirche beitreten, und Pastor Overduin ist davon überzeugt, dass das eine saubere Sache ist. Die Auskünfte, die die Diakonie über diese Familie besitzt, sind äußerst traurig.
C., Toekomstraat. Pastor Overduin fragt um Matratzen und Decken für diese Familie nach. Sie müssen ihren Haushalt von Grund auf wiederaufbauen.
T., Kuiperdijk. Das Sozialamt hat Overduin gebeten, sich des Schicksals dieses alten Sünders anzunehmen, der in der Herberge am Kuipersdijk gelandet ist. Es ist Pastor Overduin gelungen, ein Kosthaus für ihn am Parkweg zu finden, die Ausgabe von f 13,25 pro Woche ist jedoch nicht ausreichend für das Kostgeld von f 15,00 pro Woche. Die Frage ist, ob die Diakonie den Differenzbetrag übernehmen will. Pastor Overduin hat schon einen ganzen Betrag für Versorgungsgegenstände ausgegeben, Matratze und Kleidung. Er

meint, darüber mit dem Administrator telefoniert zu haben, kann sich aber auch täuschen.

S., Roomweg. Pastor Overduin hat f 14,- für die Wäsche bezahlt und bittet um Rückerstattung der Summe. Dagegen wird kein Einwand erhoben.

W., Lipperkerkstraat. War mit einem Deutschen verheiratet, der gefallen ist, zwei Kinder. Pastor Overduin hat mit ihr gesprochen. Sie hält nichts davon, die Kinder abzugeben, weiß aber keine Lösung. Pastor Overduin meint eine Lösung gefunden zu haben, sie könnte Frau Verveld helfen, in ihrer Wohnung eine Pension zu eröffnen. Sie ist noch nicht naturalisiert. Sie braucht die Unterstützung der Diakonie.

S., Ypkemeulestraat. Er könnte bei „Nazorg" untergebracht werden, aber er will nicht für f 20,- pro Woche arbeiten. Angesichts der Tatsache, dass das die einzige Lösung ist, um S. wieder Arbeit zu vermitteln, und dass er, wenn er so weitermacht, bestimmt irgendwann in einer Anstalt landet, hat Overduin mit dem Sozialamt darüber gesprochen, S. einen Lohn von f 30,- zu gewähren. Das Sozialamt hat dem unter der Bedingung zugestimmt, dass die Diakonie die Hälfte des Differenzbetrages f 5,- pro Woche übernimmt. Der gesamte Lohn geht über Overduin und wird der Frau ausbezahlt, weil er in den Händen von S. nicht sicher ist. Wenn die Sache gut geht, besteht die Möglichkeit, dass Overduin ihm anbieten kann, wieder bei Schuttersveld zu arbeiten.

K., Voortsweg. Die zwei Kinder werden in der nächsten Woche getauft. Overduin bittet um Schühchen. Einverstanden.

C., Ribbeltsweg. Die Probleme werden dem Unvermögen der Frau zugeschrieben, den Haushalt zu führen. Solange Pastor Overduin regelmäßig Kontrollbesuche machte, lief alles ordentlich, aber wo er jetzt zeitweilig abwesend ist, läuft alles schief.

Pastor Overduin ist für einen katholischen Metzger bei zwei Großhändlern gewesen, um darum zu bitten, ihm noch eine Chance zu geben. Er kannte die Großhändler, denen aus dem Bankrott noch f 600,- zustanden. Er hat dafür gesorgt, dass sie die f 600,- bekommen haben, so dass das Geschäft fortgesetzt werden kann. Nicht auf Rechnung der Diakonie.

In dem großen Haus Overduins biwakieren fortwährend Leute, die sich auf die eine oder andere Weise festgefahren haben oder aus der Spur geraten sind. Das regeln Leendert und seiner Schwester Maartje selbst, daran haben Institutionen keinerlei Anteil, so dass darüber auch nichts in den Protokollen zu finden ist.

Da gibt es einen mongoloiden Mann, Barend, der an Festtagen immer nach Hause darf, aber kein Zuhause hat. Bei Overduin ist er willkommen. Da ist die Mutter von Rudy, die Overduin dabei hilft, die vollen Sprechstunden zu organisieren. Darüber vergisst sie ihren Ärger. Und dann Gerard, der allerlei Details über die wartenden Menschen aufschreibt und die Notizen anschließend Overduin gibt, wodurch es etwas schneller geht. Dieser Gerard ist ein spezieller Fall. Speziell sind zwar alle Kostgänger von Overduin, aber für Gerard gilt das in besonderem Maße, weil er darüber ohne jede Zurückhaltung zu erzählen vermag.

Gerard wurde 1918 in Den Haag geboren. In den Kriegsjahren wurde er zum Waisen. Er beschaffte sich seinen Lebensunterhalt mit Betrügereien, indem er an zahlreiche Menschen Packungen Zigaretten verkaufte, die es gar nicht gab. Dafür wurde er zu zwei Jahren Unterbbringung in den Rekkense Inrichtingen (einer Art „Besserungsanstalt") verurteilt. Anschließend, 1948, durfte er zwar gehen, aber dafür brauchte er ein Kosthaus und jemanden, der bereit war, für ihn zu bürgen. Er besaß in Enschede noch ferne Verwandtschaft, die Familie Bras, und hat dort auch einen Monat lang gelebt. Aber die Familie konnte nicht für ihn bürgen. Wer das Kapitel über die Lasonders noch im Gedächtnis hat, der wird sofort verstehen, dass Jenny und Roelof Bras das wahrhaftig nicht konnten. Die Familie Bras wandte sich an Overduin. Der holte Gerard zu sich nach Hause und ging anschließend nach Rekken, um mit der Leitung der Einrichtungen zu sprechen. Er stellte sich als Bürge für Gerard zur Verfügung, und der durfte bleiben. Overduin verhalf ihm auch zu einer Beschäftigung in der Verwaltung eines Zeitungsunternehmens.

„Ich habe den Pastor gebeten, nicht über den Glauben zu sprechen, und er hat mich damit auch niemals belästigt. Niemals so etwas wie: Kommst du mit zur Kirche … Der Pastor hatte ungeheuer viel zu tun, meistens war er weg. Ich fühlte mich da sehr wohl. Ich hatte ein schönes Zimmer im zweiten Stock. Ich hab dort vier Jahre lang gelebt. Als ich ging, sagte er: Es ist noch zu früh. Und er hatte damit tatsächlich Recht.

Ich hatte immer zu wenig Geld, und da sah ich einmal eine Postanweisung im Briefkasten liegen.

Mit einer falschen Unterschrift hab ich das Geld abgeholt, es war in kurzer Zeit verbraucht. Wie sich hinterher herausstellte, handelte es sich um die Unterhaltszahlung für ein viertel Jahr, die von einem Notar in Den Haag überwiesen worden war. Nach einer Weile, der Pastor hatte schon mehrmals mit dem Notar telefoniert, wollte er zur Polizei gehen. Aber vorher kam er noch zu mir und fragte: Weißt du etwas von der Postanweisung? Ich hab sofort ja gesagt. Danach hieß es nur: Schwamm drüber.

Nach den vier Jahren zog ich zu einem Bekannten, der ebenfalls in Rekken gewesen und mit einer Polin verheiratet war. Nach einer Woche, f 300,- weg, und ich wurde verdächtigt. Daraufhin ist der Pastor gekommen, und dem hab ich gesagt: Das hab ich nicht getan. Ich hatte es auch tatsächlich nicht getan, die Frau hatte sich das ausgedacht. Der Pastor glaubte mir und hat die Sache auf die eine oder die andere Weise geregelt.

Es ging da in seinem Haus etwas steif zu. Der Pastor hatte es allzeit eilig. Er war ein großer Mann mit

Familientag in Veenedaal. V. l. n. r. Maartje (gerufen Map) Koopmans-Overduin (Tochter von Gerrit), Koos, Piet, Trina, Gerrit, Berta (Ehefrau von Piet), Gerard Aukes und Leendert.

einem schwarzen Filzhut auf, immer auf seinem hohen Fahrrad unterwegs. Seine Schwester Maartje hatte auch immer alle Hände voll zu tun, sie hatte keine Hilfe im Haushalt, und manchmal wurde es ihr zu viel. Sie war sehr nett, aber auch nörgelich und total unterwürfig gegenüber dem Pastor. Sie besaßen kein Radio, hin und wieder spielte der Pastor auf dem Harmonium, und dann sang er selbst dazu. Keine Hobbys, wenn er mal nicht arbeitete, dann lag er ausgestreckt in einem Liegestuhl."

Eine alte Dame, die nach so vielen Jahren noch mit Rührung über ihre Beziehungen zu Overduin in den späten fünfziger Jahren spricht, zeigt dem Besucher drei Bücher von Overduin, die sie immer noch regelmäßig liest. Ihre Enttäuschung ist groß, als sie darauf hingewiesen wird, dass es sich bei dem Autor der Bücher um Pastor J. (Koos) Overduin handelt, dem Bruder von Pastor L. Overduin. Die Verwechslung der beiden Brüder kommt häufiger vor, sogar bei Historikern. (P. Romijn, „Snel, streng en rechtvaardig", Schnell, streng und gerecht, 1989, S. 234).

Auf dem diakonalen Terrain hat Overduin eine Vollzeitbeschäftigung. So kurz nach dem Krieg gab es sehr viele Fälle von Wohnungsnot, purer Armut, zerstörten Beziehungen und Traumata. Wahrhaftig nicht die Welt von Jip en Janneke, die Welt von „Damals-war-Glück-ganz-normal …"

Frau Annet Meisner war Leiterin des Medisch Opvoedkundig Bureau (MOD) (Medizinisches Ausbildungsbüro) in Enschede. Sie geriet schon gleich im Jahr 1954 mit Overduin aneinander. Es ging dabei um einen Fall von Baby-Misshandlung durch einen jungen Vater aus einem sehr zweifelhaften Milieu. Frau Meisner meinte, es sei nötig, das Kind dem elterlichen Einfluss zu entziehen. Vor dem Tisch des Jugendrichters sah sie sich Pastor Overduin gegenüber. Der kannte die Familie, hatte Vertrauen zu dem jungen Vater und der Vater seinerseits zu Overduin. Als Overduin auf Nachfrage des Jugendrichters die Verantwortung übernahm, war es beschlossene Sache: Das Kind blieb in der Familie. Frau Meisner sagt: „Das ist nun charakteristisch. Er wollte nicht mit dem MOB zusammenarbeiten. Er setzte sich voll und ganz für so einen Fall ein. Er war immer bereit, Nachsicht zu üben. Er war ein so guter Mensch."

Die Hervormde Diaconie versucht noch lange Zeit, in der gleichen Manier wie vor dem Krieg all ihre Angelegenheiten in einer oder zwei Versammlungen zu regeln. Mit schwammiger Aufgabenverteilung und undeutlicher Zielsetzung. Da sind Fälle, in denen die Diakonie nicht oder nicht mehr unterstützen möchte. Overduin geht dann nicht in Opposition; aber jedermann weiß: Er wird die Sache wohl eigenständig regeln. So besucht er regelmäßig die Fabriken, in denen man ihn sehr gut kennt, und dort bekommt er Laken, Kissenbezüge, Decken und was sonst noch alles. Aber dieselben Firmen bezahlen oft auch einen jähr-

lichen Betrag an die Diakonie und empfinden das Abholen von Textilien als störend. Nur äußert das Overduin gegenüber niemand. Es ist zu verstehen, dass ein diakonischer Mitarbeiter seufzt: „Overduin radelt mitten durch unsere Richtlinien."

Herr Hendrik und Herr Jan stehen in ihrem Direktionsbüro und unterhalten sich. Über die Gardinen hinweg sehen sie, dass Overduin auf seinem Fahrrad angefahren kommt. Herr Hendrik sagt: „Das kostet uns wieder einen Haufen Decken …" Er greift zum Telefon und weist seinen Prokuristen an: „Geh kurz zum Schalter, Overduin kommt da an. Gib ihm mal ein Bündel von den blauen Decken."

Overduin legt sich einen eigenen Vorrat an. So hat er einen Vorrat an Textilien auf dem Dachboden des Gebäudes der Familienfürsorge untergebracht. Im April 1953 hat das Sozialamt der Stadt der Diakonie 36 Kubikmeter Textilien zugewiesen, die aus der Sammlung für die Opfer der Katastrophe in Zeeland übrig geblieben waren. Die Diakonie möchte diese Güter nicht und schlägt das Angebot aus. Später zeigt sich, dass Overduin einen Teil der angebotenen Güter angenommen und sie gelagert hat. Im Voraus, so die Diakonie. Aber ein Jahr später, als die Direktorin der Familienfürsorge gekündigt hat und zeitweise jemand anderes die Leitung innehat, wird die Sache angegangen.

„Die Textilien, die Pastor Overduin nach der Hochwasserkatastrophe angenommen hat, liegen noch immer auf dem Dachboden des Internats. Da dort auch neue Matratzen liegen und überall Motten hineinkommen, soll alles in Absprache mit Pastor Overduin verkauft werden." Im Juni 1955, bei einer Versammlung, bei der Overduin wegen Krankheit fehlt, erklärt die Sozialarbeiterin dann: „Das Zeug muss verschwinden, sonst werf ich es weg."

Schlussfolgerung: Der akute Mangel an einfachen Textilgütern war 1955 schon wesentlich geringer geworden, und die Autorität von Pastor Overduin war nicht mehr unantastbar.

Zwischen 1948 und 1955 standen nacheinander vier Sozialarbeiterinnen in Diensten der Diakonie, und mit allen vieren gab es Probleme. Sie wurden krank, sie kündigten oder ihnen wurde gekündigt. Lange außerordentliche Versammlungen und unfreundliche Briefe.

Der Ärger war, im Nachhinein betrachtet, eigentlich gar nicht zu vermeiden. Die Diakone bildeten seit Jahr und Tag ein gewichtiges Kollegium von Männerbrüdern, die ohne jede Vergütung viel für die Kirche taten. Und sie waren es nicht gewohnt, sich von jungen Damen, die gerade von einer sozialen Akademie kamen, Vorschriften machen zu lassen. Sie werden wohl gelegentlich mit Wehmut an die Zeit des Damen-Komitees zurückgedacht haben. Die neuen Arbeitskräfte waren selbstbewusst. Auf der sozialen Akademie hatten sie gelernt, welche Strukturen verkehrt waren und was man dagegen tun konnte. Der verkomplizierende Faktor der Enscheder Situation war Overduin. Einerseits machte der sich nicht viel aus Geschäftsführern, er setzte sehr auf persönliche Beziehungen. Andererseits wollte er aber auch nichts von der radikalen Besserwisserei der sozialen Akademie wissen.

Sein Blickfeld war Mitgefühl. Er war weder der Mann, der seine Probleme „in die Menge wirft", noch hatte er Sinn für regelmäßige Evaluationen.

Für die Sozialarbeiterinnen war es natürlich ebenfalls nicht angenehm, wenn sie an der Tür hören musste: „O, kann der Pastor nicht selbst kommen?"

Overduin arbeitete in einem Zeitraum, in dem der Direktor des städtischen Sozialamtes (Gemeentelijke Dienst) dem Kirchengemeinderat noch sagen konnte, dass Familienfürsorge keine Aufgabe des Staates, sondern der Kirche sei. Aber die Veränderungen, der Weg hin zum Wohlfahrtsstaat, begannen sich doch bereits abzuzeichnen.

Bei seinem Abschied aus Enschede im Jahr 1964 wurde das durch Pastor Oosten, der das alles ganz aus der Nähe miterlebt hatte, in folgende Worte gefasst: „Außerhalb der Kirche ist in Enschede seit dem Krieg auf gesellschaftlichem und kulturellem Gebiet enorm viel geleistet worden. Es wurden Einrichtungen ins Leben gerufen, die nicht ohne sind. Innerhalb der Kirche ist manches versucht worden, aber fast immer ohne die Angestellten, die dafür nötig gewesen wären, und ohne die erforderlichen finanziellen Mittel. In der Kirche wird oft zu wenig erkannt, dass an einer Reihe von Initiativen gar kein Bedarf besteht, weil gleichartige Arbeit bereits, und zwar in besserer Form, von der Allgemeinheit geleistet wird. Da gibt es vieles, was die Kirche getrost Menschen überlassen kann, die mitten im gesellschaftlichen Leben stehen. Sollen die an ihrer Stelle für den christlichen Sauerteig sorgen. Es ist nicht nötig, dass die Kirche da auch immer noch etwas unternimmt. Versucht sie es dennoch, dann sollte sie sich über das Fiasco nicht wundern . . ."

Heute, fünfzig Jahre später, muss man sagen: So wie Overduin es machte, so geht es nicht mehr. Genauso wie damals das Verteilen des Brotes auf dem Ageleres eine Tat der Gerechtigkeit war, heute ist sie Folklore.

In einer großen Stadt wie Enschede sind heute wahrscheinlich wohl tausend Menschen in hundert verschiedenen Anlaufstellen im Wohlfahrtssektor tätig. Aber einen Overduin gibt es nicht mehr. Welcher Mensch in Not würde sich nicht wünschen, dass es noch eine solche Adresse gäbe?

Bei einem der Problemtreffen der Diakonie liegt ein Schreiben von Pastor Buskes auf dem Tisch, in dem dieser sich über die Art und Weise beschwert, in der man die Zusammenarbeit mit der Sozialarbeiterinnen beenden möchte. Herr J. Dijks nimmt daraufhin Kontakt zu Buskes auf, der sich offensichtlich für die be-

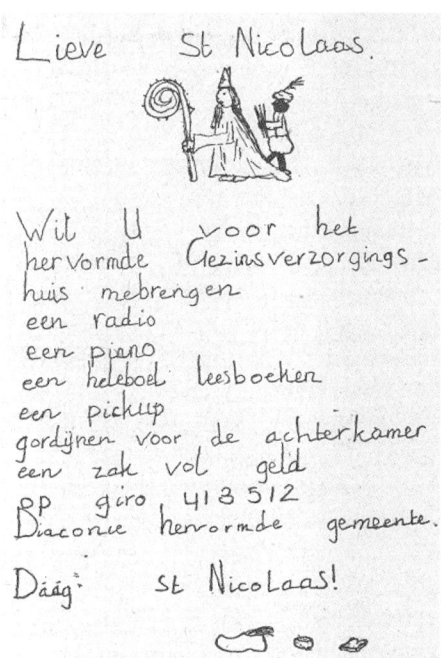

Ein Bittbrief an St. Nikolaus (offenbar im Namen der Gemeinde)

treffende Person eingesetzt hat, weil er sie gut kennt. Und Buskes schreibt nicht an Overduin, sondern an die Diakonie. Er lässt Overduin zwar grüßen, aber mit dem Zusatz, dass er böse auf ihn sei. „Er kümmert sich um hundert Fälle, die ganz schlecht stehen, aber diesen Fall hat er hoffnungslos liegen lassen." Die Umstände, die ausführlich protokolliert sind, vermitteln nicht den Eindruck, dass Buskes Recht hat.

Die Frauen, die für die Diakonie arbeiten, haben auch untereinander Probleme. 1951 klagt die Sozialarbeiterin über die Zusammenarbeit mit der Direktorin der Familienfürsorge Zwaan ter Heege. Die Sozialarbeiterin räumt das Feld. Zwaan ter Heege ist 1953 zeitweise ein bisschen überarbeitet und die neue Sozialarbeiterin meldet sich auch noch krank. Im Januar 1955 wird es dann wirklich schwierig. Die sieben

Familienbetreuerinnen beklagen sich über die Direktorin: Die stehe ständig unter Druck und habe nie Zeit. Die Direktorin ihrerseits beklagt sich über die Diakonie und ist einen Monat lang wegen Krankheit abwesend. Dann teilt Overduin der Versammlung mit, dass sie nicht ins Internat zurückkommen wird, sondern stehenden Fußes kündige. Das Kollegium ist darüber total erbost. Es berichtet dem Kirchengemeinderat: „Ohne Angabe von Gründen ist die genannte Dame am 24. Februar verschwunden und hat mittlerweile fristlos gekündigt." Bei allem Unfrieden dürfte nicht unbemerkt geblieben sein, dass Overduin selbst sich im April/Mai 1955 ebenfalls krank melden muss, weil er überarbeitet ist.

Die Diakonie hat in diesem Frühjahr 1955 sehr viel zu tun, weil die Pläne, ein eigenes Hervormd Seniorenheim zu bauen, konkrete Formen angenommen haben. Auf einem Terrain zwischen der Eschpoortstraat und dem Boulevard soll das für 250 Personen vorgesehene Gebäude hochgezogen werden. Das Gebäude der Familienfürsorge, die Pastorei von Pfarrer Appel und drei kleine Wohnungen sollen abgerissen werden. In dem Gebäude soll die Verwaltung der Diakonie und der Familienfürsorge untergebracht werden, aber ferner, so der Architekt, „bitte keine verrückten Sachen wie etwa die Sprechstunde von Pastor Overduin".

Im Juni will man dann Klarheit schaffen. Auf dem Tisch liegt ein Plan, Overduin die Gesamtkoordination des Projekts zu übertragen. Bis dahin sind die Beteiligten außen vor gelassen worden. Obwohl die Meinungen in der Versammlung auseinandergehen, ist man sich doch im Großen und Ganzen einig. Voraussetzung soll allerdings sein, dass Overduin seine Position als Sozialpfarrer niederlegt.
Am 1. Juli platzt dann die Bombe. Pastor Overduin teilt mit, dass er beabsichtige zu heiraten, und zwar Zwaan ter Heege.

Zwaan ter Heege

Das „Kollegium der Diakone" spricht seinen Glückwunsch aus, wenn auch ein wenig verdrießlich. Zugleich ist es aber der Meinung, dass jetzt eine völlig neue Situation entstanden sei, so dass die Entscheidung der vorherigen Woche nicht mehr angemessen sei. Man möchte nicht dem Ehepaar Overduin/ter Heege die Leitung übertragen. Man hält es deshalb für die beste Lösung, wenn Overduin seine Abberufung beantragt und Enschede verlässt.
In euphemistischen Worten teilt man dies dem Kirchengemeinderat mit.

Der Vorsitzende des Kirchengemeinderates, in jenem Jahr Pastor Dirkse, versucht zusammen mit Pastor Oosten, die Wogen zu glätten. Beinahe alle Pastoren unterstützen Overduin. Nur ein einziger vertritt die Meinung, dass ein Pastor, der ein Mädchen aus der Gemeinde heiratet, sofort gehen muss. Der Kirchengemeinderat weiß die Diakone dazu zu bewe-

gen, ihren Brief zurückzuziehen. Schließlich wird eine Lösung gesucht und gefunden. In der Siedlung Dorp Lonneker, einem Teil des Bezirks II, arbeitet Pastorin Schreuder als Amtshelferin im Pastorat. Diese aber wird nach Amsterdam gehen. Das Grüppchen von Mitgliedern, das dort die Kapelle besucht, ist zu klein, um einen eigenen Bezirk zu bilden und auch zu klein für eine Pastorenstelle. Overduin soll trotzdem die Arbeit von Frau Schreuder übernehmen, zusätzlich aber auch noch eine soziale Aufgabe in der Stadt erfüllen, und zwar ohne direkte Bindung an die Diakonie. Außerdem soll er auch weiterhin Pastor von Enschede bleiben, verbunden mit Bezirk II, dem Bezirk der Lasonderkirche. Auf diesen Kompromiss können sich schließlich alle einigen.
Die Mitteilung Overduins mag für die Gremien eine Überraschung gewesen sein, einigen Intimi war schon einige Wochen lang klar, dass die beiden Menschen ineinander verliebt waren. Für beide war es eine Periode voller Emotionen. Zwaan ter Heege hegte die Absicht, eine Beschäftigung in der Schweiz anzunehmen, und Overduin war eine Zeitlang krank. Er geriet in Streit mit seinen besten Freunden aus der Hersteld Verband-Periode, die in der Diakonie eine Rolle spielten. Die Beziehungen konnten zwar gekittet werden. Doch kam er später, wenn er sie besuchte, immer ohne seine Ehefrau. Schwieriger war sicherlich das Problem mit seiner Schwester Maartje, die diese Periode wie eine Ehescheidung erlebte. Sie war seit 1938 die Hausgenossin, de facto die Pastorenfrau gewesen. Noch vor dem Hochzeitstermin zog sie zur Familie nach Zeist, was Overduin großen Verdruss bereitete. Aber Maartje konnte auf Leen, konnte auf Enschede nicht verzichten. Mit Hilfe des taktvollen Schwagers Aukes kam die Sache wieder ins Reine. Im November 1957 kehrte sie nach Enschede zurück und bezog eine Wohnung in der Johannes ter Horstraat 74. Im Dezember 1969 zog sie in eine Apartementwohnung in der Nähe von Lonneker, Vaneker-

straat 285. Sie versöhnte sich mit Zwaan. Gleichwohl blieb das Verhältnis zu ihr stets ein wenig distanziert. Treu besuchte sie jedoch die Gottesdienste ihres Bruders in der Kapelle von Lonneker.

In der Gemeinde gingen die Meinungen auseinander. Die einen fanden es schlecht, dass Zwaan den Pastor „eingewickelt" hatte, die anderen waren gerührt. Pastor de Wolf schrieb in der Kirchenzeitung: „Liebe, die sich spät einstellt, bringt oft großes Glück! Unser eingefleischter Junggeselle Pastor Overduin verheiratet sich mit Frau Zwaan ter Heege. Guter Freund Overduin, wie wir in Enschede über dich denken, weißt du wahrscheinlich sehr gut. Wir gönnen dir dieses Glück von Herzen."

Zwaan, 1913 geboren, war das einzige Kind des Ehepaars ter Heege-Terink, wohnhaft am Borstelweg. Ihr Vater war „Boss"/Chef der Textilfabrik „Holland". Ter Heege war ein echter Enscheder, von seinem Betrieb ebenso besessen wie vom freisinnigen Protestantismus.

Zwaan galt im Kreis ihrer eigenen Familie immer als jemand Besonderes: Sie konnte zeichnen und Klavier spielen, sie konnte gut lernen und organisieren. In den Kriegsjahren wurde sie Leiterin des VCJB (freisinnige Jugend) und Sekretärin von „Evangelie en Vrijheid" (Evangelium und Freiheit), einer Vereinigung der liberalen Hervormden.

Abends war sie nie zuhause: Immerzu Kurse, Versammlungen und Besuche. 1943 zog sie nach Amsterdam, um dort ihre Ausbildung an der Sozialen Akademie zu absolvieren. Es war die erste Ausbildung dieser Art in den Niederlanden. Die Jugendvereinigung verabschiedete sich damals mit einer besonderen Abschiedsrevue von ihr, mit einem speziellen Repertoire: „Zwaan ter Heege zieht um. Jedermann weiß, wie leid uns das tut. Sie geht, um einen Beruf zu erwählen; aber wir werden unsere Zwaan jetzt los."

Und so weiter, 40 Couplets. 1944 musste sie die Ausbildung auf Grund der Kriegsumstände abbrechen. Gleich nach der Befreiung rekrutierte das Militair Gezag sie für den Bereich Sozialarbeit. Ihr Vater kaufte ihr ein Auto, in jenen Tagen ein ganz besonderes Geschenk. 1950 wurde sie zur Leiterin der Hervormde Gezinsverzorg (Familienfürsorge). Sie besaß im „Naoberhuis" ein eigenes Zimmer und war für sieben bis zehn Familienbetreuerinnen zuständig, alle intern.

Hochzeitsfotos von Zwaan und Leendert, 1955

Die Hochzeit von Leendert Overduin und Zwaantje Reindje ter Heege am 14. September 1955 war in Enschede ein Ereignis von Format. Zu Fuß begab sich der Tross zum Rathaus und von dort zur Großen Kirche. Die Kirche war rappelvoll. Die Glocken läuteten, und das Besondere war, dass der Pastor der Jakobuskirche die Anweisung erteilt hatte, gleichzeitig zu läuten. Pastor de Wolf leitete den Traugottesdienst.

„Der Herr behüte dich vor allem Übel,
er behüte deine Seele.
Der Herr behüte deinen Ausgang und Eingang
von nun an bis in Ewigkeit. "

(Psalm 121)

Es gab einen Empfang für die Familie von Zwaans Seite und einen eigenen Empfang für Leenderts Familie. Für die Pastoren fand ein Empfang in „Het Everlo" in Rossum statt.

Anschließend ließen sich die Frischvermählten in einer Remise auf dem Landgut 't Amelink nieder. Overduins Leben veränderte sich nun. Er kam zur Ruhe. Zwaan schirmte ihn ab. Er wurde Dorfpfarrer und brauchte die Stadt doch nicht zu vermissen. Zwaan wurde Pastorenfrau auch in dem Sinne, dass sie allerlei Dinge, die ihr Mann nicht so gut schaffte, übernahm.

Er liebte seine Frau, er liebte seine Arbeit. Er hatte nun öfter Zeit für die stets gesuchte Verfeinerung sowohl geistiger als auch materieller Art. Aber er blieb im diakonalen Bereich ungreifbar, findungsreich und unverwüstlich. Pastor W. C. Wieringa (geb. 1910) hat ihn als Kollegen gut gekannt. Er erinnert sich noch, dass Overduin einmal mit einem Sohn von Pastor Oosten vor der Tür stand. Wieringa müsse für ihn mal ein paar Wochen sorgen, weil Oosten und seine Frau zwischendurch dringend eine Pause brauchten. Die Möglichkeit zu überlegen, ob das überhaupt ging, gab es nicht. Auf die gleiche Art und Weise brachte er am gleichen Abend auch noch die anderen Kinder Oostens unter. Aber man ließ es sich von ihm gefallen. Overduin war einfach ein so weiser Mann, manchmal allerdings auch etwas kindlich. So konnte es passieren, dass er, wenn man in seinem Hausflur stand, um auf ihn zu warten, das Treppengeländer heruntergerutscht kam, beide Beine über das Geländer gestreckt.

Seine Meinung wurde immer geschätzt, und er war ein besonders guter Zuhörer. Alle Kollegen, und es waren allemal Freibeuter, hatten Respekt vor ihm. Derselbe Wieringa sagt mit Bestimmheit: Zwaan und Leen führten eine gute Ehe.

Kapitel XII: Dorfpfarrer in Lonneker

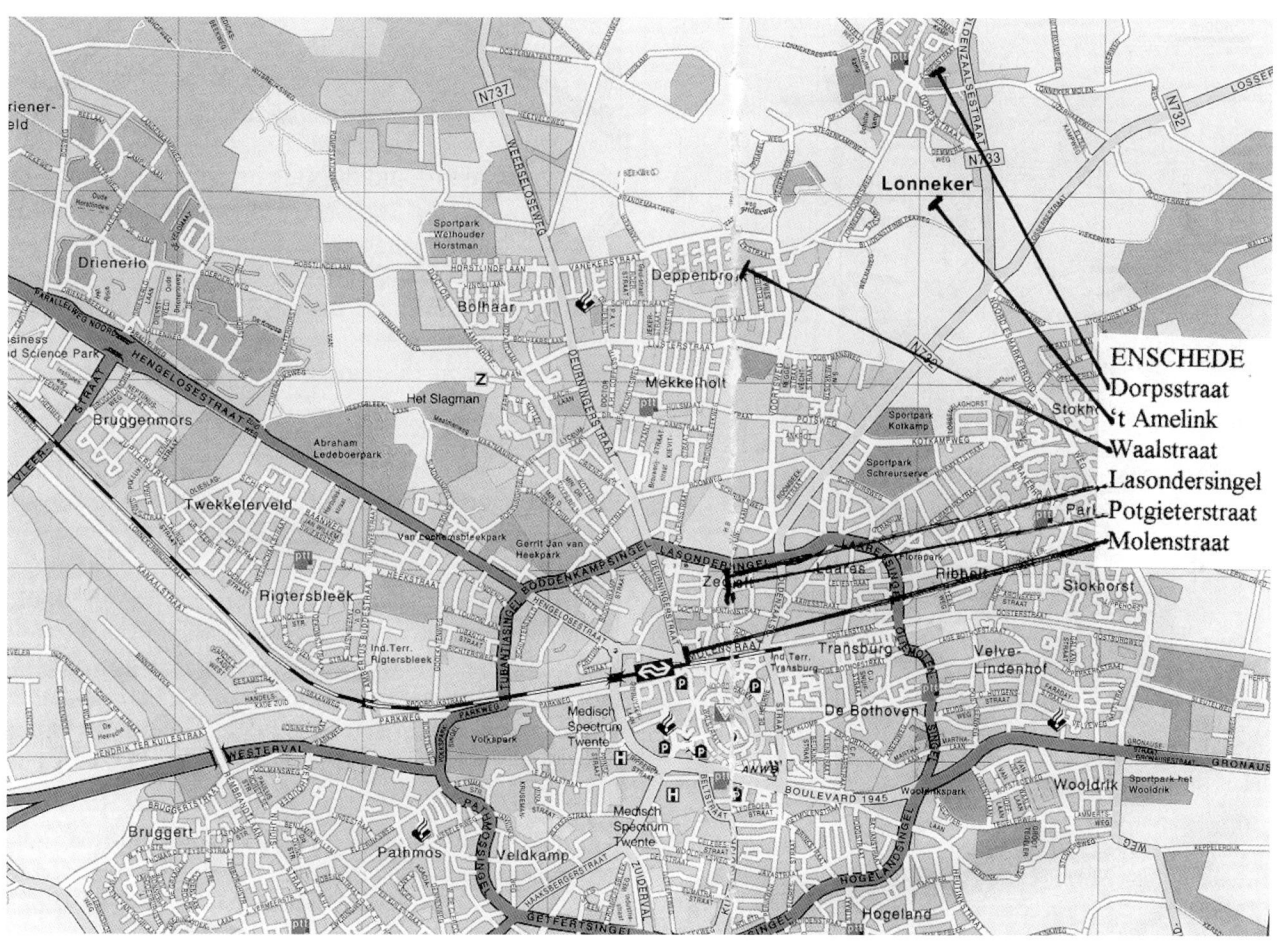

Die Gemeinde Lonneker, eine wohlhabende Landgemeinde, in einem breiten Ring rings um Enschede gelegen, wurde am 1. Mai 1934 aufgehoben und mit der Stadt Enschede vereinigt. Die Bürger der Gemeinde Lonneker waren darüber nicht begeistert. Sie betrachteten das Ereignis als eine Zwangsverheiratung eines armen Textilarbeiters mit einer reichen Bauerntochter.

Leendert Overduin beim Gottesdienst in Lonneker

Lonneker bestand aus mehreren Weilern, die von alters her in einem Marktverbund vereinigt waren: Usselo, Boekelo, Twekkelo, Driene, Lonneker, Eschmarke. Die Gemarkung Lonneker wurde meistens als Dorp Lonneker bezeichnet, um diesen Weiler von der Bürgergemeinde zu unterscheiden. Dorp Lonneker besaß kein Geschäfts- oder Verwaltungszentrum. Es konnte eigentlich von einem Dorf gar nicht die Rede sein. Das Zentrum der Bürgergemeinde Lonneker lag vielmehr in der Stadt Enschede. Da

befand sich auch das Rathaus von Lonneker, und zwar an der Hengelosestraat 40.

Erst nach dem Zweiten Weltkrieg, Jahre nachdem Boekelo und Glanerbrug (Eschmarke) einen eigenen Dorfkern entwickelt hatten, kam dergleichen auch in Lonneker in Gang. Dorp Lonneker – im Folgenden kurz Lonneker genannt – ist immer ein Siedlungsraum von römisch-katholischem Charakter gewesen. Das hatte mit der Lage an der Nord-Ost-Seite Enschedes, der Seite nach Oldenzaal hin, zu tun. Die lang andauernde spanische Besetzung Oldenzaals im 17. Jahrhundert hatte die Bewohner in einem breiten Ring rund um die Stadt beim alten Glauben gehalten. Und das wirkte lange nach. Die Wahl einer Konfession war eher eine Wahl der Gemeinschaft und der feudalen Landbesitzer, als die eines Individuums.

Mit dem Beginn der Industrialisierung geriet dann doch einiges in Bewegung. Fabrikanten kauften Gemarkungsgrundstücke auf: Für Fabrikgelände, für Landgüter, aber auch für die Landwirtschaft.

In Lonneker spielte vor allem der Einfluss der Familie Blijdenstein eine Rolle. Zwischen Lonneker und Enschede wurde eine Fabrik gebaut, „Het Steumke", und die Grundstücke von 't Amelink wurden anfangs als Bleichwiesen genutzt, dienten der Familie später aber als Landgut. Daran angrenzend wurde ebenfalls für einen Blijdenstein das Landgut 't Bouwhuis angelegt. 't Amelink wurde später an die Fabrikantenfamilie Scholten verkauft. Die beiden Landgüter bilden immer noch die in Lonneker sehr geschätzte Sicherung gegen die vordringende Stadt.

Die Fabrikanten hatten eine ausgesprochene Vorliebe für protestantisches Personal. Ihre Arbeiter, vor allem Wald- und Gartenarbeiter, bildeten sehr schnell den Kern einer eigenen hervormde Gemeinschaft in Lonneker. Für Kirchgänger wurde die Distanz zur Großen Kirche in der Stadt zwar fraglos etwas beschwerlich, aber ihre Zahl war einfach zu gering, um ähnlich, wie es in Usselo und Glanerbrug geschehen war, eine eigene Hervormde Gemeente zu gründen. Also gründeten sie 1911 einen eigenen evangelischen Verein, von denen es in Enschede mehrere gab. Nach einiger Zeit gab es in Lonneker sogar zwei, einen liberalen und einen rechtgläubigen, die im Übrigen miteinander auskamen. Sie waren zwar nicht in der Lage, einen eigenen Pfarrer anzustellen, wohl aber dazu, eine eigene Kirche zu bauen. Und das taten sie denn auch. Die starke römisch-katholische Kirche von Lonneker bekam ein Schwesterchen: Die Kapelle „Uit Liefde" (Aus Liebe). Die Kapelle wurde in das Predigtraster der Hervormde Gemeente von Enschede aufgenommen.

Nach dem Krieg erhielt die Katechetin Burgersdijk unter anderem die Aufgabe, Lonneker pastoral zu versorgen. Sie wohnte in einem Zimmer in der Villa 't Amelink. 1951 erschien die Theologin Schreuder auf der Bildfläche, die die Möglichkeit bekommen hatte, gleichzeitig an ihrer Dissertation zu arbeiten und als Vikarin für die kleine Kapellengemeinde in Lonneker zu arbeiten. Sie wohnte in einem Zimmer in der Villa 't Bouwhuis. 1954 zog sie nach Amsterdam, wo sie einige Jahre später Hochschullehrerin an der Freien Universität wurde.

Der bereits 1946 in Enschede berufene Pastor Leendert Overduin bekam als Sozialhelfer von Bezirk II (Lasonderkerk) die Aufgabe übertragen, gleichzeitig Pfarrer von Lonneker zu sein. Mit seiner Ehefrau zusammen durfte er ab 1957 in der Chauffeurswohnung auf dem Landgut 't Amelink wohnen. Overduin wurde zum Dorfpfarrer. Der Nomade und Kriegsveteran, der Mystiker und Lebensgenießer wurde zum Hauptdarsteller in einem kleinen Theater. Mit Hilfe von Zwaan schaffte er es. Die Kartei der Hervormde Gemeinschaft umfasste ungefähr hundert Adressen.

Für die Gemeindemitglieder war es durch die Bank wichtiger, in Lonneker zu sein als regelmäßig am Gottesdienst teilzunehmen. Overduin mit seiner Abneigung gegen Organisationen konnte sich darauf ganz gut einstellen. Er hatte sich in den offiziellen Kirchenversammlungen der Stadt stets nur wie ein Zuschauer gefühlt. Für die Gemeinschaft von Lonneker war er jedoch bereit, sich einzusetzen. So setzte er zum Beispiel alles daran, durch gemeinsame Aktivitäten zu einer offenen Beziehung mit den Katholiken im Dorf zu gelangen, was unter anderem zur Herausgabe eines gemeinsamen Kirchenblattes führte. Bei Verwaltungsangelegenheiten machte er sich bis zum Äußersten für die „Selbständigkeit" seiner Dorfgemeinde stark.

Formell betrachtet, besaß Lonneker keinen eigenen Kirchengemeinderat, sondern nur einen „Sub-Kirchengemeinderat" des Enscheder Bezirks II. Aber so empfand man das gar nicht. Als Lonneker in den achtziger Jahren zu einem eigenen Bezirk wurde, verstanden die Mitglieder überhaupt nicht, was sich jetzt eigentlich veränderte. Lonneker konnte schließlich als Bezirksgemeinde von Hervormd Enschede selbständig werden, weil die Zahl der Einwohner des Dorfes durch Neubauten und durch den Zuzug von Bewohnern der angrenzenden Stadtbezirke zunahm, die Gereformeerden sich an dem Projekt beteiligten und weil die Kirchenordnung inzwischen die Gründung eines Bezirks mit einer Teilzeit-Pfarrstelle erlaubte.

Anfangs besitzt Overduin auch noch Aufgaben im diakonischen Bereich der Stadt, die aber im November 1959 aufgehoben werden, so dass er sich von da an voll und ganz seiner Dorfgemeinde widmen kann. Gleichzeitig bleibt er aber eigenverantwortlicher Diakon und Pastor einer Kirche ohne Grenzen.

So geschah es in der Lonneker-Periode, dass er sich ganze zwölf Jahre lang mit der Wiederherstellung des Ansehens und des Rechts von Frau Lasonder-Bauer befassen konnte.

Eines Abends scheuchte er Bouma, den Hausmeister der Kirche auf, um bei einer Familie in der Stadt in einer Dachgeschosswohnung ein Ölfass aufzustellen.

Overduin gärtnert rund um das Haus auf 't Amelink. Im Hintergrund der Hausfreund Barend

Ein anderes Mal musste ein anderes Gemeindemitglied herhalten, um einen kleinen Jungen stehenden Fußes irgendwo in der Stadt unterzubringen. So hatte er immer irgendwas. Er hatte dabei eine Art und Weise aufzutreten, die von vornherein jeden Widerspruch verstummen ließ. Er brachte es fertig, abends spät bei jemandem mit einem Stapel von Prospekten hereinzuplatzen, die in Umschläge gestopft oder mit einem Stapel von Weihnachtspaketen, die noch gerade eben besorgt werden mussten. Ausflüchten kam er zuvor, indem er sagte: „Maria liegt im Wochenbett, und Josef muss Überstunden machen, deshalb mussten Sie mir gerade mal helfen."

Bei einem Mitglied des Kirchengemeinderates beschaffte er einen Vorrat an Textilien mit der Bitte, diese an Familien verteilen zu dürfen, die sie dringend brauchten.

Wenn Zwaan einmal nicht zu Hause war, ging er unmittelbar vor der Essenszeit auf Besuch und setzte sich dann auf die erste Einladung hin mit an den Tisch.

Ständig war er auf seinem Fahrrad unterwegs, das man bereits von ferne kommen hörte, so wackelig, wie es war. Meistens ohne Überzieher, im Sommer wie im Winter.

Aber seine Tür stand jetzt anders als an der Lasondersingel nicht mehr immer allen offen. Zwaan hatte das schon eine ganze Zeit lang gewusst: So kann das nicht weitergehen, wenn auch nur wegen seiner gefährdeten Gesundheit nicht. Sie schirmte ihn gegen seine alten Bekannten mit den Problemen ab, und ließ nur wenige neue zu. Overduins Zögling Rudy kam ihn nach einem Auslandsaufenthalt einmal besuchen. Auf der Terrasse der Wohnung hatte er ein nettes Gespräch mit Overduin, aber sie wurden nicht hereingebeten. Es war sehr schönes Wetter und dennoch …

Gerard, der vier Jahre lang an der Lasondersingel bei Overduin gewohnt hatte, machte ebenfalls eine derartige Erfahrung:

„Auf 't Amelink bin ich noch ein paar Mal gewesen. Die Beziehung verwässerte auf Grund seiner Hochzeit. Seine Frau schloss ihn ab, sie kappte an der Tür …"

Es gab allerdings Ausnahmen. Barend durfte weiterhin kommen, und er kam nach wie vor zu den Festtagen, half beim Rasenmähen und beim Abwasch.

Overduin selbst konnte es dennoch nicht lassen. Das saß einfach zu tief in ihm drin: Du musst deinen Mitmenschen betrachten wie Gott dich betrachtet …

Eine bekannte streunende Person betritt die Terrasse von Overduins Wohnung, kommt auf ihn zu und bittet um Geld.

Overduin geht mit ihm ein Stückchen spazieren und kehrt dann zu seiner Gesellschaft zurück. Die ruft sofort: „Du hast dem Mann doch wohl kein Geld gegeben? Du kannst dir doch ausmalen, was der Mann umgehend damit macht?" Overduin antwortet: „Ach, was soll der Mann denn ohne Geld machen?"

Overduin als Pastor in Lonneker

Und ständig sammelte Overduin Geld für die Gemeinde: Als er jemanden wegen eines Beitrags für die neue Orgel anrief, fragte der Betreffende, wieviel Geld er überweisen solle. Overduin antwortete: Fünfhundert Gulden. Aber er hätte problemlos mehr bekommen können. „Nein", sagte Overduin, „fünfhundert Gulden", mehr nicht. Dies war im Übrigen wohl ein Ausnahmefall. Jahr für Jahr mussten Gulden und Münzen zusammengekratzt werden, und Overduin wurde nicht müde, sich das Geld rechts und links zu holen. Es konnte passieren, dass er am Ende eines Festabends an der Tür stand, um Hände zu schütteln, mit seinem Filzhut als Kollektenschale zu seinen Füßen.

Mit seiner Frau zusammen besuchte er alle Geburtstage. Und er ging erst wieder, wenn er eine Spende erhalten hatte. Das eine Mal war sie für die Orgel, ein anderes Mal für die Heizung der Kapelle. Dann

für ein Taufbecken, dann für ein Tuch für die Abendmalstafel. Das große Projekt war die Ausweitung und Erneuerung des Vereinsgebäudes hinter der Kapelle, „De Heerdstee". Das Projekt startete 1968, die festliche Eröffnung fand 1973 statt. Durch die großartig angelegten Basare der Frauenvereinigung „Dorcas" und die persönlichen Geldbeschaffungsmaßnahmen Overduins kam das erforderliche Kapital zusammen, ohne dass der Enscheder Kirchenvorstand Zuschüsse gewähren musste.

An diesen Verhältnissen änderte sich auch nichts, als sich die Evangelische Vereinigung von Lonneker 1966 selbst aufhob und die Gebäude an den Kirchenvorstand von Enschede übertrug. Für all die Dinge, die man in Lonneker für wichtig erachtete, hatte der Kirchenvorstand kein Geld übrig.

Bericht des Schriftführers vom Juni 1971: „... Man braucht sehr viel Geld, um auf eigenen Beinen stehen zu können, und wenn wir jetzt allesamt bei dieser Aktion mitwirken, dann können wir weiterhin sagen: Lonneker schafft das! Und wenn ein anderer sich fragt: Womit schafft Lonneker das? Mit Zusammenarbeit und ein wenig Mühe kommen wir hin."

Zwischen all den Berichten über Geldbeschaffungsmaßnahmen fällt ein kleiner Bericht im Kirchenblatt auf:

„Durch die Gabe von Frau Lasonder an die Kapelle, f 2.000, bestimmt für die Heizung, können die Pläne nun ernsthaft in Angriff genommen werden."

In einem Dorf baut man sich nicht nur seine eigene Kirche, man singt da auch Lieder, die man selbst gemacht hat. 1960 stürzt Overduin von seinem Fahrrad, und danach ist im Kirchenblatt zu lesen:

Unser Pfarrer setzte sich neben sein Rad
Statt drauf, das ist doch was.
Jetzt liegt er gemütlich auf seinem Bett.
Sein Bein muss wieder zurecht gerückt werden.
Sein großer Wunsch ist, dass wir Frommen

Mit den Aktionen zu einem guten Ende kommen.
Er richtet Grüße an jedermann
Und wir sagen: Das Beste für Ihr Bein.

(November 1960)

Zum Gedenken: Kaffeepott

Die Rehabilitation beanspruchte viel Zeit. Overduin hat jetzt Gelegenheit, die Bücher von Kaj Munk und Robinson zu studieren. Als ein halbes Jahr später die neue Orgel in Gebrauch genommen wird, erklimmt Overduin mit Hilfe von zwei Krücken die Kanzel: „Macht euch jetzt weiter mal keine Sorgen", so Overduin, „mir passieren solche Sachen alle zwanzig Jahre einmal." Nun ist bekannt, dass er in seinem vierzigsten Jahr beinahe ein Jahr lang im Bett bleiben musste, aber was ihm noch einmal zwanzig Jahre zuvor passiert ist, das ist unbekannt.

Als Overduin 70 Jahre alt geworden ist, findet während eines Versammlungsabends eine kleine Huldigung statt. Die Anwesenden bekommen alle einen kopierten Zettel in die Hand gedrückt mit dem Text eines Liedes nach der Melodie von „Zie de maan schijnt door de bomen" (Sieh, der Mond scheint durch die Bäume):

Heute nimmt jemand Abschied
Von seinem sechsten Lebensjahrzehnt.
Morgen kommt er bei der Lebenszeit
Der Siebzigjährigen an.
Darum singt mit uns im Chor:
Lange lebe der Herr Pastor!

Täglich dreht er auf seinem Fahrrad
Eifrig seine Runde um die Gemeinde.
Früher fuhr er in einem Auto
Mit seiner Frau und einem Hund.
Für so einen Radler singt alle mit im Chor:
Lange lebe der Herr Pastor!

In den Kriegsjahren kämpfte er
Gegen das Unrecht wie ein Held.
Er trotzte den Gefahren,
Widersetzte sich mutig der Gewalt.
Deshalb singt dankbar alle mit im Chor:
Lange lebe der Herr Pastor!

Nach der Ankunft der Befreier
Erwartete ihn die schwere Aufgabe,
Neue Kämpfe führen zu müssen.
Und auch deshalb singt mit uns im Chor:
Lange lebe der Herr Pastor!

Inzwischen war das Alter
Für eine Heirat allmählich erreicht.
Zwaantje hat mit sehr viel Liebe
Das Leben ihres Leen bereichert.
Darum singt ausgelassen mit uns im Chor:
Lange lebe der Herr Pastor!

Für die Lonneker Gemeinde
Hat er nichts als Gutes getan.
Schon früh am Morgen sieht man ihn oft
Mit dem Fahrrad unterwegs, um Kranke zu besuchen.
Und auch wegen dieses treuen Dienstes singt mit im Chor:
Lange lebe der Herr Pastor!

Viele kennen ihn als Helfer,
Er steht uns jederzeit bei.
Sonntags tröstet er von der Kanzel herab
Mit seinen Worten, weise und wahrhaftig.
Tragen wir es deshalb nochmals vor:
Lang lebe der Herr Pastor!

Das Geheimnis, jung zu bleiben,
Haben nur wenige ergründet.
Kennt ihr jemanden, dem das besser gelang?
Ohne zu zögern singt nun mit im Chor
Lange lebe der Herr Pastor!

(Dezember 1970)

„Sonntags tröstet er von der Kanzel herab mit seinen Worten, weise und wahrhaftig."

Über eine Anzahl von Jahren betrachtet, lag der durchschnittliche Kirchenbesuch zwischen 40 und 60 Personen. Oder besser gesagt, zwischen 60 und 40 Personen, denn die Zahl der Kirchenbesucher ging langsam zurück. Anfangs kamen noch gelegentlich „Fremde", hauptsächlich wegen Overduin. Aber das ließ nach.

Eine alte Dame aus der Stadt gehörte ebenfalls dazu. Sie sagt: „Einmal im Monat besuchte ich die Kapelle in Lonneker. Ich konnte der Predigt von Overduin nicht folgen, aber ich bewunderte ihn so."

1964 wurde in der Verwaltungsversammlung der Evangelischen Vereinigung protokolliert: „Es wäre nützlich, mit Pastor Overduin einmal über seine Predigten zu reden. Die sollten, so die Meinung, stärker auf das Leben ausgerichtet sein." Der schwindende Kirchenbesuch wurde aber nicht durch mangelnde Sorgfalt verursacht. Overduin verwandte viel Zeit auf die Vorbereitung seiner Predigten und auf die Gestaltung der Gottesdienste. Oft kümmerte er sich sogar selbst um die Blumen. Und in seinem Auftreten bei Tauf- und Hochzeitsfeiern gab er sich sehr persönlich. Aber wie geistreich er im Umgang auch sein mochte, auf der Kanzel war er kein „Conferencier", und das wollte er auch nicht sein.

An der Begleitung lag es ebenfalls nicht. Man hatte eine richtige Orgel erworben, und es wurde geschickt darauf gespielt; zunächst von dem Lehrer Hellendoorn und später von dem bekannten Musiker Harry Meyer. Hin und wieder sprang für ihn Jan Leppink ein, der in Lonneker mit zwölf Jahren damit begann,

aber auch Overduins Neffe Gerrit Overduin aus Enschede.

Der nachlassende Besuch der Gottesdienste hatte hauptsächlich etwas mit der Säkularisierung der 60er Jahre zu tun. Wenn jemand nicht mehr zur Kirche geht, dann sucht er nach einer Erklärung, mit der er bei einem Geburtstagsbesuch mit Zustimmung rechnen kann. Dementsprechend sagt er nicht: Ich bin „säkularisiert", sondern „Der Pastor hat mich aus der Kirche herausgepredigt" oder „Der Pastor ist links".

Es ist nicht richtig, Overduin als „links" zu bezeichnen, zumindest nicht im eigentlichen Sinne des Wortes: Einer linken Partei zugehörig oder marxistisch oder mit Hausbesetzern und Stadtguerillas sympathisierend. Overduin ist während seiner Lonneker-Periode politisch ein wenig progressiv. Zum ersten Mal hat er Zeit, sich einmal ernsthaft mit Theologie zu beschäftigen und lernt dabei die Modernen kennen: Bonhoeffer und Tillich, Wiersinga und Schillebeeckx. Er schreibt alles in ein Notizbuch, aber in seinen Predigten ist davon wenig zu merken. Gleichwohl ist sein Standpunkt dank des Umgangs mit diesen Theologen wie auch mit seinen Kollegen theologisch und politisch progressiv, gemäßigt progressiv. Hinweise auf konkrete politsche Situationen kommen in seinen Predigten selten vor. Einmal plädiert er für einen Boykott von Angola-Kaffee, und auch die „Apartheid" kommt einmal am Rande zur Sprache:

„... Wir gehen vom Gegebenen als dem Normativen aus, anstatt uns vom Evangelium normieren zu lassen. Wir erteilen der betreffenden Situation eine christliche Bestrafung. Das sehen wir bei den Christen Südafrikas geschehen. Nicht das Evangelium, sondern die gegebene Situation betrachtet man als das Normative, in dem man sich einnistet. Unsere Nester sind so trügerisch, so schein-heilig ..."
(Predigt Overduins, Mai 1960)

Lonneker, Oct. 1960.

Aan de Heer en Mevrouw

1911 1961

Wij nemen de vrijheid u te verzoeken
De volgende data alvast te boeken.
Voor onze Bazar, wil het zorgvuldig noteren,
Uw aanwezigheid zullen wij hogelijk waarderen.
13-14-15 October u weet het wel,
Voor 't nieuwe orgel in de Kapel.
's Middags en 's avonds zijn wij open.
Om U te ontvangen naar wij hopen.
De Bazar wordt gehouden rond de Kapel,
Dorpstraat 46 u vindt het wel.
namens de Bazarcommissie,
Ds. L. Overduin.

Enschede, Februari 1965

Met grote voldoening kunnen wij U mededelen dat
onze Bazar voor het nieuwe clubhuis in Lonneker,
gehouden op 29, 30 en 31 oktober 1964 het bedrag van
bijna ƒ 5000.- netto heeft opgebracht.
Voor dit goede resultaat, ook door uw medewerking en
hulp bereikt, zijn wij U zeer dankbaar.
Met vriendelijke groeten en verschuldigde achting

namens de Bazarcommissie
Z. R. Overduin-ter Heege

Die Bazar-Aktivitäten

Ganz allgemein, wenn er über den Bibeltext „Das Wort Gottes ist nicht gebunden" spricht:

„. . . die Kirche kann nicht pro oder contra sein, nicht auf der linken oder auf der rechten Seite stehen. Sie kann sich in ihrer Verkündigung nicht gegen die eine Gesellschaftsform stellen und für die andere entscheiden. Sie spricht vielmehr für alle und schließt alle ein. Das bedeutet keine Neutralität. Jede Predigt ist eine politische Predigt. Keine politische Rede und keine politisierende Stellungnahme. Die Kirche hat die politheia tou Theou – die Herrschaft Gottes – zu verkünden, unabhängig und ungebunden. Das ist der Wille Gottes über uns, dass alle Menschen zur Erkenntnis der Wahrheit gelangen sollen, denn die rettende Gnade Gottes ist allen Menschen in Christus erschienen. Wir selbst sind gebundene Menschen, durch Tradition und Umgebung gebunden, das Wort Gottes jedoch ist nicht gebunden."
(Predigt Overduins, Juli 1955)

Emotional und betroffen klingen noch heute seine Worte, wenn er über das Fluchen, die Heiligung des Sonntags und über die Kirche spricht.

„Gottes Name ist durch das Christentum in Misskredit gebracht worden. Ohne mit der Wimper zu zucken, werden Schaufensterplakate aufgehängt, um andere an das dritte Gebot zu erinnern: Dass sie nicht fluchen sollen. Ich weiß nicht, wie es Ihnen ergeht, bei mir steigt dann etwas auf, das gerade fluchen möchte. Das Plakat ist ein Fluch, verblendetes Pharisäertum. So haben die Feinde Jobs ihn zum Fluchen gebracht. Müssten wir nicht dort, wohin Christen kommen, Plakate aufhängen mit dem Aufruf, Gottes Namen nicht unnütz zu gebrauchen und in Misskredit zu bringen, indem unser Leben mit dem Gebrauch des Namens flucht. Wir dürfen nicht den Namen an unser Los binden, sondern unser Los an den Namen Gottes."
(Predigt Overduins, September 1960)

„Es strömt ein Rhythmus durch alles Bestehende, den wir nicht ungestraft stören können. Ein Wechselspiel, durch das das Leben sich fortwährend auffrischt und erneuert. Wenn dieser Rhythmus nicht beachtet wird, nimmt das Leben einen maschinellen Lauf. Die Beseelung, der Geist verschwindet. Das Gebot ermahnt uns, nach der Arbeit zu ruhen, in unserer Arbeit zu ruhen, mit Gott zu ruhen, dann ist es ein gesegneter Tag. Die Sinn-Entleerung des Sonntags bezeichnet die Sinn-Entleerung unserer Lebenstage."
(Predigt Overduins, September 1960)

„Ich glaube, dass in allem, was in der Welt und in unserer Kirche passiert, Gottes mächtiger Pflug dabei ist, die Furchen und den harten Grund unserer konfessionellen Erstarrung, der Formeln, der Selbstgerechtigkeit aufzubrechen. Dass eine neue Kirche Christi geboren wird, während die alten Kirchen untergehen werden."
(Predigt Overduins, Februar 1965)

In seiner pastoralen Arbeit blieb er immer ein wenig distanziert. Er besaß keine Affinität zu dem, was einem typischen Twenteraner eigen ist. In seinem Haus wurde in den Jahren 1960–1965 von Zwaan und ihren Eltern, die in dieser Zeit bei ihnen wohnten, viel im Twente-Dialekt gesprochen. Aber da blieb er dann außen vor. „Ter Heege, ein angenehmer Plauderer, suchte manchmal Ablenkung bei einem Mitglied der Familie und erklärte dann: ‚Mein Schwiegersohn ist der beste Kerl, aber man kann sich nicht mit ihm unterhalten.'"
(Das Ehepaar ter Heege zog 1965 in das Hervormd Seniorenheim.)

Auch die Katechese gehörte nicht zu den Lieblingsbeschäftigungen Overduins. Er verstand es nicht, die Kinder zu begeistern. Eher schon die etwas älteren Konfirmanden. Die erlebten manchmal die seltsamsten Dinge mit ihm. Eines Abends unterwies er sie beispielsweise darin, wie man Cognac einschenken, servieren und trinken muss. Die komplette Zeremonie. Die Katechese der Jüngeren wurde ihm denn auch teilweise von Zwaan abgenommen.

Overduin mit seiner Großnichte Ellen Koopmans

Zwaan hat ihm überhaupt vieles abgenommen. Sie war praktischer veranlagt, stärker geerdet. Sie brachte es fertig, ganz ruhig zu ihrem Mann zu sagen: „Jetzt musst du dich mal wieder normal verhalten."
Die Fähigkeiten, die sie in ihren jungen Jahren durch ihre VCJB-Tätigkeit erworben hatte, konnte sie jetzt gut gebrauchen. Sie leitete die Frauenvereinigung, wirkte mit ihrem Mann zusammen unaufhörlich bei der Vereinsarbeit mit. Sie hielt Vorträge unter ande-

Marleen mit Tante Maartje

rem über die Geschichte der Woodbroker und über die Atombewaffnung. Es ist ein von ihr geschriebe-

Overduin mit seiner Frau Maartje

nach Deutschland, nach Süd-Frankreich, in Gesellschaft ihres jungen Freundes, des Studenten Jan Leppink. Für Leppink war das Haus Overduins seine zweite Heimat. Leen hegte die Idee, dass der Student nach seiner Pensionierung sein Nachfolger in Lonneker werden könnte. Er fuhr sogar nach Amsterdam, um ihm diesen Vorschlag zu unterbreiten. Dass Leppink davon nichts hielt, missfiel ihm außerordentlich.

Overduin bedient das zu Besuch gekommene Ehepaar Oosten, 1969, 't Amelink

nes Referat über die Bedrohung durch die Kernbewaffung erhalten geblieben. Es ist ein guter Vortrag mit einem deutlich gesellschaftskritischen Einschlag. In Enschede hatte sie sich in den Kriegsjahren bereits einen gewissen Ruf durch die Regie bei einem Krippenspiel erworben. Die dabei erlangten Fertigkeiten setzte sie mit großem Erfolg auch in Lonneker ein. Auch in den anderen Kirchen Enschedes zog ihr Krippenspiel viele Besucher an.

Dafür hatte sie mit der Führung des Haushalts wenig im Sinn. Und Leendert ebenso wenig. Allerdings war er ein anerkannter Küchenprinz auf dem Gebiet von Torten und Desserts. Kaffee zu kochen brauchte Zwaan ebenfalls nicht, denn das war eine besondere Angelegenheit Leens. Den Gästen wurde beigebracht, dass man nach jedem Schluck Kaffee einen Schluck Wasser nehmen müsse, denn „dann schmeckt der zweite Schluck genauso wie der erste. Das ist wahres Genießen!"

Sie unternahmen Ausflüge in die Umgebung, sie fuhren sogar in Urlaub. Leen war zuvor nur dann in Urlaub gefahren, wenn es aus gesundheitlichen Gründen unvermeidlich war. Sie fuhren mit dem Auto

Das Wohnen auf 't Amelink war für Overduin und seine Frau ein wahrer Segen. Overduin betrachtete es als ein Paradies, dieses im englischen Stil angelegte Landgut mit seinen wunderschönen Baumpartien und überraschenden Aussichten so nahe an der Stadt. Er konnte dort mit dem Hund spazieren gehen, und er konnte gärtnern. Sogar an Sonntagnachmittagen. Im Sommer bevorzugte er, draußen zu schlafen. Er war ein Naturliebhaber und ein Umweltaktivist, noch bevor das Wort Umweltaktivist erfunden war.

Aber es lag nicht in erster Linie an der bevorzugten Wohnsituation, was ihn dazu bewog, die Schwelle zur Pensionsberechtigung einfach so zu überschreiten und genauso wie bisher weiterzumachen. Einfach in

Ein Picknick im Grünen. Overduin mit seinen Schwestern Trina und Maartje

Rente zu gehen, konnte er sich nicht vorstellen. Aber vor allem sorgte er sich um die zukünftige Stellung von Lonneker innerhalb der Gesamtheit der Enscheder Gemeinde. Er befürchtete, nicht ohne Grund, dass man die kleine Kapellen-Gemeinde schlicht und einfach wieder dem Bezirk Enschede anschließen würde, ohne dass sie weiter einen eigenen Pfarrer hätte.

Der Kirchenvorstand der Gesamtgemeinde von Enschede konnte vom 1. Januar 1966 an wieder über die Pfarrstelle verfügen, und das tat er denn auch. Gemäß der Kirchenordnung konnte Overduin auch tatsächlich nicht einfach so weitermachen.
Dem Kirchengemeinderat von Lonneker teilte Overduin mit: „Wenn meine Gesundheit es zuläßt, werde ich meine Arbeit fortsetzen." Der Kirchenvorstand von Enschede ließ notieren: „Es wurde im Kirchen-

vorstand über die Zukunft von Pastor Overduin gesprochen. Das Vorstandskollegium ist der Meinung, dass in Lonneker keine Pfarrstelle geschaffen werden kann. Allerdings wurde beschlossen, Overduin nach seiner Pensionierung in Lonneker als Helfer im Pastorat weiterarbeiten zu lassen. Pastor Overduin wird das gerne tun wollen." Eine finanzielle Mehrbelastung war damit nicht verbunden. Man konnte sich mit einer geringen Zulage zu Overduins Pension begnügen.
Im September 1966 erkundigt sich der Schriftführer des zentralen Kirchenvorstandes, weshalb Overduin in letzter Zeit nicht mehr zu den offiziellen Versammlungen komme. Der Vorsitzende antwortet, dass Overduin als bloßer Helfer im Pastorat offiziell keinen Zutritt zu den Versammlungen des zentralen Kirchenvorstandes habe, dass er aber als Gast jederzeit willkommen sei. Overduin wird nicht darum getrauert haben.

Nach seiner Pensionierung bleibt Overduin in Lonneker noch sechs Jahre lang in der altvertrauten Art und Weise tätig. Die Huldigung, die ihm zu seinem siebzigsten Geburtstag zuteil wird, spricht Bände. Aber danach geht es mit Gesundheit und Lebenserwartung bergab. Trotzdem vermag er den Schritt aufzuhören, nicht zu tun und sucht sogar noch nach Lösungen für die zukünftige Leitung der Gemeinde von Lonneker. Soll sie sich vielleicht mit Hervormd Oldenzaal zusammenschließen, wo man eine halbe Pfarrstelle zusätzlich sicher gut gebrauchen könnte. Overduin fordert die Gemeinde zu regelmäßigerem Kirchgang auf, um als „Bezirksgemeinde" auch mehr Gewicht in die Waagschale werfen zu können. Aber eine Lösung liegt nicht auf der Hand, und Overduin schiebt seinen Abschied immer weiter hinaus – so lange bis er nicht mehr kann. 1972 muss er einen Hochzeitsgottesdienst, den er leiten soll, absagen. Er wird ins Krankenhaus gebracht. Einige Zeit später meldet das Kirchenblatt: „Pastor Overduin ist wieder zu Hause.

Er nimmt wieder etwas an Gewicht zu. Bald wird noch eine Rückenuntersuchung folgen. Deshalb kann er seine Arbeit jetzt noch nicht wieder aufnehmen." Gegenüber Freunden äußert er: „Ich hab ein Jäckchen ausziehen müssen."

halb er seine Aufgabe in Lonneker 1977 schließlich aufgab. Sein Nachfolger wurde Pastor H. F. Venema, der seine Arbeit in Lonneker mit der Tätigkeit eines Religionslehrers in Enschede kombinierte.

Maartje Overduin in ihrer Wohnung

Alt an Jahren, aber das Auge noch nicht verdunkelt. Maartje bittet ihre Freundinnen aus Anlass ihres 70. Geburtstages zu einem geselligen Beisammensein auf dem Kuiperberg in Ootmarsum. V. l. n. r.: Renske Meisner, Maartje Overduin, Jo Scholten, Bertha Holl, Koos Liberg, Elly Holl und Jannny ten Brink (Annet Meisner war die Photographin)

Schließlich verschwindet er ohne Feierlichkeiten aus dem Blickfeld der Kirche. „Old Pimpernels never die, they just fade away … "

Der Kirchenvorstand von Enschede findet am Ende doch noch eine Lösung für Lonneker. Seit 1966 ist Vikar Leendert Boon in Enschede für liberalen Religionsunterricht angestellt. (Vikar = theologisch ausgebildeter, aber noch nicht ordinierter Mitarbeiter der Kirche; später wurde L. Boon Pastor). Er soll weniger Unterrichtsstunden übernehmen und in Lonneker als Pfarrer fungieren. Als solcher wird er 1973 in Lonneker eingestellt und zieht mit seiner Familie auch dorthin. Seine Unterrichtsstunden gibt er vollständig auf, als er Seelsorger des Pflegeheims „Kleyne Vaert" wird, das am Rande von Lonneker und des Hervormde Seniorenheims liegt. Das eine mit dem anderen zu verbinden, wurde ihm dann aber doch zu viel, wes-

Nur ein einziges Mal tritt Overduin noch als Pastor in Erscheinung. Vikar Boon leitet einen Taufgottesdienst, Overduin spendet das Sakrament. Als der restaurierte „Heerdstee" eröffnet wird, sind die Feierlichkeiten zu viel für ihn. Deshalb wird er erst hinterher von zu Hause abgeholt, um den Moment wenigstens in kleinem Kreis mitzuerleben.

Der Sturm ist still geworden
Der Regen beginnt sein letztes Zittern
Alles, was in meinem Herzen murmelte
Bleibt in dieser Nach-Nacht still.

Und ich denke mit Wehmut
Während die Dämmerung beginnt
Wie lange dieses schwache Herz noch mit muss
Hinaus in Wetter und Wind.

(Jac. Isr. De Haan)

Besorgniserregend wird der Zustand seiner Schwester Maartje. 1974 verschlechtert sich ihre Gesundheit zusehends. Sie hat nichts mehr zuzusetzen. Overduin ist ihretwegen äußerst besorgt. Auf Bitten des Arztes soll er Maartje dazu bringen, in das Hervormde Pflegeheim umzuziehen. Davon hält sie jedoch nichts. Sie sagt zu ihrem Bruder: „Lass mich doch hier sterben. Hier auf der 13ten Etage bin ich dem Himmel näher." Der Umzug findet dennoch statt. Gegen ihren Willen. In ihrer neuen Unterkunft läuft sie dann nur noch hin und her und weigert sich zu essen. Am 18. Oktober 1974 stirbt sie.

Für Leen und Zwaan bricht eine schwierige Zeit an, als sie umziehen müssen. Die Landgüter 't Bouwhuis und 't Amelink werden an die Stiftung Philadelphia verkauft, eine Betreuungsorganisation für geistig behinderte Kinder. Die Stiftung nimmt die bestehenden Gebäude in Gebrauch und lässt zusätzlich diverse Pavillons bauen. Das Ehepaar Overduin muss die

Die (Hochhaus-)Wohnung an der Waalstraat

Chauffeurswohnung räumen. Sie kommen in einem Hochhaus am Stadtrand, an der Seite nach Lonneker hin, unter: Waalstraat 161.

Ironisch merkt Overduin an, dass sie jetzt zu ihrem Vergnügen von ihrem elften Stockwerk aus ganz Lonneker überblicken könnten. Tatsächlich sieht die Realität für sie beide jedoch sehr traurig aus. Sie kommen nicht gut damit zurecht, jetzt in einem solchen Hochhaus leben zu müssen, zumal sie beide nicht mehr fit sind. Zwaan bekommt eines Tages während einer Autofahrt einen leichten Schlaganfall, und bei Leen wird Knochenkrebs festgestellt. Anderthalb Jahre wohnen sie in dem Hochhaus. Dann kommen sie für eine der rustikalen Altenwohnungen in Betracht, die im Herzen von Dorp Lonneker errichtet werden. Als sie sie am 8. Juni 1976 beziehen können, ist Leen bereits ernsthaft krank. Wann immer das Wetter es zu-

Die Seniorenwohnung in Lonneker, Dorpstraat 201

lässt, liegt er draußen auf einer Liege, und solange er liegt, geht es auch noch. Aber wenn er bewegt werden muss, vergeht er vor Schmerz. Sein Geist bleibt wach. Liebevoll wird er von Zwaan, von ihrer Freundin Ada und von getreuen Engeln der Frauenvereinigung „Dorcas" umsorgt. Besuch wird nur spärlich zugelassen, aber wenn ein Besucher den Cordon tatsächlich passiert hat (Leen sagt dann entschuldigend „Ach die lieben Damen ... "), treffen sie einen völlig klaren Patienten an, der sein Leiden akzeptiert. Einer der Besucher ist sein Freund Pastor Oosten, der bezeugt: „Der Tod war ihm nicht fremd, da er ihn im Krieg so häufig in seiner Nähe wusste. Er hat ihn nicht herbeigewünscht, dafür war ihm das Leben zu lieb. Aber er hat ihn akzeptiert mit dem Mut, den ein

tapferer Mann zeigt, wenn es nötig ist, und mit seinem starken klaren Verstand, der ihn bis zum Ende nicht verlassen hat."
„Man kann sich immer an irgendetwas festhalten", so Overduin selbst.

Ich habe nun den Grund gefunden,
der meinen Anker ewig hält;
wo anders als in Jesu Wunden?
Da lag er vor der Zeit der Welt,
der Grund, der unbeweglich steht,
wenn Erd und Himmel untergeht.
Darein will ich mich gläubig senken,
dem will ich mich getrost vertraun
und, wenn mich meine Sünden kränken,
nur bald nach Gottes Herzen schaun;
da findet sich zu aller Zeit
unendliche Barmherzigkeit.

(Herrnhuter Lied)

Am 16. Juli, er kann schon kaum noch sprechen, fragt er: „Wo bleibt mein Bruder?" Der Bruder, der alte Pastor Koos Overduin, ist schon unterwegs. Er kommt noch rechtzeitig, um ihn zu trösten. Am folgenden Morgen ist Leendert Overduin verstorben, 75 Jahre alt. Der Sarg, in dem der Tote aufgebart wird, gekleidet in seinen Talar, wird sofort geschlossen. Selbst die nächsten Familienmitglieder haben ihn nicht mehr gesehen.

Zwaan Overduin ist dem allen nicht gewachsen. Sie kränkelt und hat neurologische Probleme. Sie gibt ihr Geld für allerlei homöopathische Kuren aus. Sie fühlt sich einsam. Von ihrer Familie hat sie sich in den letzten Jahren ziemlich entfremdet. Als der neue Pastor Venema sie besucht, sagt sie: „Du darfst mich vor allem nicht für jämmerlich halten, hörst du." Sie wird in einem Altersheim in Vorden und anschließend im Pflegeheim „Kleyne Vaert" in Enschede aufgenommen. Sie stirbt zwei Jahre nach ihrem Ehemann mit 65 Jahren. Pastor Wierenga, der sie gut kannte, sagt: „Sie ist an Kummer gestorben."

Das Begräbnis von Leendert Overduin ist für diejenigen, die dabei waren, zu einem unvergesslichen Ereignis geworden. Pastor Oosten hielt die Trauerpredigt:

„Overduin hat den Menschen, wer er auch sein mochte, was er auch getan haben mochte, stets auf seine Menschlichkeit hin betrachtet. Er glaubte an seine Menschlichkeit, brachte ihm den Respekt entgegen, den er dem anderen schuldete, und hat so einer Anzahl Menschen, die ihre Menschlichkeit selbst verschachert hatten, den Glauben in ihre eigene Menschlichkeit zurückgegeben."

„Es gibt besondere Menschen, deren Namen in die Zeitung kommen oder sogar in eine Enzyklopädie, um für die nächste Generation aufbewahrt zu werden. Es gibt wenige besondere Menschen, die so unbekannt geblieben sind und unbekannt bleiben wollten, und doch für so viele andere so viel bedeutet haben wie Pastor Overduin."

Mitglieder der Gemeinde Lonneker und Juden (sogar aus Israel angereiste), ehemalige NSBer und ehemalige Widerstandskämpfer, Honoratioren und gesellschaftliche Randfiguren, alle zu einer Trauerfeier zusammengekommen, das war ein einzigartiges Ereignis. Erzählt wird, dass, als die ersten des Zuges den Oosterbegraafplaats erreichten, die letzten noch aus Lonneker aufbrechen mussten, ein Zug von ungefähr zwei Kilometern Länge.

Wim Everink veröffentlichte ein Gelegenheitsgedicht.

Seines Endes gewiss
Ging er dankbar
Für sein Leben
Seinem Tod entgegen
Ein lebender Mann
Stirbt viele Tode
Kennt viele Kämpfe.

Genießer des Augenblicks
Geschriebener
Und gesprochener Worte

Lachte er
Mit einem angeschlagenen Körper
Und sah das Unrecht
Um sich herum
Und weiter hin.

Dreimal
Eingesperrt, wusste er
Von siebzig mal
Sieben
Denn er führte kein Buch
Über das Böse

Aber aus Glauben an das Recht
Und die Unbeugsamkeit des Vertrauens
Zog er, sorglos
Unbekümmert
Die von Menschen geschützte
Scheidelinie
Mit einnehmendem Lächeln
So anders
So anderswo.

Seiner Worte waren wenige
Und unter seinem Sprechen
Und wolkenlosen Gebaren
Saß er manchmal einfach
Totenstill.
Im Namen wievieler hat er
Zu wievielen
namenlos geprochen.

Jetzt rettet ihn die Stille
Sich entfaltend
Sich offenbarend
Vor dem Mann
Der er niemals war.

Kapitel XIII: Gedenken

Rede von Pastor Overduin, den 4. Mai 1970, am Grab von Dr. Thiadens.
(Bericht in der Tageszeitung „Tubantia")

Pastor Overduin spricht Worte des Gedenkens am Grab von Dr. Thiaden, Mai 1970

„Wir sind hier am Grab unseres Dr. Thiadens zusammengekommen, um der vielen zu gedenken, die während der unvergesslich trüben Jahre der Unterdrückung gefallen sind, die genauso wie wir Ausschau hielten nach der Befreiung, aber ihr Leben ließen, bisweilen nur wenige Tage und Stunden vor der Befreiung.

Wir wollen auch derer gedenken, die nun 25 Jahre lang den Tag der Befreiung nicht ohne einen dunklen Schlagschatten in Erinnerung behalten können, weil die Ihren im Kampf geblieben sind.

Mit unserem Gedenken möchten wir unserer Verbundenheit Ausdruck verleihen mit ihnen und mit der Sache, für die sie kämpften und litten. Würdiges Gedenken muss die Frage beinhalten nach unserer Dankbarkeit und unserer Verantwortlichkeit. Dankbarkeit dafür, dass wir erlöst sind von solch einem Terror, befreit von der unerträglichen Gewalt und der quälenden Dämonie, und dass diese böse Gewalt nicht dauerhaft gesiegt hat, so dass sie, die vielen, nicht für nichts und ohne Erfolg Widerstand geleistet, gekämpft und gelitten haben.

Aber niemals wird unsere Dankbarkeit ohne Betrübnis und Scham sein können darüber, dass dies alles überhaupt möglich gewesen ist, dass eine solche Dämonie sich entfesseln konnte und einen allzu gut bereiteten Boden vorfand, auf dem sie sich üppig entfalten konnte.

Wenn da ein Ruf von unseren Gefallenen und von den Millionen von Opfern ausgeht, dann ist es unsere teure Pflicht zu verhindern, dass jemals wieder auf irgendeine Art und Weise ein Boden bereitet wird, auf dem solch dämonische Gräuel möglich wären. Unsere Befreiung und unsere Freiheit sind eine Chance, eine Verantwortung, die wir nicht ungestraft liegen lassen dürfen. Stets aufs Neue müssen wir uns unserer Freiheit würdig erweisen, oder wir machen sie zunichte. Es ist leichter, nach einer Niederlage aufzustehen als auf der Höhe des Sieges zu stehen und diesen zu verwirklichen. Es ist leichter zu befreien und befreit zu werden, als die Freiheit zu verwirklichen und zu bewahren."

In Memoriam Pastor L. Overduin (Nekrolog von Pastor K. H. Kroon), veröffentlicht in „Hervormd Nederland", Juli 1976:

„Am Samstagabend, den 17. Juli, entschlief, fast 76 Jahre alt geworden, in Lonneker Pastor Leendert Overduin, umgeben von den Menschen, für die er unvergesslich bleiben wird. In der ländlichen Umgebung, die seiner Frau und ihm liebenswert geworden war. Schon lange wussten sie beide von der Unheilbarkeit seiner Krankheit. Aber entschlossen kämpften sie gemeinsam Tag für Tag um die Verlängerung dessen, was in der Schrift ‚die Gnade des Lebens' heißt, und sie haben dadurch nicht nur Tage, sondern sogar Jahre dazubekommen. Und so freudig, wie er zunächst noch weiterarbeitete, so freudig und dankbar für das Leben ging er, als das nicht mehr möglich war, seinem Sterben entgegen.

Leen, so kannten wir ihn schon im Hersteld Verband, war in mehr als einer Hinsicht ein außergewöhnlicher Mensch, in seiner an Kohlbrügge und Barth orientierten, aber vollkommen eigenen Predigtweise und in seinem ganzen weiteren diakonalen Pastorat. Bei allen, die ihn mit seinem stillen, ansteckenden Lächeln gekannt und erfahren haben, werden die Erinnerungen sich drängen.

Mir selbst kommt ein typischer Vorfall aus den Wochen in Erinnerung, in denen wir, im Jahr 1951, zusammen in Israel waren.

Während wir bei Freunden in Jerusalem logierten, war Leen eines Tages mit einem Mal verschwunden. Er wurde stundenlang gesucht. Daher Schrecken und Sorge bei uns, als er im Niemandsland gesichtet worden war, das damals noch den jüdischen und den arabischen Teil Israels voneinander trennte und von beiden Seiten unter Beschuss stand. Als er schließlich und endlich wieder auftauchte, hatte er ganz offenbar unbekümmert alle Stacheldrahtabsperrungen negiert und war sogar auf arabischem Gebiet herumspaziert.

Überrascht lachend hörte er sich unsere Ängste an. Dass er mit seinem Leben gespielt hatte, das konnten wir ihm nicht klarmachen.

Der Vorfall kann, im Nachhinein betrachtet, als symbolisch bezeichnet werden. Denn so ein furchtloser, unbekümmerter Grenzüberschreiter, ja Verneiner von durch Menschen bewachter Grenzen ist er immer gewesen und stets aufs Neue geworden. Und das nicht aus Oberflächlichkeit, noch weniger aus Bravour, sondern aus einem unerschütterlichen Gerechtigkeitsgefühl, besser gesagt Gerechtigkeitsglauben heraus.

Er war 1937 Pfarrer beim Hersteld Verband geworden und nach Enschede berufen. Seitdem hielten die Kriegsjahre ihn dort fest. Als die Judenverfolgung in Twente begann, wurde er zu dem Mann, der später der ‚Judenretter von Enschede' genannt werden sollte. Er rackerte sich ab für die Juden und andere Verfolgte, versteckte sie selbst oder suchte, mit der Zeit sogar über ein landesweites Netzwerk, allüberall

Zeitungsartikel mit Todesnachricht Overduins (19. Juli 1976)

Untertauchadressen. Dreimal verhaftet, saß er unter anderem neun Monate in Haft und wurde am Vorabend der Befreiung durch den SD zum Tode verurteilt. Trotz alledem, sozusagen mitten durch all den Stacheldraht hindurch, fuhr er weiterhin fort zu predigen und zwischendurch als Schmied oder als Bäcker oder als Laufbursche verkleidet illegal das Land zu durchstreifen.

Am Ende der Besatzungszeit wurde er 1946 Pfarrer der Hervormd Gemeente in Enschede und auf eine außerordentliche Pfarrstelle für Sozialarbeit berufen. Er hatte die Familienfürsorge zu organisieren, für die Resozialisierung von politischen Gefangenen und ihrer Familien zu sorgen, sich um Wohnmöglichkeiten zu kümmern, Arbeitssuchenden zu helfen sowie für Freizeitbeschäftigungen von Arbeiterfamilien zu sorgen. 1955 nahm er einen anderen Arbeitsauftrag an, zu dem die Versorgung der Hervormden in Lonneker gehörte. In den Jahren nach 1946 hat er sich mit einer ähnlichen Entschlossenheit und genau so furchtlos für internierte NSBer eingesetzt, die Unrecht litten, wie für verbitterte ehemalige Illegale. Auch die Grenzen, die gegenüber ehemaligen Verfolgern entstanden waren, überschritt er unbekümmert. Er selbst führte nicht Buch über das Böse. Dass die Menschen ihn das eine Mal für liberal und das andere Mal für echt orthodox hielten, passte denn auch vollkommen zu seinem Leben. Selbst diese Grenze kannte er eigentlich nicht. Deshalb ist sein Andenken sowohl für die einen als auch für die anderen ein Segen."

In memoriam Pastor L. Overduin (Nekrolog von Pastor D. Oosten), veröffentlicht in „Hervormd Enschede", Juli 1976:

„Am Samstag, dem 17. Juli, verstarb Pastor Overduin. Mit ihm verlor Enschede einen Mann von besonderem Format, dem die Kirche und viele außerhalb der Kirche großen Dank schulden.

Als er 1946 mit den Gereformeerde Kerken in Hersteld Verband (dem HV) zur Hervormde Kerk hinüberwechselte, hatte die Hervormde Gemeente von Enschede ihn streng genommen nicht nötig. Die Anzahl der Pfarrstellen war vor noch nicht allzu langer Zeit erweitert worden, und aufgrund der Modalitäten musste damit äußerst sorgfälig umgegangen werden.

Die Anzahl neuer Mitglieder aus dem HV war überdies äußerst gering. Die Übernahme von Pastor Overduin ist denn auch einen Augenblick lang strittig gewesen, aber wohl auch nur einen Augenblick lang. Man mochte vielleicht weniger begeistert sein von seinen Bemühungen um ehemalige NSBer, Reichsdeutsche und gesellschaftlich Gestrandete ..., die Bewunderung für seine Arbeit während des Krieges für die Juden, die Untergetauchten und die Flüchtlinge war uneingeschränkt groß. Man sah ein, dass man einen Mann von solch außergewöhnlichen Qualitäten nicht einfach übergehen konnte.

Vielleicht spielte dabei auch noch eine andere halbbewusste Überlegung eine Rolle: Overduin war nicht allein das ‚Eigentum' einer kirchlichen Gemeinde, sondern der ganzen Stadt und wahrscheinlich sogar von ganz Twente. Und neben der Kirchengemeinde besaß er auch noch eine eigene Gemeinde, eine bunte, farbenfrohe Gemeinde von sonderbarer Zusammenstellung außerhalb der offiziellen Kirche. Jahre später schrieb der deutsch-amerikanische Theologe Paul Tillich über den Unterschied zwischen der manifesten und der latenten Kirche: ‚Es gibt auch eine Kirche außerhalb der Kirche.' Noch einmal Jahre später sollte Dorothee Sölle den Gedanken aufgreifen und auslegen: Menschen, die nicht zu einer Kirchengemeinschaft, wohl aber zu einem latenten, versteckten Kreis gehören, auf die man sich nicht vergebens berufen kann, weil sie selbst erfahren haben, was es bedeutet, Hilfe zu benötigen und auch zu bekommen. Eine solche Gemeinde besaß Overduin bereits, lange bevor darüber geschrieben wurde.

Diese Gemeinde war beim Trauergottesdienst in der Lonneker Kapelle und beim Abschied auf dem Oosterbegraafplaats zugegen. Auch sie erwiesen da ihrem Pfarrer die letzte Ehre: Juden, ehemalige Illegale, ehemalige NSBer und andere mit einer ‚Vergangenheit'. Der Jude aus Israel gehörte dazu, der nach dem Trauergottesdienst zu mir kam und sagte: ‚Wenn er nicht da gewesen wäre, würde es mich nicht mehr geben.' Worte, die im Namen wievieler anderer gesprochen wurden?

Aber auch Geschäftsleute, Rechtsanwälte und Richter, Ministerialbeamte aus Den Haag, bei denen er ein bekannter Gast war, auch wenn er ihnen ziemlich lästig fallen konnte … Auch sie gehörten zu der merkwürdigen Gemeinde, für die Overduin der Pastor war. Und die Enscheder, die unbekannt bleiben wollten, nachdem sie eine unbezahlt gelassene Rechnung in einem Restaurant in den Haag für ihn beglichen hatten. Denn im Krieg hatte er gelernt, nichts aufzuschreiben und, soweit wie möglich, alles im Kopf zu behalten. Eine Gewohnheit, die er nach dem Krieg beibehielt, die aber dazu führte, dass er doch gelegentlich etwas vergaß.

Zu der latenten Gemeinde müssen auch diejenigen gerechnet werden, die ihn in den ersten ärmlichen Jahren nach dem Krieg mit Gütern versorgten, Stapeln von Dosen und Kisten mit Textilien, mit denen er die Bedürftigen kleiden konnte.

Aber auch die politischen Straftäter gehörten dazu, die, wenn sie irgendwann einmal zu Selbstkritik bereit waren, dann allein ihm gegenüber; nicht nur wegen der Hilfe, die er ihnen bot, sondern auch deshalb, weil er sie nicht verurteilte. Außerdem zog er die Scheidelinie zwischen ‚schuldig‘ und ‚unschuldig‘ anders, als es in jener Zeit üblich war. Er stellte fest, wie sehr die ‚guten‘ Patrioten es an Einsatz für die jüdische Bevölkerung hatten fehlen lassen, von der im ganzen Land 90 Prozent verschleppt wurden. Und dass diese Schuld auch die Menschen der Kirche betraf, allem kirchlichem Widerstand zum Trotz. Die manifeste, offizielle Kirche war nämlich längst nicht immer so manifest gewesen, als es darauf ankam.

Seine Stärke lag nicht im öffentlichen Auftreten. Er war kein Kanzelredner, obwohl seine Predigten oft vortrefflich und originell waren. Bei Versammlungen sagte er nicht viel und bekleidete nur wenige öffentliche Ämter. Aber sein Einfluss war dennoch groß. Seine Stärke lag in der persönlichen Begegnung. Aber selbst da machte er nur wenige Worte.

Kierkegaard erzählt von einem Mann, der seinen Standpunkt, seine Theorie, jemandem gegenüber verteidigt, den er hoch achtet und dessen Zustimmung er zu erreichen hofft. Und der andere hört ihm ruhig zu, hört zu und schweigt. Irgendwann schöpft der Mann seine Argumente aus, aber wie kommt es, dass er gegenüber dem Schweigen des anderen stets unsicherer wird, zu zweifeln beginnt und damit endigt, dass er etwas ganz anderes sagt, als er eigentlich hatte sagen wollen, weil er durch die persönliche Begegnung mit dem anderen selbst verändert worden war.

Als ich die Geschichte des dänischen Denkers Kierkegaard las, war mir, als hätte er eine Begegnung mit Pastor Overduin beschrieben. Wie viele Menschen, die einen Fehler gemacht hatten und sich selbst rechtfertigen wollten, wieviele Einflussreiche und Autoritäten, die vorher wussten, was sie wollten, hat er auf diese Weise nicht unsicher gemacht, bis sie schließlich sagten, was er von ihnen zu hören erhofft oder erwartet hatte?

Er war ein Pastor für seine Gemeindemitglieder und für seine Freunde. ‚Ein Christenmensch ist jemand, der sich gelegentlich als Fußmatte gebrauchen lassen muss, an der andere ihre dreckigen Füße abstreifen‘, sagte er einmal zu mir, als er mich nach einer Versammlung besuchte, von der ich verärgert und verdrossen nach Hause gekommen war. Ich brach in Lachen aus und war über die Sache hinweg.

‚Es wird eine Zeit kommen, in der Sie die gleiche Barmherzigkeit nötig haben werden, von der im Augenblick die Juden leben müssen‘, sagte er einmal zum SD, dem deutschen Sicherheitsdienst. Das war während des Krieges, als er im Kuppelgefängnis in Arnheim festgehalten wurde. Ein Jahr später wurde er in demselben Arnheim aufgefordert, jetzt vor dem

Bijzondere Gerechtshof (Außerorentlicher Gerichtshof), für einen SDer auszusagen, der ihn als Zeugen hatte aufrufen lassen.

Er wusste, dass die Kirche nichts Gegebenes ist, das besteht. Das mag der Fall bei einer Kirchengemeinschaft sein, aber die Kirche selbst ist eine werdende Kirche, die Gemeinde eine werdende Gemeinde. Genauso wie das Christsein ist das Kirche-Sein etwas, das ständig aufs Neue realisiert und vollzogen werden muss, indem man auf das Wort Gottes hört und es befolgt. Das hatte er von Karl Barth gelernt.

Als er gerade zu Ende studiert hatte, predigte er wegen einer möglichen Berufung in einer Gemeinde, deren Konsistorium seine Predigt durchaus hätte schätzen können, aber stattdessen zu kritisieren hatte: ‚Sie sollten die Predigt vor Ungläubigen halten. Sie riefen uns zur Bekehrung auf, wir sind aber schon bekehrt.‘ Da wusste er, dass er da nicht hingehörte. Auf der Grundlage des tieferen und wesentlichen Widerspruchs zwischen einer Kirche Christi und einer bloßen Kirchengemeinschaft relativierte er den Gegensatz von Kirchenmenschen als Gläubigen und Nicht-kirchenmenschen als Ungläubigen. Und vor eben dieser grundsätzlichen Unterscheidung spielte er auch den Gegensatz von liberal und orthodox in der Gemeinde Enschede herunter und weigerte sich mit ihm, dem HV zu erlauben, sich einer dieser beiden Richtungen zuzuordnen. Für die Entwicklung des kirchlichen Lebens und dem Verhältnis der beiden Richtungen innerhalb der Gemeinde zueinander haben die HVer unter Overduins Führung durchaus das ein oder andere bewirkt.

Vermutlich hat auch kein anderer der Enscheder Pastoren diese in ihrer Mehrheit doch wohl ziemlich liberal eingestellte Gemeinde so zu überzeugen und zu durchdringen vermocht von der dienenden Funktion der Kirche in Hinblick auf die Welt und den Platz, auf dem die Kirche zu stehen hat: Dort nämlich, wo die Armen und Erniedrigten leben. Eine der besten Predigten, die ich von ihm gehört habe, war von einer unvergesslichen und eindringlichen Kraft: Es war eine Weihnachtspredigt in der Großen Kirche über Matthäus 25, über Christus, der gefunden wird in dem Armen, dem Gefangenen, dem Hungrigen, dem Dürstenden. Das liegt viele Jahre zurück. Aber noch vor wenigen Monaten äußerte er sich bewundernd über das gerade erschienen Buch von Professor Mönnich: ‚De Koning te Rijk‘. Eine Kritik an der Kirche, die geistig und materiell zu reich geworden sei und zu wenig dort getan habe, wo die Armen seien und wo Christus der König der Kirche sei. Wenn davon in der Gemeinde Enschede etwas durchgedrungen ist, dann war das zu einem nicht geringen Teil Overduin zu verdanken. Er redete nicht nur davon, er zeigte es auch. Damit hat er in Enschede das Ansehen der Kirche erhöht und der Gemeinde damit einen außerordentlichen Dienst erwiesen.

Ich nannte ihn einen Mann von außergewöhnlichem Format. Die Nivellierung unseres Sprachgebrauchs sorgt dafür, dass wir verschwenderisch mit diesem Wort umgehen, so dass der Ausdruck für alles und jedes verwendet wird. Aber die ursprüngliche Bedeutung des Wortes hat etwas mit der Art und Weise zu tun, in der jemand durch das Leben geht. Außerdem besitzt es die Bedeutung vornehm. Die Art und Weise, in der er durchs Leben ging, war im buchstäblichen wie im übertragenen Sinne leichtfüßig. Und zwar von einer Leichtfüßigkeit, die die Schwerkraft der Dinge durch die Freude am Evangelium überwunden hatte. Sein Schritt war leicht und sein Geist verspielt. Er genoss das Leben, aber in beherrschter und vornehmer Form. Er genoss die Dinge und vermittelte den Eindruck, sie auch mühelos loslassen zu können. Er empfing und gab wieder weg. Er lachte über sich selbst und über diejenigen, die ihn eine Art Franziskus nannten. Er war unbeugsam, wenn es um Vertrauen und um Menschen ging. Das musste der SD erfahren. Und zu gleicher Zeit war er von einer entwaffnenden Liebenswürdigkeit und voller Verständnis für den Anderen. ‚Das waren meine schwierigsten Augenblicke, wenn die Deutschen an mein Verständnis appellierten, nicht, wenn sie Gewalt anwendeten.'

Aber umgekehrt: Wie schwierig war es für ihn doch, etwas zu verweigern und etwas übel zu nehmen, obwohl er es den Menschen manchmal nicht gerade einfach machte. Während seiner HV-Zeit, so erzählte er mir, hatte er einmal an einem Samstagabend seinen Kirchenvorsteher angerufen, um ihm mitzuteilen, dass er den Gottesdienst am anderen Morgen nicht leiten könne. Nicht etwa weil er krank gewesen wäre, sondern weil er keinen Ausgang aus dem Thema sah, mit dem er beschäftigt war. ‚Ich komme da nicht raus, und denkst du, dass ich mich morgen vor die Gemeinde stelle und quassele?'
Und man nahm es ihm nicht einmal übel. Er konnte mit Enthusiasmus über den – wie ich fürchte, legendären – Pastor irgendwo in Friesland sprechen, der in seiner kleinen Dorfgemeinde nur dann predigte, wenn er wirklich etwas zu sagen hatte und der dann Samstagabends die Glocken läutete, so dass die Menschen Bescheid wussten: Unser Pastor hat uns was zu sagen.

Aber das wesentlichste, das tiefste Geheimnis seiner Persönlichkeit und seiner großen Kraft lag vermutlich doch in der Fähigkeit, das Gedachte in die Tat umzusetzen mehr als in Worte, in der Einheit von Denken, Glauben und Leben. Das machte sein Leben so transparent, so durchsichtig auf Gott hin. Darum haben ihn so viele Menschen geliebt.

Am 21. Juli war er derjenige, für den die Glocken in Lonneker läuteten. Aufs Neue wurden wir aufgefordert zusammenzukommen. Nicht weil er uns noch etwas zu sagen gehabt hätte, sondern weil sie uns noch einmal daran erinnern sollten, wieviel er uns zu sagen gehabt hat. Und wir sind gekommen von nah und fern, von jeglicher geistigen Herkunft, eine schweigende Schar, betrübt und dankbar. Auch in ihrem Namen sind diese Worte hier geschrieben: In Dankbarkeit, Zuneigung, Verwunderung und Bewunderung für dieses Leben. Und mit einer Entschuldigung dafür, dass er sich diese Worte trotz seiner Abneigung gegen Publizität gefallen lassen muss."

Kapitel XIV: Bücherverzeichnis

G. Aalders und C. Hilbrink, De affaire Sanders, SDU 1996.
A. Bekkenkamp, Rutgers met de baard, Van de Berg, Enschede 1996.
A. H. Bornebroek, De illegaliteit in Twente, TGU Witkam, Hengelo 1985.
J. B. Charles, Volg het spoor terug, Bezige Bij, Amsterdam 1953.
G. Croiset, Croiset Paragnost, Strengholt, Naarden 1977
Th. Delleman, Opdat wij niet vergeten, Kok, Kampen, 1949.
G. L. Durlacher, Verzameld Werk, Meulenhoff, Amsterdam 1997.
B. Evers-Emden, Geschonden bestaan, Kok, Kampen, 1996.
G. J. Flim, Omdat hun hart sprak, Kok, Kampen, 1996.
L. J. Giebels, Beel, van vazal tot onderkoning, SDU, Den Haag.
K. Groen, Landverraders, In den Toren, Baarn, 1974.
S. Haffner, Kanttekeningen bij Hitler, Becht, Amsterdam, 1978.
Raoul Hilberg, Daders, slachtoffers en omstanders, Becht, Haarlem, 1993.
Peter Helman, Onvergetelijke helden, Omega Boek, Amsterdam, 1980.
Jan van den Herik, Een voorganger over Israel, Kok, Kampen 1986.
G. F. W. Herngreen, Een handjevol verkenners, Ten Have, Baarn 1976.
A. J. Herzberg, Kroniek der jodenvervolging, Meulenhoff, Amsterdam 1950.
C. Hilbrink, De illegalen, SDU 1989.
C. Hilbrink, De ondergrondse, SDU 1998.
C. Hilbrink, Overijsselse biografieen, Deel III, pag. 72–76.
E. D. J. de Jongh, Buskes, dominee van het volk, Kok, Kampen 1998
E. D. J. de Jong, Nederlandse Kerggeschiedenis, Callenbach, Nijkerk 1972.
O. J. de Jong, Het koninkrijk der Nederlanden in de Tweede Wereldoorlog, SDU, 14 delen, 1969–1991.
B. van Kaam, Parade der mannenbroeders, Zomer en Keuning, Wageningen 1964.
G. J. J. Kokhuis, Twente in de Tweede Wereldoorlog, Van de Berg 1993.
H. J. Langeveld, Protestants en progressief, SDU 1988.
W. Lindwer, Het fatale dilemma, SDU 1995.
Marga Minco, Het bittere kruit, Bert Bakker, Amsterdam 1957.
Barones Oczy, De rode Pimpernel (vervolgserie), New York 1905.
J. Overduin, Hel en hemel van Dachau, Kok, Kampen 1945.
J. Presser, Ondergang, I en II, SDU 1965.

J. Reiss, De schuilplaats, Querido, Amsterdam 1974.

P. Romijn, Snel, streng en rechtvaardig, Den Haag 1989.

J. M. Snoek, De Nederlandse kerken en de joden 1940–1945, Kok, Kampen 1990.

L. A. Stroink, Stad en Land van Twente, Smit, Hengelo 1962.

H. C. Touw, Het Verzet der Hervormde Kerk, Boekencentrum, I. en II, 1946.

G. J. J. W. Weustink, Bijdrage tot de geschiedenis der joden in Twente en het aangrenzende Duitsland, de Bruin, Oldenzaal 1985.

T. Wiegman, Enschede 1940–1945, Van de Berg, Enschede 1985.

E. Wiesel, Macht Gebete aus meinen Geschichten, Herder, Freiburg 1986.

N. van der Zee, Om erger te voorkomen, Meulenhoff, Amsterdam 1997.

L. F. van Zuijlen, De joodse gemeenschap te Enschede, TGU, Witkam, Hengelo 1983.

L. F. van Zuijlen, Palästina-pioniers in Twente, Twente Academie, 1995.

Bildquellen

Der LIT Verlag & die Herausgeber danken herzlich für die – über Vermittlung von Herbert F. Zwartz und Willy Berends – gewährte großzügige Genehmigung der Wiedergabe von Fotos und Bildern:

Fotos:
Collectie C. Cornelissen
Collectie Enschede in WO2
Stadtarchief Enschede
Corwin Collectie
Fotocollectie Brusse
Collectie van Ooyik
Imperial War Museum Amsterdam
Stichting Historische Societeit Enschede-Lonneker
sowie
Familie Overduin / Ellen Koopmans
und Privatarchive A. Bekkenkamp, H.F. Zwartz, W. Berends, K.W. Dahm und Michael J. Rainer.

Alle Gemälde (S. 37, 45, 48, 54–56, 73, 79, 92, 124, 129, 139) stammen von Sonna Krom, Enschede.

https://www.studiobijlstra.nl: hier Details zu dem deutsch untertitelten Film „DOCUMENTAIRE: Het geweten van een stad│Willy Berends"

Abkürzungsverzeichnis

Willi Feld

AJC	Arbeiders Jeugd Centrale (Sozialdemokratische Jugendorganisation)
AOW	Algemene Ouderdomswet (Allgemeines Altersgesetz)
A. R.	Anti-Revolutionair (Anti-Revolutionär)
BS	Binnenlandse Strijdkrachten (Inlands-Streitkräfte)
B & W	Burgermeester en Wethouders (Bürgermeister und Beigeordnete)
C. D. U.	Christelijk-Democratische Unie (Christlich Demokratische Union)
C. H. U.	Christelijk-Historische Unie (Christlich Historische Union)
CID	Centrale Inlichtingendienst (Zentraler Nachrichtendienst)
CPN	Communistische Partij van Nederland (Kommunistische Partei der Niederlande)
	Cum suis (Mit den Seinen)
f	Gulden
Frl.	Fräulein
Gebr.	Gebrüder
Geschw.	Geschwister
H. V.	Hersteld Verband (Wiederhergestellter Verbund)
KP	Knokploeg (Schlägertruppe)
KVP	Katholieke Volkspartij (Katholische Volkspartei)
LO	Landelijke Organisatie (voor hulp aan onderduikers) (Nationale Hilfsorganisation für Untergetauchte)
MG	Militair Gezag (Militärbehörde)
MOD	Medisch Opvoedkundig Bureau (Medizinisches Ausbildungsbüro)
MULO	Meer Uitgebreid Lager Onderwijs (Erweiterte Grundschulbildung)
N. H.	Nederlands Hervormd
NSB	Nationaal-Socialistische Beweging (Nationalsozialistische Bewegung der Niederlande)
NSF	Nationale Steunfonds (Nationaler Unterstützungsfonds)
NSG	Nationalsozialistische Gemeinschaft „Kraft durch Freude"
NSVO	National Socialistische Vrouwenorganisatie (Nationalsozialistische Frauenorganisation)
NVD	Nederlandsche Volksdienst (Niederländischer Volksdienst)

O. V.	Oud Verband (Alter Verbund)
R. K.	Rooms katholiek (Römisch-katholisch)
RSHA	Reichssicherheitshauptamt
SD	Sicherheitsdienst
SDAP	Sociaal Demokratische Arbeiders Partij (Sozialdemokratische Arbeiterpartei)
STPD	Stichting Toezicht Politieke Delinquenten (Stiftung zur Überwachung politischer Straftäter)
THT	Technische Hogeschool Twente (Technische Hochschule Twente)
VCJB	Vrijzinnig Christelijke Jeugdbond (Freisinnig Christlicher Jugendbund)
WA	Weerbaarheidsafdeling (Wehrabteilung der Nationalsozialisten)

Protestantische Kirchen in den Niederlanden

K.-W. Dahm

Erklärung von vielverwendeten kirchenorganisatorischen Bezeichnungen

(1) Die Nederlands Hervormde Kerk (= „ Niederländisch reformierte Kirche") wurde 1816 durch Erlass des niederländischen Königs Wilhelms I. gegründet. Sie sollte die bis dahin bestehende Vielfalt von „reformierten" (ähnlich: „calvinistischen"), meist „presbyterial-synodal" (=tendenziell demokratisch) strukturierten, aber theologisch oft mit unterschiedlichen Akzenten ausgerichteten Kirchentümern und Gemeindegruppen zu einer einheitlichen Kirche zusammenführen. Dieser Kirche zugehörig galten 1825 ca. 65 % der niederländischen Bevölkerungszahl von damals etwa 4 Millionen. In der vorherrschenden religiösen Mentalität ihrer Mitglieder war die Hervormde Kerk den evangelischen Volkskirchen in Deutschland vergleichbar: theologisch gemäßigt, offen für eine theologische Vielfalt zwischen „strenggläubig" und liberal, sowie „vaterländischkönigstreu" ausgerichtet. Ihr gehörten um 1950 ca. 3 Millionen der damaligen Gesamtbevölkerung von 10 Millionen Niederländern an. Ein Drang zu institutionskritischer Autonomie und Eigenständigkeit führte während der vorangegangenen 200 Jahre auch in der Hervormden Kerk immer wieder zu internen Auseinandersetzungen, Gegenbewegungen und Abspaltungen. Mehrere dieser auf inhaltliche wie organisatorische Eigenständigkeit bedachten Gruppen schlossen sich 1892 zusammen zu der

(2) Gereformeerde Kerken van Nederland. (G.K.). Diese war in ihrer Grundtendenz betont strenggläubig („orthodox"), lehnte lange Zeit die historisch-kritische Bibelexegese ab und bestand auf der „Verbalinspiration" (der wörtlichen göttlichen Eingebung) jedes einzelnen Bibelverses. Ebenso legte sie Wert auf eine engagiertaktive kirchliche Mitgliedschaft und verlangte Einwirkungen auf den Staat im Sinne einer strenger konservativchristlichen Kultur-, Wissenschafts- und Schulpolitik. 1950 hatte diese Kirchengemeinschaft rund 800.000 Mitglieder. In den 1920er Jahren wurden jedoch auch in dieser „Gereformeerden Kerken" Proteste laut gegen deren theologisch wie ethisch illiberale Positionen. Sie führten u.a. 1926 zur Gründung der

(3) Gereformeerde Kerken in Hersteld Verband (Verband zur Wiederherstellung der G.K.). Diese blieb zwar in Hinsicht auf persönliche Frömmigkeit und Bibelbezug bei vielen traditionellen GK-Positionen, lehnte aber „fundamentalistische Extreme" wie die Verbalinspiration ab. Sozialethisch öffnete sie sich linkeren gesellschaftspolitischen Tendenzen wie etwa der sozialdemokratischen Partei. Die „G.K. in Hersteld Verband", löste sich 1946 wieder auf. Der Großteil ihrer Mitglieder wechselte allerdings nicht zurück in die Mutterkirche „Ge-

reformeerde Kerken", sondern schloss sich der alten, inzwischen theologisch wie gesellschaftspolitisch vielfach erneuerten „Nederlandse Hervormde Kerk" an.

Leendert Overduin war engagiertes Mitglied und Pfarrer der „Gereformeerde Kerken in Hersteld Verband"; er wechselte 1946 ebenfalls in die „Nederlandse Hervormde Kerk".

2004 schlossen sich die drei größten protestantischen Kirchen der Niederlande, nämlich die theologisch pluralistische, volkskirchliche „Hervormde Kerk" mit der strenger calvinistisch-strenggläubigen „Gereformeerde Kerken" und der kleineren lutherischen Kirche zusammen zur „Protestantse Kerk in Nederland" (PKN). Diese hatte 2020 ca. 1,7 Mio Mitglieder = 10 % der niederländischen Bevölkerung.

Chronik L. Overduin

W. Feld

Leendert Overduin 1900–1976

Geb. 21. Dezember 1900 in Leiden.

Bis 1925: Besuch der Elementarschule und Mitarbeit im elterlichen Tuchmachergeschäft.

Ab 1925 private Weiterbildung, um die Hochschulreife zu erlangen.

1930: Abitur und Aufnahme des Theologiestudiums an der Universität Amsterdam.

1937: Pfarrer in Enschede.

1938: Tod der Mutter.

September 1941: Beginn der Tätigkeit als Judenhelfer.

Februar 1942 – Oktober 1943: Bruder Koos in Haft (teils in Dachau).

November 1942: Leendert Overduin eine Woche lang in Haft.

September 1943 – Juli 1944: Overduin neun Monate lang in Haft.

September 1943 – Februar 1944: Schwester Maartje in Haft.

28. August 1944: Tod des Vaters.

März 1945: Dritte Verhaftung Overduins und drohende Hinrichtung.

1945–1948: Tätigkeit als Laienrichter (Procurateur fiscaal) am Tribunaal in Enschede, dem Gericht für außerordentliche Rechtsprechung.

Anfang 1946: Antrag, Overduin zum Bürgermeister von Enschede zu ernennen. Die Ernennung erfolgt jedoch nicht.

1946: Sozialpfarrer in Enschede.

1951: Die jüdische Gemeinde Enschede schenkt Overduin als Dank für seine Hilfe während der Besatzungszeit eine Reise nach Israel, die er gemeinsam mit seinem Pfarrkollegen Kleys Kroon unternimmt.

14. September 1955: Heirat mit Zwaan ter Heege.

1955–1966: Dorfpfarrer in Lonneker.

10. Juli 1973: Verleihung der Yad-Vashem-Medaille an Overduin und seine beiden Schwestern Maartje und Corry. Die Auszeichnungen werden von den Ausgezeichneten jedoch nicht angenommen.

17. Juli 1976: Tod Leendert Overduins.

VRIJDAG 2 DECEMBER 2022

TWENT[E]

▶ Prominente plek Enschedese oorlogsheld in Verzetsmuseum

Familie heel gelukkig, 'Leendert zelf zou dit niet gewild hebben'

Voor het eerst wordt in het Verzetsmuseum in Amsterdam de Enschedese predikant Leendert Overduin geëerd. Zijn familie is 'heel gelukkig' met de manier waarop Overduin een prominente plek krijgt in de geschiedenis. „Dit doet recht aan wie hij was, en niet alleen tijdens de oorlog." Dat had wel voeten in de aarde.

Lucien Baard
Enschede

▲ Ellen Koopmans kijkt vertederd naar een vitrine waar haar 'oom Leendert' wordt geëerd. FOTO WILLY BERENDS

Leendert Overduin hield in Enschede zeker 1200 Joden uit handen van de nazi's. Die onderduikers overleefden allemaal de oorlog. Na de oorlog bekommerde hij zich ook om het lot van de 'NSB-kinderen', hoewel hem dat in dank werd afgenomen. Ook dat aspect wordt dankzij de familie benoemd in het totaal vernieuwde museum, dat vanmiddag wordt heropend.

Overduins familie kreeg gisteren een preview. Achternicht Ellen Koopmans (61) was onder de indruk. Ze heeft nog sterke herinneringen aan 'Oom Leendert', die haar zelfs heeft gedoopt. Hij gaf haar als kind al een les voor het leven mee.

Les voor het leven
„Ik heb helaas geen foto van ons samen. Maar ik zie hem nog zo zitten op zondagen, wat onderuit gezakt in zijn stoel met een kopje thee en een sigaartje. Toen ik een jaar of 10 was vroeg ik hem; wat betekent God nu eigenlijk? En hij zei: 'Dat is liefde tussen mensen. Mensen moeten goed op elkaar passen.' Aan die les heb ik de rest van mijn leven iets aan gehad."

Koopmans en enkele andere familieleden mochten ook meedenken over de uiteindelijke tekst in het museum. Aanvankelijk waren ze niet zo tevreden. Er werd alleen ingezoomd op zijn verdiensten voor de Joden tijdens de oorlog. „We vonden dat het op die manier echt niet kon. Dat was een te vlak verhaal, niet oké. Omdat oom Leendert veel meer was dan dat."

Verduin kwam altijd op voor de underdog, schetst Koopmans. „Óók direct na de oorlog." Tegen de sfeer van die tijd in heeft hij zich toen bekommerd om de uitgesloten kinderen van NSB'ers. „Want: wat konden deze kinderen er nou aan doen wat hun ouders deden? Wij vonden dat dit niet onbenoemd kon blijven."

Met de nek aangekeken
Het museum heeft uiteindelijk geluisterd. Koopmans zegt dat de familie 'echt heel gelukkig' is met de manier waarop Overduin nu wordt gepresenteerd. Bij de besloten preview, woensdag, zag Ellen Koopmans hoe terecht hun bezwaren waren geweest. „Ik kwam daar ook een oude Joodse dame tegen, die op scholen lezingen gaf. Later nam ze ook een vrouw mee, die destijds een kind was van 'foute ouders'. Zij is tot haar 40ste met de nek aangekeken. Dat is vreselijk. Juist daar heeft mijn oom dus ook tegen gestreden."

Geweigerd
Overduin heeft zijn plek in het museum mede te danken aan de documentaire die Enschedeër Willy Berends vorig jaar maakte: *Leendert Overduin, het geweten van de stad.* Tot dan werd de predikant alleen in eigen stad geëerd. Onder meer door Berends, voor wie Overduin 'de grootste Enschedeër ooit' is.

„Het is dubbel", zegt Koopmans. „Leendert zat zelf niet te wachten op zo'n eerbetoon. Hij heeft het niet hebben gewild. Hij heeft immers onderscheidingen altijd geweigerd. Hij zei: 'Ik ga voor het leed van anderen niet met een lintje op mijn borst lopen.' Maar toch is het goed dat hij deze plek heeft gekregen. En met de toenemende onverdraagzaamheid in de samenleving is dat ook belangrijk."

▶ Leendert Overduin redde vele Joden, maar had na oorlog ook oog voor kinderen van 'foute' ouders

Zeitungsartikel: Ellen Koopmans zu Overduin im Amaterdamer Widerstandsmuseum (2. Dezember 2022)

Prominenter Ort: Kriegsheld aus Enschede im Widerstandsmuseum

Familie sehr glücklich, „Leendert selbst hätte das nicht gewollt"

Zum ersten Mal wird im Widerstandsmuseum in Amsterdam der Pfarrer Leendert Overduin aus Enschede geehrt. Seine Familie ist „sehr glücklich" über die Art und Weise, in der Overduin einen prominenten Platz in der (niederländischen) Geschichte bekommt. „Diese Art und Weise wird dem Menschen gerecht, der er war, und zwar nicht nur während des Krieges." Das (durchzusetzen) hat viel Mühe gekostet.

Leendert Overduin bewahrte in Enschede bestimmt 1.200 Juden vor dem Zugriff der Nazis. Alle Untergetauchten überlebten den Krieg. Nach dem Krieg kümmerte er sich auch um das Los der Kinder von NSBern, was ihm allerdings keinen Dank bescherte. Dank der Familie wird (jedoch) auch dieser Aspekt in dem völlig neu gestalteten Museum angesprochen, das heute Mittag wiedereröffnet wird.

Overduins Familie durfte gestern vorweg Einblick nehmen. Großnichte Ellen Koopmans (63) war beeindruckt. Sie hat noch starke Erinnerungen an „Onkel Leendert", der sie eigenhändig getauft hat. Er gab ihr schon als Kind eine Lektion fürs Leben mit (auf den Weg).

Lektion fürs Leben

„Ich besitze leider kein Foto von uns beiden zusammen. Aber ich sehe ihn noch an Sonntagen so dasitzen in seinem Stuhl, ein wenig in sich zusammengesunken mit einer Tasse Tee und einer Zigarre. Als ich 10 Jahre alt war, fragte ich ihn: Was bedeutet nun eigentlich Gott? Und er antwortete: ,Das bedeutet Liebe zwischen den Menschen. Menschen müssen gut auf einander aufpassen.' Von dieser Lektion habe ich den Rest meines Lebens gezehrt."

Koopmans und einige andere Familienmitglieder durften auch an der Endfassung des Textes für das Museum mitwirken. Anfangs waren sie nicht so zufrieden. Die Aufmerksamkeit wurde allein auf die Verdienste gelenkt, die er sich während des Krieges um die Juden erworben hatte. „Wir waren der Meinung, dass es auf diese Weise in keinem Fall gehe. Das war eine zu flache Geschichte, nicht okay. Weil Onkel Leendert viel mehr war als das."

Overduin habe sich immer für die Underdogs (die Außenseiter) eingesetzt, bemerkt Koopmans. „Auch unmittelbar nach dem Krieg." Wider den Zeitgeist habe er sich seinerzeit um die ausgeschlossenen Kinder von NSBern gekümmert. „Denn was konnten diese Kinder für das, was ihre Eltern getan hatten? Wir fanden, dass das nicht unberücksichtigt bleiben dürfte."

Von Oben herab angesehen

Das Museum hat letztendlich eingelenkt (wörtl. gehört). Koopmans sagt, dass die Familie „wirklich sehr glücklich" sei über die Art und Weise, in der Overduin jetzt präsentiert werde. Bei der privaten Vorschau am Mittwoch, erklärte Ellen Koopmans, wie berechtigt ihre Einwände gewesen seien. „Ich traf auch eine alte jüdische Frau, die Vorträge in Schulen hielt. Später nahm sie eine Frau mit, die seinerzeit ein Kind ‚falscher Eltern‘ gewesen war. Diese ist bis zu ihrem vierzigsten Lebensjahr von oben herab angesehen worden. Das ist schrecklich. Und genau dagegen hat mein Onkel ebenfalls gekämpft."

Verweigert

Overduin hat seinen Platz in dem Museum u.a. derjenigen Dokumentation zu verdanken, die der Enscheder Willy Berends im vergangenen Jahr vorgelegt hat „Leendert Overduin. Gewissen einer Stadt". Bis dahin wurde der Pfarrer nur in der eigenen Stadt geehrt. Unter anderem durch Berends, für den Overduin „der bedeutendste Mann Enschedes aller Zeiten" ist.

„Die Sache ist zwiespältig", sagt Koopmans. „Leendert selbst hat auf eine solche Ehrenbezeugung nicht gewartet. Er hätte sie gar nicht gewollt. Er hat ja Auszeichnungen stets abgelehnt. ‚Ich möchte nicht mit einem Orden für das Leiden anderer auf meiner Brust herumlaufen.‘ Trotzdem ist es gut, dass er den Platz (im Widerstandsmuseum) bekommen hat. Und angesichts der wachsenden gesellschaftlichen Intoleranz ist es auch wichtig."

(Deutsche Übersetzung Willi Feld)

Persönliche Anmerkungen aus der Familie – im Gespräch mit Ellen Koopmans

Ellen Koopmans mit ihrer Mutter

Ich bin Leenderts „Großnichte". Das bedeutet, dass er der Bruder von meinem Großvater Gerrit Overduin ist. Gerrit war der Vater meiner Mutter. So sind Leendert, Maartje und Corrie Overduin Onkel und Tanten von meiner Mutter. Für mich in der nächstern Generation sind sie Großonkel und Großtanten.

An eines erinnere ich mich ziemlich genau: Als ich etwa 9 oder 10 Jahre alt war, stellte ich Leendert die Frage über Gott …

Ich kann nicht gut schreiben, hatte aber viele Interviews, die Sie verwenden dürfen, und ich bin gern bereit, ein paar Fragen zu beantworten.

Es gibt ein Foto mit Overduin & mir als Baby, aber meine Mutter hat das Foto offenbar nicht mehr.

Eventuell finde ich noch das Foto mit mir als Baby und ein anderes mit Overduin & meinem Opa und ein drittes mit der Bibel (aus dem 18. oder frühen 19. Jahrhundert) – die habe ich von ihm und seiner Frau Zwaantje geerbt …

Ellen Koopmans im Widerstandsmuseum in Amsterdam

Wenn ich zusammenfassen darf:

Lenderts Kampf für Menschen in schlechten ungerechten Bedingungen, darum ging es ihm, das war seine MISSION, deswegen habe ich mit den Leuten vom Museum gekämpft.

Speziell für ihn gilt, dass er für so viele andere Menschen, nicht nur für Juden, nicht nur für Freunde, sondern für Kinder von ‚schuldigen‘ Kollaborateuren kämpfte. Sie waren, als ihre Eltern plötzlich zur Verhaftung abgeholt wurden, allein zu Hause.

Nach dem Krieg wurde darüber nie gespochen, über Widerstandskämpfer übrigens auch kaum.

Es war ein großes Trauma in den Familien, bei den Nazi-Nahen war es ein großer dunkler Fleck und auch bei den Rettern gab es die Selbstvorwürfe und Zweifel: dass sie nicht genug geschafft hatten. „Wir hätten noch mehr retten können."

Leider waren in anderen Städten die Judenräte eher kooperativ mit den Deutschen, trafen aber die falsche Entscheidung, indem sie das Nicht-Untertauchen propagandierten. Er wollte sie so oft überzeugen, in den Untergrund zu gehen, hat es in Amsterdam und sonstwo nicht geschafft. Nur in Enschede / Twente …

Ellen Koopmans und Tante Maartje

Ich fühlte es immer als Kind schon an der Stimme meines Vaters, wenn er am Telefon mit jemand von den früheren Leuten aus dem Widerstand – oder mit welchen von den Ehemaligen der Nazifreunde sprachen: dann verschloss er sich noch mehr! Dieses „etwas" war immer zwischen ihm und seinem Bruder Gerrit (meinem Opa), aber sie sprachen NIE darüber!

Auch nach dem Fim von Willy Berends habe ich weiter darüber nachgedacht:

Man sprach nicht über diese Zeit und den enormen Einsatz, obwohl man hätte stolz darauf sein können.

Verständigung zwischen jüdischen Enkeln, Enkeln aus dem Widerstad und Enkeln der Nazifreunde: das wäre / ist ein Beispiel für das, was man **für das Leben** tun kann.

TU WAS: Wenn Dinge nicht so laufem, erkannte er seine Mission, nicht im Sinne von missionieren: Er hat einfach geholfen.

Um noch etwas hervorzuheben: Neben dem großen ‚Gottvertauen' ist HUMOR eine wichtige Grundeigenschaft und Erfahrung aus meiner Familie: der duch nichts zu besiegende Humor. Sie konnten lachen und fröhlach sein, so dass es alle ansteckte, alle Generationen!

Bei aller wichtigen Erziehung für junge Menschen für den Einsatz für die Menschenrechte und Gerechtigkeit ist weiterhin exrem wichtig, dass wir nicht den tiefen Grund in uns verlieren, beispielsweise im christlichen Glauben UND dass wir den HUMOR behalten.

Im Gespräch mit Michael J. Rainer, Dezember 2022

Willy Berends: Ein Resümee auf Film und Dokumentation

Den Bericht des aufregenden Lebens von Leendert Overduin lernte ich erst relativ spät (ca. 2016) kennen. Ich machte mich dann daran, alles neu zu recherchieren, Orte aufzusuchen und mit Zeitzeugen in den Niederlanden Kontakt aufzunehmen. Zum Glück traf ich auf Herbert Zwartz in Enschede, der selbst in den Kriegsjahren untergetaucht, aber vom Oveduin Netzwerk mit Lebensmitteln usw. versorgt und dadurch gerettet worden war: er konnte mir mit präzisen Erinnerungen weiterhelfen. Und ich fand das großartige detailreiche Buch von Arnold Bekkenkamp.

Mir schwebte rasch vor, all das für eine szenische Umsetzung in einem Film zu verwenden. Nie hätte ich aber gedacht, dass der Film direkt wieder ins Leben reinwirkte: und zwar gerade über eine Verbindung nach Israel. Welche Überraschung dort auf Maja Hertz Frankenhuis zu treffen. Es ergab sich, dass der niederländische König Wilhelm bei seiner Visite in einer Seniorenresidenz von Niederländern in Israel genau auf sie als Zeitzeugin traf: Sie fragte ihn ziemlich unvermittelt direkt: Kennen Sie Leenedert Overduin? Er verneinte – und genau diese Szene kam in den Fernsehnachrichten.

Ich habe sie dann sofort aufgesucht und daraus nicht nur einen Film gemacht, sondern ein Bild-Text-Buch, das seitdem vor allem in Schulen zum gutem Einsatz kam. Man kann das bilderreiche Buch von zwei Seiten lesen: „Das GEWISSEN EINER STADT: Leendert Overduin" ist nicht zu trennen von den historischen Zusammenhängen „Der Krieg in Enschede 1940–45".

Sie können frei darüber verfügen und gern alle Bilder und Textdokumente aufgreifen. Ich freue mich, wenn auch das deutsche Publikum auf diesen so mutigen und einfallsreichen Mann und sein Netzwerk von entschiedenen Unterstützern & unerschrockenen Helfern aufmerksam wird. Es gibt jetzt sogar einen Leendert-Overduin-Preis, an dem Enschede, Münster und Palo Alto in Kalifornien beteiligt sind. Also ist die ganze Geschichte schon international.

Ich habe die Sachen nochmal in einem kleinen englischen Report zusammmemgefasst. Die Leserinnen und Leser in Deutschland lesen und verstehen doch Englisch: also: no problem. Welcome for new energy im Kampf für wache Aufmerksamkeit in diesen schweren Zeiten! Welcome for new meetings in Germany, Netherlands and Israel.

im Gespräch mit M. J. Rainer

März 2023

Filmemacher Willy Berends mit Kunstmalerin Sonna Krom (vor Overduin Porträt, 2020)

Der Bericht

It is 1979, thirty-four years after the war. In The Netherlands, in the city of Enschede, the memory of this trying time has faded. Bert Woudstra, who went through so much during the war, is now forty-seven years old. He works as a counselor and educationalist. At this time the University of Twente, located just outside the city, seeks contact with Stanford University in California, in the vicinity of Palo Alto. They submit a request to the municipality for someone who can make the connection and in turn they refer to Bert Woudstra. The combination of his two areas of expertise make him the perfect choice for the city to represent them and purely coincidental he is on a study trip in the US at that very moment. April 17th 1979 he first comes into contact with people of Stanford University and with the City of Palo Alto.

"I visited Palo Alto on a Fullbright scholarship as an educator, to study major educational organization all over the USA," says Bert. "Palo Alto and Enschede were in the process of becoming sister cities. I had visited Scott Carey, the mayor of Palo Alto to make the first contact and from there it began to develop. I also got to know Lee Mukey, the president of the Kiwanis Club, who turned out to be a big help. To this day he is a very good friend. And it was the start of an long relationship with Ralph and Dee White and Ben Wilson and Mrs. Vogt of Neighbors Abroad Palo Alto." That's how Bert became one of the Founding Fathers of the alliance between the two cities. From then on there is a warm and personal connection between Palo Alto and Enschede ever since. More than forty years after the first contact, the two cities would connect even more in a different kind of way and by coincidence.

December 22th in the year 2000, it was a hundred years ago that a preacher, pastor Leendert Overduin was born. He saved many lives during the war but after his death in 1976 his name was hardly mentioned anymore. Life took its course but there was still a small group of survivors and deeply grateful admirers who could not forget him. For them his birthday was the reason to try and honor him with a biography. One of the first initiators was artist Rudy Klomp. As a child Rudy had experienced firsthand the burden of being the child of a Nazi and a mother who joined the resistance. It had torn him apart but immediately after the war it was pastor Overduin who took pity on him and helped him. Ever since he felt it as his calling to keep the memory of pastor Overduin alive and to save his story for the city.

There are others who share his feeling. Textile manufacturers Herbert Zwartz en Henk van Gelderen, both Jewish and survivors of the war, decide to take the lead. The plan is to present a biography of Overduin on his hundredth birthday. Herbert takes the initiative and contacts Arnold Bekkenkamp, a pastor who used to work for his firm before studying theology. He knows that Arnold has written a number of historical books. Arnold worked in the Zwartz Factory as a deputy director from 1963 until 1969. When he decides to follow his heart, give up his job and become a pastor, the Zwartz family fully supports him. Therefore there is also a personal connection. In May 1999 Herbert asks Arnold to write the biography of Leendert Overduin.

But the job at hand is much more difficult than expected. Most of the stories seem to have disappeared and most of the witnesses have died. It looks like there is nothing to be found or preserved. Arnold Bekkenkamp starts with next to nothing but quitting is not an option. It takes him a full year to uncover the facts and to substantiate and write the incredible story of Leendert Overduin. Survivors like Herbert Zwartz, Bert Woudstra and Rudy Klomp can contribute by drawing on their memories. They live to tell, even as the war seems like a distant memory to many.

Arnold manages to finish the biography on time and at the hundredth birthday of Leendert Overduin on December 22th 2000 it is presented in a packed church. Family, friends, survivors of the war and relatives come to Enschede from all over the world. It is an emotional gathering, the efforts of the people involved has stirred up something. The appreciation for Arnold's work is great even though the appreciation for the book's fame remains limited to Enschede and environment. It doesn't help that in the same year the fireworks disaster happens and everyone is mainly talking about that.

Seven years later… Willy Berends is in the process of compiling a book about 250 residents of Enschede, a cross section of the population from all walks of life, who all have a story to tell. Bert Woudstra is one of them. That is the first time that Willy hears the name of Leendert Overduin. Bert wants to be photographed in front of his parental home. It is then that he mentions Overduin and Mauthausen, the concentration camp where his father was murdered. It immediately makes a deep impression on Willy and a few months later, when he has an appointment for the book with somebody else, the name pops up for the second time. Rudy Klomp wants to have his photograph taken at the headstone of Overduin. This time not because of a Jewish background but now it's the son of a father who chose the wrong side. Willy finds it unique that this remarkable man, Overduin, chose for people without prejudice. He simply helped people who needed it most. Willy buys the biography and from that moment on he knows that this story has to be told. This cannot be ignored.

Still, nothing much happens, although Willy remains in contact with Bert and Rudy. Until 2016 when he receives a phone call from friend and artist Sonna Krom. They have asked her for an exhibition of her work in the city and the theme is Freedom fighters. She calls Willy to ask who is the largest Freedom fighter in Enschede. Willy says pastor Overduin! Thereafter she paints a portrait of Overduin in his toga and it is shown at the exhibition. At the presentation of the painting Willy and Sonna make a decision to take it seriously and tell the story of Leendert Overduin.

Many conversations and research follow and an intense contact with his relatives develops. Slowly but surely the plan to make a documentary arises. It is 2019 on the eve of the national commemoration of 75 years of liberation and Willy realizes that it is now or never. The survivors of the war that are still there, can tell their story, but he shouldn't wait too long. In a personal meeting with him, the mayor of Enschede, Onno van een Veldhuizen, becomes convinced of the importance of the story and his cooperation enables Willy to get started. The first meters of film are shot with biographer Arnold Bekkenkamp, Bert Woudstra, and Rudy Klomp. An interview with Herbert Zwartz and Ellen Koopmans, who speaks for the Overduin family, soon follows.

On Holocaust Memorial Day, January 23th 2020, King Willem Alexander visits the Dutch retirement home Beth Juliana in Tel Aviv. Dutch National Television is present and the viewers see the king talking to Maja Hertz-Frankenhuis, an elderly lady. She tells the story of her childhood in The Netherlands, were she lived with her family during the war. She also mentions that their neighbor at the time was pastor Overduin and that this man saved her entire family. When they see the broadcast, Willy and his cameraman Cars Bijlstra decide to immediately travel to Israel to see Maja Hertz. Her story must also be included in the documentary and that happens.

During their visit Willy comes into contact with Nannie Beekman. She is an historian who works in the department 'Righteous among the Nations' of Yad Vashem. Through her they gain access to until now closed archives about Overduin and original letters of recommendation from people he saved. It is great new information. Just in time they return to The Netherlands, not a day too soon because the corona outbreak makes travel impossible.

Back with this new information the documentary is increasingly taking shape. And there is room for an accompanying booklet for the 8000 high school students in Enschede. Lyricist and journalist Feya Wouda rewrites an abbreviated version of Bekkenkamp's book and Sonna Krom illustrates it because there are so few photos of Overduin during the war. The drawings under the documentary and in the book are first staged and photographed with actors at the locations where it actually happened, after which beautiful drawings are made by Sonna. Almost all the survivors tell their story where their memories lie, and the amazing thing is that all the locations still exist; the school, the synagogue, the houses ... At this point in time the story of Overduin really starts to live for the makers.

Well known Dutch TV Personality Erik Dijkstra hears about it and he immediately offers to record the voice over. He is originally from Enschede and he is deeply impressed by the project. Throughout the documentary he can be seen as the storyteller. The only thing missing now is the music.

September 13th 2019, just before Willy starts recording, the famous clarinetist André Kerver performs at the annual Mauthausen commemoration in the synagogue in Enschede. Willy attends and he knows there and then that it must be André who has to make the film music. An eye disease practically blinded him a few years ago, he can hardly read notes anymore. Though classically trained, he still performs. André is used to improvise now, but this is something he has never done before, improvising the music while listening to the documentary. He will have to trust his gut completely. He accepts the challenge and with Christoph Mac-Carty and Ulrich Wentzlaff, two fellow musicians, he does a wonderful job. It also comes with a cd, that is presented to the mayor.

When the festive moment of the premiere comes, everything is canceled because of corona. Instead of showing the documentary in the theaters, it is now broadcasted on local tv on May 4th 2020, the annual commemoration of the victims of the war in the Netherlands. A few months later team Overduin tries again to see the documentary on a big screen. This time it works out, they have a small gathering at a theater in Enschede with the people directly involved. Despite corona many others see the documentary and read the book. Without exception they are emotional because hardly anyone knows the story of this remarkable man.

75 years after the liberation, the city is surprised to discover its very own war story. A new sense of pride develops, even more so because in Enschede nationwide most Jewish citizens have survived. Lives have come together because of the documentary and the book and the story is reaching more and more people through Youtube. For team Overduin it has become a year of togetherness and inspiration. Interest is coming from Germany, the synagogue of the city of Epe has taken the initiative to subtitle the documentary in German.

And again Palo Alto is in the picture. Exactly one year after the original date for the premiere in our city, the documentary will be shown in our sister city Palo Alto. Controlled by the invisible hand of Leendert Overduin? It also has everything to do with Uri Elzur, a Kol Emeth congregant there, whose mother's family was saved by pastor Overduin. It gave her the opportunity to live and to pass on life. Her father, Philip (Uri) de Groot served Enschede's Jewish community as a Cantor in the same synagogue and as a teacher in high school, and is featured in the movie with the school students. Her mother Judith de Groot-Bont helped the sick in the community. She got in contact with pastor Overduin's network, thereby saving the whole immediate family. Nowadays she lives in the same Dutch retirement home in Tel Aviv as Maja Herz-Frankenhuis.

Her son, who happened to end up in Palo Alto because of his job, is deeply moved by the story. He wants the people in his city to get to know this courageous human rescuer and his friends. The kindness and amazing organization skills of Mrs. Sarah Miller, Kol Emeth's education director, makes it possible. And so it is that the story that we wanted to save for our children, is now universal.

Die Geschichte geht weiter

Es ist das Jahr 1979: 34 Jahre nach dem Krieg. In den Niederlanden ist auch in der Stadt Enschede die Erinnerung an diese Zeit verblasst. Bert Woudstra, der so viel durchgemacht hat während des Krieges, ist jetzt ein 47-jähriger Mann. Er arbeitet als Berater und Pädagoge. Etwa um diese Zeit sucht die Universität von Twente, die etwas außerhalb der Stadt angesiedelt ist, Kontakt mit der Stanford Universität in Kalifornien, in der Nähe von Palo Alto. Sie suchen bei der Stadt um jemanden nach, der die Verbindung herstellen kann, und beziehen sich dabei ihrerseits auf Bert Woudstra. Die Kombination seiner beiden Fachgebiete macht ihn zur perfekten Wahl für die Stadt, um sie zu vertreten, und rein zufällig ist er zu der Zeit gerade auf einem Studientrip durch die USA. In diesem Moment im April 1979 kommt er also erstmals in Kontakt mit den Leuten von der Stanford und denen aus der Stadt Palo Alto.

„Ich besuchte Palo Alto mit einem Fullbright Stipendium als Pädagoge, um große Bildungseinrichtungen in den USA zu studieren", sagt Bert. „Und Palo Alto und Enschede waren gerade dabei, 'Geschwister-Städte' zu werd en. Ich habe Scott Carey, den Bürgermeister von Palo Alto, besucht, um den Kontakt offiziell zu starten, seitdem hat es sich gut weiterentwickelt. Ich lernte auch Ali Mukey kennen, den Präsidenten des Kiwanis Clubs, der sich als große Hilfe erweisen sollte. Seit diesem Tag ist er ein sehr guter Freund, und das war der Start von einer langen Verbindung mit Ralph und Dee White und Ben Wilson und Frau Vogt von Neighbors Abroad Palo Alto." Auf diesen Weg ist Bert also einer der Gründungsväter geworden für die Städtepartnerschaft zwischen den beiden Städten; von da an gibt es eine warme und persönliche Verbindung zwischen Palo Alto und Enschede bis zum heutigen Tag. Mehr als 40 Jahre nach dem ersten Kontakt sollten sich die beiden Städte auf eine andere Art und Weise und durch Zufall noch enger verbinden."

Am 22. Dezember 2000 war es genau 100 Jahre her, dass ein evangelischer Pfarrer, der Pastor Leendert Overduin, geboren wurde. Er rettete viele Menschenleben während des Krieges, aber nach seinem Tod 1976 wurde sein Name kaum noch erwähnt. Das Leben nahm seinen Lauf, aber es gab noch eine kleine Gruppe von Überlebenden und tief dankbaren Bewunderern, die ihn nicht vergessen konnten. Für diese Leute war sein runder Geburtstag der Grund zu versuchen, ihn mit einer Biografie zu ehren. Einer der ersten Initiatoren war der Künstler Rudy Klomp; als Kind hat Rudy leibhaftig die Last erfahren, was es heißt, das Kind von einem Nazi zu sein – und von einer Mutter, die in den Widerstand ging. Es hatte ihn auseinander gerissen, aber unmittelbar nach dem Krieg war es Pastor Overduin, der Mitgefühl mit ihm hatte und ihm geholfen hat. Genau seit dieser Zeit fühlte er sich aufgerufen, die Erinnerung an Pastor Overduin lebendig zu halten und seine Geschichte für die Stadt zu retten.

Es gibt andere, die mit ihm dieses Gefühl teilen: die Textilunternehmer Herbert Zwartz und Henk van Gelderen, beide Juden und Überlebende des Krieges, entscheiden, die Sache in die Hand zu nehmen. Es entsteht der Plan, eine Biografie von Overduin an seinem 100. Geburtstag vorzulegen. Herbert übernimmt die Führung und kontaktiert Arnold Bekkenkamp, einen Pastor, der früher für ihn gearbeitet hatte in seiner Firma, bevor er Theologie studierte. Er weiß, dass Arnold eine Reihe historischer Bücher geschrieben hat. Arnold arbeitete in der Fabrik der Familie Zwartz als stellvertretender Direktor zwischen 1963 und 1969. Als er entscheidet, seinem Herzen zu folgen, seinen Job aufzugeben und Pastor zu werden, hilft ihm die Familie Zwartz, wo immer es nötig war. Genau deswegen gibt es eine enge persönliche Beziehung. Im Mai 1999 fragt Herbert also Arnold und bittet ihn, die Biografie von Leendert Overduin zu schreiben. Aber der Auftrag ist offenbar viel komplexer und schwieriger als erwartet: die meisten der Geschichten über Overduin scheinen verschwunden zu sein und viele der Mitwisser (Zeitgenossen) sind längst verstorben. Es sieht aus, als gäbe es rein gar nichts mehr, was gefunden oder aufbewahrt werden kann. Arnold Bekkenkamp beginnt mit nahezu nichts, aber Aufhören / Aufgeben ist für ihn keine Option. Er brauchte ein ganzes Jahr, um die Fakten aufzudecken, zu untermauern und die unglaubliche Geschichte von Pastor Overduin zu schreiben." Überlebende wie Herbert Zwartz, Bert Woudstra und Rudy Klomp können für ihre Beiträge zurückgreifen auf ihre Erinnerungen. Sie leben, um es zu erzählen, auch wenn der Krieg für viele wie eine ganz weit entfernte Erinnerung wirkt.

Arnold schafft es, die Biografie rechtzeitig zum 100. Geburtstag von Leendert Overduin abzuschließen. Am 22. Dezember 2000 wird sie vorgestellt in einer vollbesetzten Kirche in Enschede: Familie, Freunde, Überlebende des Krieges und Angehörige kommen nach Enschede von überall in der Welt. Es ist ein hoch emotionales Zusammentreffen, die Bemühungen der Beteiligten hier haben etwas aufgewühlt. Die Anerkennung für Arnolds Arbeit ist groß, auch wenn die Wertschätzung für das Buch und seine Verbreitung auf Enschede und seine Umgebung beschränkt bleibt. Und es ist natürlich keineswegs hilfreich, dass im selben Jahr das Feuerwerksunglück passiert und jeder hauptsächlich nur noch darüber spricht.

Sieben Jahre später... Willy Berends ist dabei ein Buch zusammenzustellen über 250 Bürger von Enschede, ein Querschnitt der Bevölkerung aus allen Lebensbereichen, sie alle haben eine Geschichte zu erzählen. Bert Woudstra ist einer von ihnen. Das ist das erste Mal, dass Willy den Namen von Leendert hört. Bert möchte vor seinem Elternhaus fotografiert werden. Es ist genau dann, dass er Overduin und Mauthausen erwähnt, das Konzentrationslager, wo sein Vater umgebracht wurde. Das macht umgehend einen ganz tiefen Eindruck auf Willy. Ein paar Monate später, als er für sein Buchprojekt eine Verabredung hat mit jemanden weiteren, taucht der Name Overduin ein zweites Mal auf: Rudy Klomp wünscht, dass er von ihm ein Foto macht vor dem Grabstein von Overduin, dieses Mal nicht wegen eines jüdischen Lebenshintergrundes, sondern weil er der Sohn ist von einem Vater, der die falsche Seite gewählt hat. Willy findet es einzigartig, dass dieser höchst bemerkenswerte Mann, Overduin, offenbar für Menschen eintrat ohne jedes Vorurteil. Er half einfach den Menschen, die es am meisten brauchten. Willy kauft ein Exemplar der Biografie – und von diesem Moment an weiß er, dass diese Geschichte erzählt werden muss. [Anm. der Red.: nämlich im Rahmen des von Berends geplanten Projektes] Sie kann nicht ignoriert bleiben.

Zunächst geschieht eigentlich nicht viel, obwohl Willy in Kontakt bleibt mit Bert und Rudy, bis 2016 als ihn ein Telefonanruf einer guten Bekannten, der Künstlerin Sonna Krom erreicht. Man habe sie gebeten, bei einer Ausstellung in der Stadt teilzunehmen: das Thema wären die „Freiheitskämpfer". Sie ruft ihn an und will von ihm wissen, wer der größte Freiheitskämpfer in Enschede war / ist. Willy sagt: „natürlich Pastor Overduin!" Danach malt sie ein Porträt von Overduin in seinem Pastorgewand, und es wird gezeigt bei der Ausstellung. Mit der Präsentation des Bildes treffen Willy und Sonna nun die Entscheidung, es ernsthaft anzugehen und die Geschichte von Leendert Overduin zu erzählen.

Viele Gespräche und Recherchen folgen, und ein intensiver Kontakt mit seinen Verwandten entsteht. Langsam aber sicher entwickelt sich der Plan, eine Filmdokumentation zu erstellen. Es ist 2019, nationaler Erinnerung zum 75. Jahrestag der Befreiung der Niederlande – und Willy realisiert: Jetzt oder nie! Die Überlebenden des Krieges, sie sind immer noch da, sie können erzählen aus ihrem Lebensgeschichten aber er sollte nicht mehr allzu lange warten. Bei einem persönlichen Treffen schafft er es, den Bürgermeister von Enschede Onno van een Veldhuizen, zu überzeugen von der Bedeutung der Geschichte und seine Kooperation gibt ihm die Plattform, endlich los zu legen. Die ersten Meter des Films werden gedreht mit dem Biographen Arnold Bekkenkamp, mit Bert Woudstra und Rudy Klomp; ein Interview mit Herbert Zwartz und Ellen Koopmans, die für die Oberduin-Familie spricht, folgen bald.

Am Holocaust Gedenktag, am 23. Januar 2022 besucht König Wilhelm das Seniorenzentrum Beth Juliana von niederländischen Juden in Tel Aviv. Das niederländische Fernsehen ist mit von der Partie und die Zuschauer sehen den König sprechen mit Frau Maja Hertz-Frankenhuis, einer älteren Dame. Sie erzählt die Geschichte ihrer Kindheit in den Niederlanden, wo sie lebte, mit ihren Eltern während des Krieges. Sie erwähnt auch, dass ihr Nachbar zu dieser Zeit der Pastor Overduin war und dass dieser Mann ihre ganze Familie gerettet habe. Als sie diese Fernsehnachricht sehen, entscheiden Willy und sein Kameramann Cars Bijlstra, sofort nach Israel zu reisen, um Maja Hertz zu treffen. Ihre Geschichte muss eingebunden werden in die Dokumentation – und so geschieht es.

Bei ihrem Besuch kommt Willy auch in Kontakt mit Nannie Beekman. Sie ist eine Historikerin und arbeitet in der Abteilung 'Gerechte der Völker' von Yad Vashem. Durch sie erhalten beide Zugang zu den bis dahin geschlossenen Archiven über Overduin und zu Originalbriefen mit Empfehlungen von Leuten, die er gerettet hat, es sind großartige neue Informationen! Gerade rechtzeitig kommen sie in den Niederlanden an, nicht einen Tag zu früh, weil der Coronaausbruch das Reisen ab sofort unmöglich macht.

Zurück mit diesen neuen Informationen wird der Dokumentarfilm ergänzt und in Form gebracht. Und da ist sogar noch Raum für ein Begleitbuch für rund 8.000 Gymnasialschüler in Enschede. Die Lyrikerin und Journalistin Feya Wouda erstellt eine gekürzte Version vom Bekkenkamps Buch und Sonna Krom illustriert es, weil es so wenig Fotos gibt von Overduin aus den Kriegsjahren. Die Szenen für die Bilder in der Dokumentation (in dem Film und in dem daraus folgenden Begleitbuch) werden zunächst nachgestellt und photographiert mit Schauspielern an den Orten, wo sie tatsächlich geschehen sind. Danach werden wunderschöne Abbildungen gezeichnet von Sonna. „Fast alle Überlebenden erzählen ihre Geschichten dort, wo ihre Erinnerungen verortet sind, und die erstaunlichste Tatsache ist, dass all die Orte noch existieren: die Schule, die Synagoge, die verschiedenen Häuser. Zu diesem Zeitpunkt beginnt die Geschichte von Overduin wirklich zu leben für alle daran Beteiligten.

Eine in den Niederlanden recht bekannte TV Persönlichkeit, Erik Dijkstra, hört von der Geschichte und bietet umgehend an, seine Stimme als Sprecher beizusteuern. Er stammt aus Enschede und er ist tief beeindruckt von dem Projekt. Durch die ganze Dokumentation hindurch kann er gesehen werden als der Geschichten-Erzähler. Das Einzige, was noch fehlt, ist die Musik! Am 13. September 2019, kurz bevor Willy mit den Aufnahmen beginnt, tritt der berühmte Klarinettist André Kerwe bei der jährlichen Mauthausen Gedenkfeier in der Synagoge Enschede auf. Willy nimmt teil an der Veranstaltung und hört ihn – und weiß sofort, dass es André sein muss, der in dem Film die Musik macht. Ein Augenleiden hat ihn praktisch blind gemacht vor ein paar Jahren. Er kann kaum noch Noten lesen. Obwohl klassisch ausgebildet, tritt er immer noch auf. André ist mittlerweile gewohnt zu improvisieren. Jetzt aber geht es um etwas, was er vorher noch nie getan hat: Musik zu improvisieren für einen vollständigen Dokumentarfilm. Er muss schließlich seinem Bauchgefühl vertrauen: er nimmt die Herausforderung an und zusammen mit Christoph McCarthy und Ulrich Wentzlaff, zwei Musikstudenten, macht er einen wundervollen Job. Es entsteht sogar noch eine CD, die im Rathaus präsentiert wird.

Als der feierliche Moment der Premiere näher kommt, wird plötzlich alles über den Haufen geschmissen – von Corona. Anstatt den Dokumentationsfilm im Theater zu präsentieren, wird er nun übertragen im Lokalfernsehen am 4. Mai 2020, dem jährlichen Erinnerungstag für die Opfer des Krieges in den Niederlanden. Ein paar Monate später versucht das Overduin-Team wieder, die Dokumentation auf einer großen Leinwand zu sehen. Dieses Mal ergibt es sich, dass sie eine kleine Zusammenkunft im Theater Enschede haben mit den Leuten, die direkt involviert sind. Trotz Corona sehen auch viele andere die Dokumentation und lesen den entsprechenden Begleitband. Ohne Ausnahme sind sie alle emotional sehr bewegt, weil kaum jemand die Geschichte von diesem bemerkenswerten Mann wirklich kennt. 75 Jahre nach der Befreiung wird die Stadt Enschede völlig überrascht und macht sich daran, ihre eigene Kriegsgeschichte neu zu entdecken. Ein neuer Stolz entsteht sogar, weil Enschede landesweit am meisten jüdische Bürger hat, die überlebten. Lebenswege sind zusammen gekommen wegen des Dokumentationsfilms und wegen des Buches – und die Geschichte erreicht noch mehr Menschen über YouTube. Das OverduinTeam erlebt ein Jahr voll enger Zusammenarbeit und Inspiration. Interesse wird geäußert von deutscher Seite: Die Synagoge der Stadt Epe hat die Initiative übernommen, den Dokumentarfilm auf Deutsch mit Untertiteln zu versehen.

Und jetzt kommt Palo Alto wieder auf die Bildfläche. Exakt ein Jahr nach dem Datum der Erstvorstellung in unserer Stadt wird die Dokumentation in unserer Partnerstadt Palo Alto gezeigt: geführt durch die unsichtbare

Hand Leendert Overduins? Es hat auch alles mit Uri Elzur zu tun, einem Mitglied der dortigen jüdischen Gemeinde Kol Emeth, dessen Familie mütterlicherseits von Pastor Overduin gerettet wurde. Das verschaffte ihr die Möglichkeit, zu leben und Leben weiterzugeben. Der Vater, Philipp (Uri) de Groot arbeitete in der jüdischen Gemeinde Enschede als Kantor in der Synagoge und zugleich als ein Lehrer im Gymnasium. Und er wird vorgestellt in dem Film mit einer Gruppe von Schülern. Die Mutter Judith de Groot-Bont half in der jüdischen Gemeinschaft den kranken Menschen. Sie kam in Kontakt mit Pastor Oberduins Netzwerk und konnte dadurch die ganze Familie retten –: und sie lebt in derselben niederländischen Seniorenresidenz in Tel Aviv wie Maya Hertz-Frankenhuis.

Ihr Sohn, der wegen seines Jobs zufällig in Palo Alto gelandet ist, ist von der Geschichte tief berührt. Er möchte ermöglichen, dass die Menschen in seiner Stadt diesen so menschlichen Wohltäter und seine Freunde kennen lernen. Und die freundliche und tolle Fähigkeit von Frau Sarah Miller, ihres Zeichens Ausbildungsleiterin bei Kol Emeth, macht es möglich. So kommt es, dass die Geschichte, die wir für unsere Enkel retten wollten, jetzt um die Welt geht, universal wird!

(Übersetzt von Michael J. Rainer)

Marga Spiegel
Retter in der Nacht
Wie eine jüdische Familie in einem münsterländischen Versteck überlebte. Herausgegeben und kommentiert von Diethard Aschoff
Der Überlebensbericht RETTER IN DER NACHT beschreibt das angstvolle gehetzte Leben einer jüdischen Familie im stets gefährdeten münsterländischen Versteck. Gleichzeitig zeigt sich die menschliche Größe, der Mut und das Gottvertrauen der Retter. Ihnen setzt die Autorin in diesem Buch ein Denkmal. Es ist das früheste, farbigste und umfangreichste Zeugnis dieser Art aus Westfalen.
Über Jahrhunderte läßt sich die Familiengeschichte verfolgen. Als deutsche Patrioten nahm man am 1. Weltkrieg teil. Dem Holocaust fielen 37 Angehörige zum Opfer. Jüdisches Schicksal im 20. Jahrhundert in Deutschland!
Geschichte und Leben der Juden in Westfalen, Bd. 3, 7. Aufl. 2009, 232 S., 16,80 €, br., ISBN 978-3-8258-3595-8

LIT Verlag Berlin – Münster – Wien – Zürich – London
Auslieferung Deutschland / Österreich / Schweiz: siehe Impressumsseite

Marga Spiegel
100 Jahre – 4 Leben
Eine deutsche Jüdin erzählt
100 Jahre habe ich gelebt – mir kommt mein Leben lang vor - oder auch kurz – je nach Stimmung.
Eigentlich habe ich vier mal gelebt.
Fast 21 Jahre ein weitgehend behütetes Leben als Kind und junge Frau – als deutsche Jüdin unter nicht nur freundlichen Mitbürgern. Neun Jahre als Jüdin unter Hitler mehr und mehr der Repression ausgesetzt – dieTransporte begannen ...
Drei Jahre versteckt in Todesangst und doch beschützt von mutigen Menschen auf Bauernhöfen im Münsterland.
67 Jahre als geretteter Mensch – gerettet mit der engsten Familie – meinem Kind und meinem Mann. Leidend unter der Ermordung aller anderen Familienmitglieder.
Gerettet als Jüdin in einem demokratischen Deutschland.
Bei aller Freude nicht immer ohne Not.
L<small>IT</small> *Premium*, 2012, 80 S., 34,90 €, Großformat, mit zahlreichen Abbildungen, gb., ISBN 978-3-643-11767-0

Marga Spiegel
Bauern als Retter
Wie eine jüdische Familie überlebte. Mit einem Vorwort von Veronica Ferres
L<small>IT</small> *Premium*, 2. Aufl. 2009, 180 S., 19,90 €, br., ISBN 978-3-8258-0942-3

LIT Verlag Berlin – Münster – Wien – Zürich – London
Auslieferung Deutschland / Österreich / Schweiz: siehe Impressumsseite

Geschichte und Leben der Juden in Westfalen

Begründet von Prof. Dr. Diethard Aschoff (†) (Institutum Judaicum Delitzschianum, Münster)

Willi Creutzenberg
Schutzjuden – Bürger – Verfolgte – Vergessene
Die Geschichte der jüdischen Minderheit in Herdecke seit dem 17. Jahrhundert
Bd. 14, 2019, 262 S., 24,90 €, gb., ISBN 978-3-643-14369-3

Margit Naarmann
Ausgegrenzt – Juden im Hochstift Paderborn in frühpreußischer Zeit
Zum jüdischen Sonderstatus in der ländlichen Gesellschaft und Wirtschaft
Bd. 12, 2016, 552 S., 49,90 €, gb., ISBN 978-3-643-13178-2

Peter Schilling; Gudrun Beckmann-Kircher; Monika Simonsmeier (Hrsg.)
Spuren der Erinnerung an jüdische Familien in Münster-Wolbeck
Lebensgeschichten zu Stolpersteinen
Bd. 11, 2016, 200 S., 24,90 €, gb., ISBN 978-3-643-12298-8

Willi Feld
„Mir ist, als tropfe langsam alles Leben aus meinem Herzen": Der lange Abschied der Familie Herz aus Burgsteinfurt
Eine Dokumentation – Die Juden in der Geschichte der ehemaligen Stadt Burgsteinfurt Teil III
Bd. 10, 2008, 240 S., 19,90 €, br., ISBN 978-3-8258-1730-5

Diethard Aschoff; Gisela Möllenhoff
Fünf Generationen Juden in Laer
Leben und Schicksal der Juden in einer westmünsterländischen Kleinstadt. Mit einem autobiographischen Beitrag von Irmgard Ohl geb. Heimbach
Bd. 9, 2007, 280 S., 17,90 €, br., ISBN 978-3-8258-9532-7

Gertrud Althoff
Stadtführer zu Orten ehemaligen jüdischen Lebens in Rheine
Mit kurzem Überblick über die Geschichte der jüdischen Gemeinde in Rheine
Bd. 8, 2005, 192 S., 15,90 €, br., ISBN 3-8258-8437-6

Willi Feld
Lebensbilder
Die Juden in der Geschichte der ehemaligen Stadt Burgsteinfurt. Teil II
Bd. 7, 2004, 328 S., 19,90 €, br., ISBN 3-8258-7435-4

Diethard Aschoff
Geschichte der Juden in Westfalen im Mittelalter
Bd. 5, 2006, 328 S., 24,90 €, br., ISBN 3-8258-6506-1

Gertrud Althoff
Geschichte der Juden in Olfen
Jüdisches Leben im katholischen Milieu einer Kleinstadt im Münsterland. Mit einem einleitenden Beitrag von Diethard Aschoff
Bd. 4, 2001, 300 S., 15,90 €, br., ISBN 3-8258-4662-8

LIT Verlag Berlin – Münster – Wien – Zürich – London
Auslieferung Deutschland / Österreich / Schweiz: siehe Impressumsseite

Forum Christen und Juden

hrsg. von Prof. Dr. Erhard Blum (Tübingen) (bis 2017),
Prof. Dr. Reinhold Boschki (Tübingen), Prof. Dr. Hanspeter Heinz (Augsburg)
PD Dr. Uri Kaufmann (Essen), Dr. Julia Münch-Wirtz (Tübingen) und
Prof. Dr. Elisabeth Naurath (Augsburg)

Andreas Renz (Hrsg.. im Auftrag der GCJZ-München)
Der Zukunft ein Gedächtnis – 75 Jahre christlich-jüdischer Dialog in München
Festschrift zum 75. Gründungsjubiläum der GCJZ-München
Bd. 25, 2023, 546 S., 49,90 €, br., ISBN 978-3-643-15256-5

Christoph Münz; Rudolf W. Sirsch (Hrsg.)
Über Grenzen hinweg zu neuer Gemeinschaft
Bilanz und Perspektiven des christlich-jüdischen Gesprächs
Bd. 23, 2021, 386 S., 34,90 €, br., ISBN 978-3-643-15083-7

Christine June Wunderli
Elie Wiesel, the Shtetl, and post-Auschwitz Memory
vol. 22, 2022, 306 pp., 34,90 €, pb., ISBN-CH 978-3-643-91217-6

Frauke Placke
Zur Geschichte des Evangelisch-Lutherischen Zentralvereins für Begegnung von Christen und Juden e.V.
Personen, Profile und Programme von der Nachkriegszeit bis zur Jahrtausendwende
Bd. 21, 2021, 276 S., 39,90 €, br., ISBN 978-3-643-14859-9

Arie Folger; Jehoschua Ahrens (Hrsg.)
Rabbiner im Gespräch mit dem Vatikan
Jüdisch-katholische Beziehungen nach Nostra Aetate, Korrespondenzen mit Benedikt XVI und Öffnung der Archive
Bd. 20, 2021, 224 S., 29,90 €, br., ISBN 978-3-643-14692-2

Jehoschua Ahrens
Gemeinsam gegen Antisemitismus – Die Konferenz von Seelisberg (1947) revisited
Die Entstehung des institutionellen jüdisch-christlichen Dialogs in der Schweiz und in Kontinentaleuropa
Bd. 19, 2020, 328 S., 49,90 €, gb., ISBN 978-3-643-14609-0

Christoph Münz; Rudolf W. Sirsch (Hrsg.)
„... damit es anders anfängt zwischen uns allen."
60 Jahre Woche der Brüderlichkeit
Bd. 8, 2013, 304 S., 24,90 €, br., ISBN 978-3-643-11959-9

Christoph Münz; Rudolf W. Sirsch (Hrsg.)
„Denk an die Tage der Vergangenheit – Lerne aus den Jahren der Geschichte"
40 Jahre Buber-Rosenzweig-Medaille. Mit einem Geleitwort von Bundespräsident Horst Köhler
Bd. 7, 2009, 392 S., 39,90 €, br., ISBN 978-3-8258-1717-6

LIT Verlag Berlin – Münster – Wien – Zürich – London
Auslieferung Deutschland / Österreich / Schweiz: siehe Impressumsseite